17. $ab=-3$.

(1)直线 $ax+by-2=0$ 与直线 $3x+y-1=0$ 互相垂直.

(2)直线 $(m-1)x+(m-2)y+5-2m=0$ 恒过点 (a, b).

18. 某宿舍 6 人去吃饭，坐在一张长方形桌子上，桌子只有长的两侧有座位，每侧三个座位.则共有 108 种坐法.

(1)甲、乙两人必须在同一侧，且不和丙在同一侧.

(2)甲、乙两人相邻，且丙不坐在两端.

19. 设 a_1，a_2，a_3，a_4 是各项均不为零的等差数列，公差为 d. 则 $a_1=d$.

(1)将此数列删去某一项后按照原来的顺序排列，得到的数列是等比数列.

(2)$d\neq 0$.

20. 现用甲、乙两种材料制作工艺品，甲的单价是 3 元/千克，乙的单价是 5 元/千克. 制作一批工艺品，需甲、乙材料共 10 千克. 则使用的甲材料比较多.

(1)工艺品的材料总成本少于 40 元.

(2)乙材料的用量多于 4 千克.

21. 如图所示，矩形 $ABCD$ 中，E，F，G 分别为边 AB，BC，CD 的中点，H 为 AD 边上的点. 则可以确定阴影部分面积.

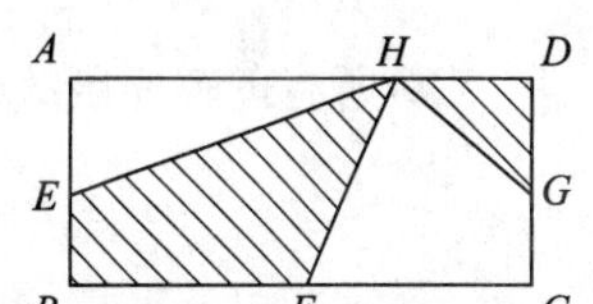

(1)已知矩形 $ABCD$ 的面积.

(2)已知 H 为 AD 边上的三等分点.

22. 不等式的解集为 $x\in(-\infty, -1)\cup(1, +\infty)$.

(1)$|2x+1|+|x-2|>4$.

(2)$|2x-\log_2 x|<2x+|\log_2 x|$.

23. 连续投掷两次色子，分别得到点数 m，n，将 m，n 作为点 P 的坐标. 则点 P 落在区域 X 内(不包括边界)的概率为 0.25.

(1)X：$(x-2)^2+(y-2)^2=4$.

(2)X：$|x|+|y|=3$.

13. 如图所示，一个长方形沿虚线折叠后得到多边形 $ABCDEFG$，这个多边形的面积是原长方形面积的$\frac{3}{5}$. 如果多边形中阴影部分的面积是 2 平方厘米，那么原长方形的面积是(　　)平方厘米.

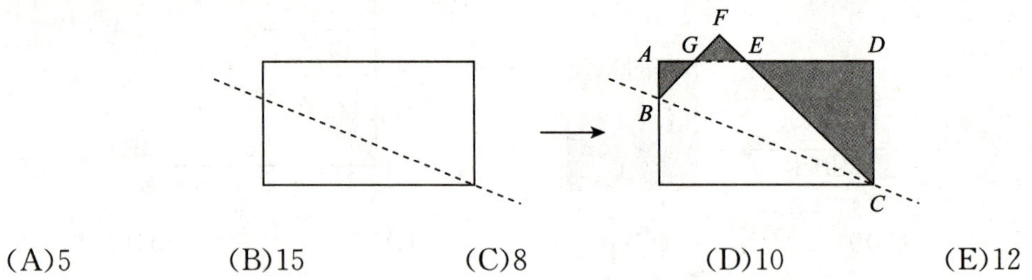

(A)5　　(B)15　　(C)8　　(D)10　　(E)12

14. 先后抛掷两枚均匀的色子，若色子朝上一面的点数依次为 x，y，则使$\log_x(2y-1)>1$ 成立的概率为(　　).

(A)$\frac{1}{2}$　　(B)$\frac{19}{36}$　　(C)$\frac{1}{3}$　　(D)$\frac{2}{3}$　　(E)$\frac{25}{36}$

15. 某工程队按照原来施工方案工作 4 天后采用新的施工方案，由于新的施工方案效率比原来提高 50%，因此比原计划提前 1 天完成. 如果用原来的施工方案完成 200 米后就改用新的施工方案，那么可以比原计划提前 2 天完成. 则原计划每天完成(　　)米，用(　　)天完工.

(A)100，14　　(B)150，10　　(C)200，7　　(D)250，6　　(E)300，5

二、条件充分性判断：第 16～25 小题，每小题 3 分，共 30 分。 要求判断每题给出的条件(1)和条件(2)能否充分支持题干所陈述的结论。(A)、(B)、(C)、(D)、(E)五个选项为判断结果，请选择一项符合试题要求的判断，在答题卡上将所选项的字母涂黑。

(A)条件(1)充分，但条件(2)不充分.

(B)条件(2)充分，但条件(1)不充分.

(C)条件(1)和条件(2)单独都不充分，但条件(1)和条件(2)联合起来充分.

(D)条件(1)充分，条件(2)也充分.

(E)条件(1)和条件(2)单独都不充分，条件(1)和条件(2)联合起来也不充分.

16. 2020 年年末 A 公司对甲厂进行投资，要求到 2022 年年底甲厂产值的年平均增长率不低于 50%，否则将撤资，已知甲厂 2020 年年末产值为 100 万. 则能确定 A 公司未撤资.

(1)已知 2021 年年底甲厂产值 150 万.

(2)已知 2020—2022 年的总产值 475 万.

7. 如左图所示，一个长 24 厘米、宽 3 厘米的长方形从正方形的左边平移到右边，右图是平移过程中它们重叠部分面积与时间的部分关系图．则正方形的边长为(　　)厘米．

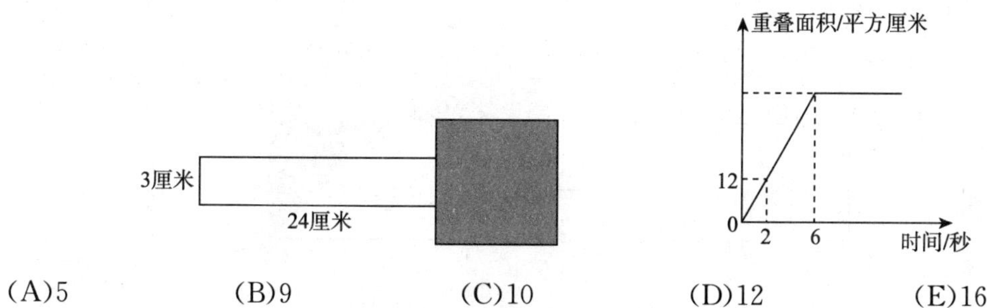

(A)5　　(B)9　　(C)10　　(D)12　　(E)16

8. 已知圆 C：$(x-2)^2+(y-6)^2=4$，点 M 为直线 l：$x-y+8=0$ 上的一个动点，过点 M 作圆 C 的两条切线，切点分别为 A，B，则四边形 $CAMB$ 周长的最小值为(　　).

(A)8　　(B)$6\sqrt{2}$　　(C)$5\sqrt{2}$　　(D)$2+4\sqrt{2}$　　(E)$4+4\sqrt{2}$

9. 现在 22 本书作为奖品发给 5 位优秀学员，已知每个人分得的书数量不同，则分得的书最多的学员最少分得(　　)本．

(A)5　　(B)6　　(C)7　　(D)8　　(E)9

10. 关于 x 的不等式 $|x+1|-|x-2|<a^2-4a$ 有解，则实数 a 的取值范围是(　　).

(A)$a<1$ 或 $a>3$　　(B)$a>3$　　(C)$a<1$

(D)$1<a<3$　　(E)$1\leqslant a\leqslant 3$

11. 如图为某水晶工艺品示意图，该工艺品为一个半径为 1 的大球放置在底面半径和高均为 1 的圆柱内，球与圆柱下底面相切．为增加观赏效果，设计师想在圆柱与球的空隙处放入若干大小相等的实心小球，且满足小球恰好与圆柱底面、圆柱侧面及大球都相切，则小球的半径为(　　).

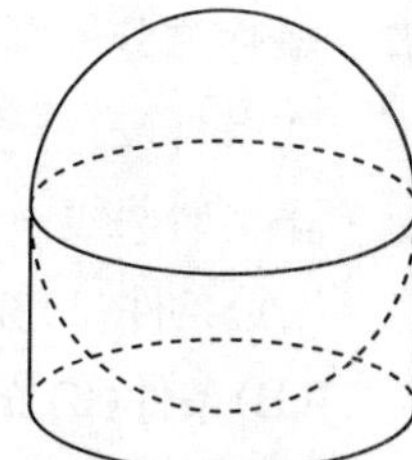

(A)$2\sqrt{2}-2$　　(B)$\sqrt{2}+1$　　(C)$\sqrt{2}-1$

(D)$3+2\sqrt{2}$　　(E)$3-2\sqrt{2}$

12. 已知 a，b 为有理数，且 $\sqrt{5}-2$ 是方程 $x^2+ax+b=0$ 的一个根，则 $a^b=$(　　).

(A)2　　(B)$\frac{1}{2}$　　(C)$\frac{1}{4}$　　(D)4　　(E)$\sqrt{5}$

一、问题求解：第1～15小题，每小题3分，共45分。下列每题给出的(A)、(B)、(C)、(D)、(E)五个选项中，只有一项是符合试题要求的。请在答题卡上将所选项的字母涂黑。

1. 某公司欲推出一款新产品，现有甲、乙两套设计风格．公司安排对100名市民做市场调查，结果喜欢风格甲的人数是所有调查人数的$\frac{3}{5}$，喜欢风格乙的比喜欢风格甲的多6人，两套风格都不喜欢的人数比两套风格都喜欢的人数的$\frac{1}{2}$多2人，则两套风格都不喜欢的人数是(　　)．

(A)15　　(B)28　　(C)14　　(D)30　　(E)56

2. 如图所示，若正方形$ABCD$的边长为4，M是AB的中点，则图中的阴影部分面积为(　　)．

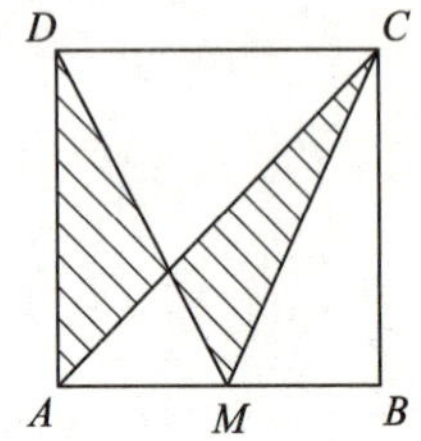

(A)3　　(B)4　　(C)$\frac{8}{3}$

(D)6　　(E)$\frac{16}{3}$

3. 如图所示，两只小爬虫甲和乙从A点出发，沿长方形$ABCD$的边，按箭头方向爬行，在距C点32厘米的E点处它们第一次相遇，在距D点16厘米的F点处第二次相遇，在距A点16厘米的G点处第三次相遇，则长方形的边AB的长为(　　)厘米．

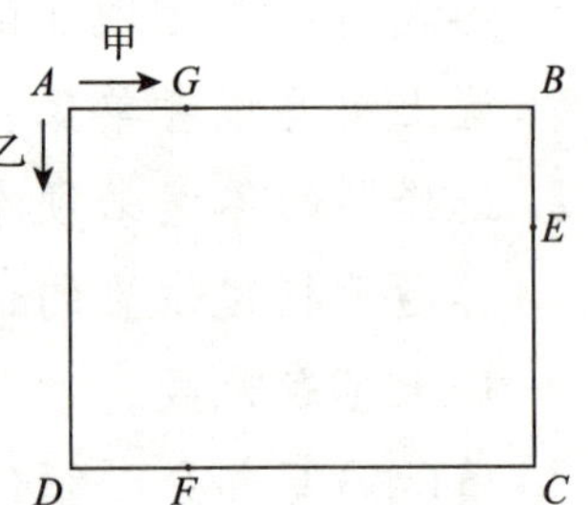

(A)16　　(B)32　　(C)48

(D)64　　(E)80

4. 张珊计划投资不超过100万元到A、B两种基金，已知这两种基金的最大可能盈利率分别为50%和30%，最大可能亏损率分别为30%和10%．张珊能接受的最大亏损率为18%，则她在这两种基金上可能的最大盈利是(　　)万元．

(A)30　　(B)38　　(C)45　　(D)48　　(E)60

5. $(1+x)+(1+x)^2+(1+x)^3+\cdots+(1+x)^{10}$的展开式中$x^6$项的系数为(　　)．

(A)300　　(B)280　　(C)320　　(D)270　　(E)330

6. 若直线$y=n$截抛物线$y=x^2+bx+c$所得线段$AB=4$，且该抛物线与x轴只有一个交点，则$n=$(　　)．

(A)2　　(B)3　　(C)1　　(D)25　　(E)4

绝密★启用前

全国硕士研究生招生考试
管理类综合能力试题 3

（科目代码：199）

考试时间：8：30—11：30

考生注意事项

1. 答题前，考生须在试题册指定位置上填写考生姓名和考生编号；在答题卡指定位置上填写报考单位、考生姓名和考生编号，并涂写考生编号信息点。
2. 选择题的答案必须涂写在答题卡相应题号的选项上，非选择题的答案必须书写在答题卡指定位置的边框区域内。超出答题区域书写的答案无效；在草稿纸、试题册上答题无效。
3. 填(书)写部分必须使用黑色字迹签字笔或者钢笔书写，字迹工整、笔迹清楚；涂写部分必须使用 2B 铅笔填涂。
4. 考试结束，将答题卡和试题册按规定交回。

考生编号															
考生姓名															

答案速查

题型		题号	答案
一	问题求解	1～5	(B)　(D)　(D)　(D)　(C)
		6～10	(D)　(E)　(B)　(E)　(B)
		11～15	(C)　(B)　(A)　(D)　(A)
二	条件充分性判断	16～20	(A)　(D)　(B)　(E)　(C)
		21～25	(C)　(B)　(A)　(C)　(A)
三	逻辑推理	26～30	(C)　(B)　(C)　(B)　(B)
		31～35	(D)　(E)　(D)　(D)　(A)
		36～40	(D)　(C)　(A)　(C)　(D)
		41～45	(C)　(C)　(D)　(D)　(B)
		46～50	(A)　(E)　(C)　(E)　(C)
		51～55	(C)　(D)　(B)　(E)　(D)
四	写作	56. 略　57. 略	

四、写作：第 56～57 小题，共 65 分。其中论证有效性分析 30 分，论说文 35 分。请答在答题纸相应的位置上。

56. 论证有效性分析：分析下述论证中存在的缺陷和漏洞，选择若干要点，写一篇 600 字左右的文章，对该论证的有效性进行分析和评论。（论证有效性分析的一般要点是：概念特别是核心概念的界定和使用是否准确并前后一致，有无各种明显的逻辑错误，论证的论据是否成立并支持结论，结论成立的条件是否充分等。）

今年以来，雪糕价格频频受到关注，“薛钟高”等品牌的高价雪糕被称为“雪糕刺客”。对于此事应该如何看呢？以下是网友张三的观点：

“薛钟高”是一个主打高端、大气、上档次的雪糕品牌，高定价其实是合理的。

首先，在市场经济条件下，商品如何定价是完全自由的。只要有人买，雪糕怎么卖是企业自己的事，并没有什么问题。一些名表、名包可以定高价，雪糕为什么就不能定高价呢？

其次，高定价就有高利润，而企业有高利润才能更好地存活，更好地为消费者服务，可见，这样的定价无可厚非。而且，雪糕售价的上涨对于雪糕市场是整体利好的。“薛钟高”推出高定价的雪糕，低价雪糕也会随之涨价，这就提高了行业的整体利润。

最后，对于现在的企业来说，消费者自发在朋友圈、微博等社交媒体的分享可以极大地提高企业的知名度，这样就能卖出更多的产品。因此，“薛钟高”等高定价行为无可厚非。

57. 论说文：根据下述材料，写一篇 700 字左右的论说文，题目自拟。

有一只蜗牛，很想做一番惊天动地的大事业。一开始，他想做物流，做了几天因自己爬得太慢而失败；后来他想做餐饮，做了几天发现小动物们因为躲避大灰狼不愿意出来吃饭；最后，他想做视频网站，却发现小动物们的手机上早就下载了很多视频 App。其实，很多企业家也是如此。

53. 复活节岛是位于太平洋上的一座孤岛。在报道中，复活节岛文明的衰落常作为一个警世故事，讲述人类肆意采伐棕榈树林，致使肥沃的土壤流失，最终导致岛中食物短缺，文明自此衰落。然而近日有专家提出，复活节岛文明的衰落与树木砍伐并无必然联系。

以下哪项如果为真，则最能支持上述专家的观点?

(A)大约公元 1200 年，岛上居民开始砍伐棕榈树，用于建造木船，运送大型石质雕像。

(B)考古发现，当岛上最后的树木(棕榈树)被砍伐完之后，仍有大量原住民生活着，其农业耕作的水平没有下降。

(C)花粉分析表明，早在公元 800 年，森林的毁灭就已经开始，岛屿地层中的大棕榈树和其他树木的花粉越来越少。

(D)1772 年荷兰殖民者开始登陆复活节岛，并对当地居民进行奴役，那时岛上的土著人口是 4 000 人，到 1875 年时仅有 200 人。

(E)岛上森林的肆意砍伐引发了沙尘暴，从而使致死疾病泛滥。

54～55 题基于以下题干:

张珊喜欢收集金属纪念牌，今年她一共收集到八块金属牌，分别是金牌、银牌、铜牌、铁牌、锡牌、铅牌、锌牌、铂牌，现有八个抽屉甲、乙、丙、丁、戊、己、庚、辛，8 枚金属纪念牌恰好放在以上 8 个抽屉中的 1 个。已知:

(1)如果金牌在甲抽屉，那么铜牌在乙抽屉。

(2)如果铁牌不在己抽屉，那么铜牌不在乙抽屉。

(3)如果铁牌在己抽屉或铅牌在戊抽屉，那么锡牌在庚抽屉。

(4)要么金牌在甲抽屉，要么银牌在辛抽屉。

(5)如果银牌在辛抽屉，那么铅牌在丁抽屉或者锌牌在丙抽屉。

(6)锌牌在丙抽屉当且仅当铜牌在乙抽屉。

(7)如果银牌在辛抽屉或己抽屉，则铅牌不在丁抽屉。

54. 如果以上信息为真，则以下哪项一定为真?

(A)锌牌不在丙抽屉。　(B)锡牌不在庚抽屉。　(C)铜牌不在乙抽屉。

(D)锌牌在戊抽屉。　(E)铁牌在己抽屉。

55. 如果银牌和铂牌分别放在戊抽屉和丁抽屉中的某一个，则以下哪项一定为真?

(A)锌牌不在丙抽屉。　(B)锡牌在丁抽屉。　(C)银牌在辛抽屉。

(D)铅牌在辛抽屉。　(E)铂牌在辛抽屉。

50. 一种非侵犯性诊断程序——磁共振成像(MRI)，能被用来确认冠状动脉堵塞。与一种经常使用的侵犯性诊断程序 A 相比，磁共振成像不会对病人产生危害。因此，为了在探测冠状动脉是否堵塞时确保病人的安全，磁共振成像应在所有尝试诊断冠状动脉堵塞时取代 A 程序。

以下哪项如果为真，则最能削弱上述论证?

(A)A 程序能被用来诊断冠状动脉堵塞之外的情况。

(B)磁共振成像主要是用来诊断冠状动脉堵塞的。

(C)A 程序能比磁共振成像揭示更多的关于堵塞物本性的信息。

(D)磁共振成像与 A 程序一样能够确认冠状动脉堵塞。

(E)使用 A 程序时没有造成风险的一些病人不愿意使用磁共振成像。

51. 警官学院派甲、乙、丙、丁、戊、己、庚、辛 8 位学员到公安局实习，他们恰好被安排在宿舍楼同一排左右相邻的 8 个房间。已知：

(1)甲和丙中间隔着 3 人。

(2)乙和己中间隔着 2 人。

(3)丁在庚的左边，他们中间隔着 2 人。

(4)辛和戊中间隔着 1 人。

根据以上信息，按照从左到右的顺序，下列哪项是不可能的?

(A)丁在第一个房间。 (B)丁在第二个房间。 (C)丁在第三个房间。

(D)丁在第四个房间。 (E)丁在第五个房间。

52. 下面有一个 5×5 的方阵，如图所示，它所含的每个小方格中可填入一个字(已有部分字填入)。现要求该方阵中的每行、每列及每个粗线条围住的五个小方格组成的区域中均含有酸、甜、苦、辣、咸 5 个汉字，不能重复也不能遗漏，根据已经给定的条件，矩阵中①和②所在方格中应填入的汉字分别是：

	甜			
	①		②	苦
	酸		咸	
		辣		

(A)咸、辣。 (B)咸、酸。 (C)苦、酸。 (D)辣、酸。 (E)辣、甜。

47. 国庆节即将来临，研究生蒋莘萱打算带家人出游，根据家人的意愿，他们打算从成都、南京、重庆、西安、张家界和济南六个城市中做出选择。综合考虑时间和风景等诸多因素，蒋莘萱确定了如下方案：

(1)成都和南京至少要选一个。

(2)如果不选重庆或不选西安，则成都也不选。

(3)如果不选重庆，那么济南也不选。

(4)只有选张家界，才能选南京。

如果蒋莘萱最终确定不选张家界，由此可以推出以下哪项？

(A)无法确定重庆是否要选。

(B)成都不能选择。

(C)无法确定西安是否要选。

(D)南京能选择。

(E)无法确定济南是否能选。

48. 时光社区每天由保洁员收集的各住宅楼袋装垃圾通常在周三由保洁公司统一运走，每周一次。本周的垃圾很可能要到周四才被运走，因为本周一是法定节假日，保洁公司规定，如果一周中出现法定节假日，则运走垃圾的日子比常规推迟一天。

以下哪项最为恰当地概括了题干的论证所依据的方法？

(A)在似乎不相干的前提和结论之间试图建立推断关系。

(B)通过直接排除其他各种可能性，间接地推断某种结果非常可能出现。

(C)依据一般性的规则或规律来说明某种具体的情况或现象。

(D)基于某种具体的情况或现象概括出一般性的规则或规律。

(E)通过假设某种情况不存在会导致矛盾，来论证此种情况必然存在。

49. 年终审计期间，普华公司安排审计部门六位员工甲、乙、丙、丁、戊、己去天和、风云、长今三个公司出差。其中只有一个人去天和，两个人去风云，三个人去长今。在安排时，有如下要求：

(1)甲和乙要去同一个地方。

(2)丙和丁不能去同一个地方。

(3)如果乙去风云，那么己去天和。

如果戊去了天和，则以下哪项一定为真？

(A)乙去了风云。　　(B)丙去了风云。　　(C)丙去了长今。

(D)甲去了风云。　　(E)己去了风云。

43. 根据上述信息，每周哪一天是会诊日？

(A)周一。　(B)周二。　(C)周三。　(D)周五。　(E)周六。

44. 如果甲专家是短发女专家，乙专家是长发女专家，丙专家是短发男专家，根据上述信息，以下哪项判断为真？

(A)周六有 2 位专家出诊。

(B)周一只有 1 位短发专家出诊。

(C)若某天有 2 位女专家出诊，则男专家不出诊。

(D)若某天男专家不出诊，则一定有女专家出诊。

(E)若某天只有 1 位女专家出诊，则男专家一定会出诊。

45. 自 20 世纪 50 年代以来，全球每年平均暴发的大型龙卷风的次数从 10 次左右上升至 15 次。与此同时，人类活动激增，全球气候明显变暖，有人据此认为，气候变暖导致龙卷风暴发的次数增加。

以下哪项如果为真，则不能削弱上述结论？

(A)龙卷风的类型多样，全球变暖后，小型龙卷风出现的次数并没有明显的变化。

(B)气候温暖是龙卷风形成的一个必要条件，几乎所有龙卷风的形成都与当地较高的温度有关。

(C)尽管全球变暖，龙卷风依然最多地发生在美国的中西部地区，其他地区的龙卷风现象并不多见。

(D)龙卷风是雷暴天气(即伴有雷击和闪电的局地对流性天气)的产物，只要在雷雨天气下出现极强的空气对流，就容易发生龙卷风。

(E)调查显示，有些地区随着龙卷风的暴发，气温急剧升高。

46. 一项关于研究青少年吸烟的调查显示，追踪那些吸烟的青少年的精神健康，一年之后，那些吸烟的青少年患抑郁症的人数是那些不吸烟的青少年患抑郁症的 4 倍。因此，吸烟后的尼古丁可以改变大脑的化学机制，从而导致青少年患抑郁症。

以下选项如果正确，则哪一项最能支持上述论证？

(A)相对于那些不抑郁的人，那些在研究最开始就抑郁的参与者更不会成为吸烟者。

(B)研究没有区分那些偶尔吸烟和重度吸烟的人。

(C)研究中的参与者中很少有人是朋友或者亲属关系。

(D)某些参与者在一年的研究中表现了一段时间的抑郁。

(E)研究人员没有跟踪这些青少年的酒精摄入量。

41. 由于每一层次的员工都不愿意在上级管理者眼里与坏消息有所关联，因此基层出现的严重问题在沿管理层次逐级上报时总是被淡化或是掩盖。所以，位于最高层次上的总经理对基层出现的真实问题的了解，要比他的下级们少得多。

以下哪项如果为真，则最能加强上述结论？

(A)管理层级中，较高层次的管理者解决问题的能力要比低层管理者解决问题的能力强。

(B)仍然有一些员工更关注的是事实，而不是他们在上级管理者心目中的印象。

(C)位于最高层次的总经理只能从直接下级处了解基层问题，而没有别的渠道。

(D)在哪一层发生的管理问题应由哪一层的管理人员去加以解决。

(E)向上级如实汇报基层情况的员工应当受到来自高层管理者的特别嘉奖。

42. 大城市的公共运输当局正在同赤字作斗争。乘客抱怨延误和故障、服务质量下降以及车费上涨。因为所有这些原因以及汽油价格并不是高不可攀，使得使用公共交通的乘客数目已经下降，增加了赤字。

下列哪一项关于使用公共交通的乘客数目和汽油价格的关系被上文所支持？

(A)当汽油价格增长时，使用公共交通的乘客数目增加。

(B)即使汽油价格增长，使用公共交通的乘客数目也将持续下降。

(C)假如汽油价格上升到高不可攀的水平，使用公共交通的乘客数目将增加。

(D)使用公共交通的大多数乘客不使用汽油，因此，汽油价格的浮动不可能影响使用公共交通的乘客数目。

(E)汽油价格总是保持低水平，足够低以至于私人驾车比乘坐公共交通便宜，因此，汽油价格的浮动不可能影响使用公共交通的乘客数目。

43～44 题基于以下题干：

省立东院呼吸科每周安排甲、乙、丙三位专家出诊，目前已知：

专家	周一	周二	周三	周四	周五	周六	周日
甲专家		休诊		休诊			休诊
乙专家				休诊		休诊	出诊
丙专家		出诊		出诊			休诊

并且已知如下信息：

(1)每位专家每周出诊四天。

(2)每周有一天会诊日，所有专家都不能休诊。

(3)没有一位专家连续三天出诊。

(4)乙专家周二出诊。

37. 有确凿的证据显示，偏头痛(严重的周期性头痛)不是由心理上的原因引起的，而是完全由生理上的原因所致。然而，数据研究结果表明那些因为偏头痛受到专业治疗的人患有标准心理尺度的焦虑症的比例比那些没经过专业治疗的偏头痛患者的高。

下面哪一项如果正确，则最能有助于解决上面论述中的明显矛盾？

(A)那些患有偏头痛的人，倾向于有患偏头痛的亲戚。

(B)那些患偏头痛的人，在情绪紧张时经常头痛。

(C)那些患有标准心理尺度的焦虑症且发作率较高的人追求专业治疗的可能性要比那些在同样尺度上发作率较低的人大。

(D)在许多有关偏头痛起因的研究中，大多数认为偏头痛是由像焦虑这样的心理因素引起的研究已被广泛宣传。

(E)不管他们的医生认为偏头痛的起因是心理方面的，还是生理方面的，大多数患有偏头痛且追求专业治疗的人在他们停止患有偏头痛后仍坚持治疗。

38～39 题基于以下题干：

端午节又称端阳节，是中华民族的传统节日，在我国各地区，都有在端午节当天佩戴五彩绳以辟邪的习俗。五彩绳，是从白、红、黑、黄、紫、橙、蓝、绿 8 种颜色中，挑选出来最能代表阴阳五行的 5 种颜色编织而成的。这 5 种颜色的选择必须同时满足以下条件：

①如果白和蓝被选择，则绿也被选择。

②如果黄被选择，则橙和蓝都不会被选择。

③如果紫被选择，则红不会被选择。

④在红、黑和橙这 3 种颜色中，恰好有 2 种颜色被选择。

38. 如果红和蓝同时被选择，则下面哪一种选项列出了可能同时被选择的 2 种颜色？

(A)白、黑。 (B)白、紫。 (C)黄、橙。 (D)紫、橙。 (E)黑、橙。

39. 如果橙未被选择，则下面哪一种选项必定是真的？

(A)紫被选择。 (B)黄未被选择。 (C)白被选择。

(D)蓝被选择。 (E)蓝未被选择。

40. 如果无能力晋升，当然不谋求晋升；如果有能力晋升，但无能力胜任，也决不谋求晋升。

如果以下五人都认同以上断定，则哪种情况不可能出现？

(A)甲知道自己有能力晋升，但不谋求晋升。

(B)乙知道自己有能力胜任，但不谋求晋升。

(C)丁谋求晋升，但对自己是否有能力晋升缺乏把握。

(D)丙谋求晋升，尽管知道自己无能力胜任。

(E)戊有能力晋升，也有能力胜任，但不谋求晋升。

34. 甲、乙和丙一位是实验中学学生，一位是育才中学学生，一位是红旗中学学生。现已知：丙比红旗中学学生年龄大，甲和育才中学学生不同岁，育才中学学生比乙年龄小。

由此可以推知，这三个人中：

(A)甲不是红旗中学学生。

(B)育才中学学生比甲年龄小。

(C)育才中学学生比实验中学学生年龄大。

(D)红旗中学学生年龄最小。

(E)甲是实验中学学生。

35. 2022 年全国普通高等学校招生全国统一考试于 6 月 10 日落下帷幕，据统计超过 1 193 万的高中生参与，再创历史新高。高考结束后，在高中生顾梓森家中，围绕填报志愿的问题，家人们纷纷出谋划策。爸爸、妈妈、爷爷、奶奶四位家庭成员对顾梓森的高考志愿有如下规划：

爸爸：应该选择既能有良好的就业前景，又能实现个人理想的专业。

妈妈：要么选择有良好的就业前景的专业，要么选择能够实现个人理想的专业，没有其他可能性。

爷爷：如果选择能够实现个人理想的专业，则需要选择在经济发达的城市。

奶奶：没有必要选择经济发达的城市。

如果以上四位家庭成员对顾梓森的高考志愿的规划只有一个没有实现，则以下哪项一定为真？

(A)爸爸的规划没实现。

(B)妈妈的规划没实现。

(C)爷爷的规划没实现。

(D)奶奶的规划没实现。

(E)以上结论都不一定为真。

36. 对交通事故的研究表明，在酒后驾车的情况下，事故率随之提高。有很多新手司机怀着侥幸心理，在酒后驾驶汽车，毫无疑问，事故率上升是新手驾驶车辆不熟练造成的。

下列哪项情况能够对上述观点做出最有力的反驳？

(A)酒后驾车以老司机居多。

(B)近年交通事故率在不断攀升。

(C)新手司机的驾驶技术提高得很快。

(D)酒后驾车使老司机的事故率增高。

(E)有些老司机的驾驶技术也不够熟练。

30. 只有既打“苍蝇”，又打“老虎”，才能有效地铲除腐败；除非有效地铲除腐败，否则国家就不能长治久安；要进一步推进改革开放，国家必须长治久安。

以下各项均能从题干的断定中推出，除了：

(A)国家要长治久安，必须在反腐败中既打“苍蝇”，又打“老虎”。

(B)只要有效地铲除腐败，就能保证进一步推进改革开放。

(C)如果只打“苍蝇”，不打“老虎”，就不能有效地铲除腐败。

(D)除非国家长治久安，否则不能进一步推进改革开放。

(E)或者铲除腐败，或者不能推进改革开放。

31. 有 100 个受访者被问及：你是否支持在电视节目中穿插播放女性内衣广告？其中，31%表示无例外地反对；24%表示无例外地支持；38%只支持在娱乐、时尚频道播放，反对在其他频道，特别是少儿、教育频道播放；7%表示不反对也不支持。这 100 个受访者都是成年人，是采访者精心挑选的，他们的观点在目前电视观众中具有代表性。有意思的是，采访后发现，这些被采访者中，绝大多数 10 年前当女性内衣广告开始在电视中播放时被问过同样的问题，现在都仍然持原有的观点。

如果以上陈述为真，则最能支持以下哪项相关断定？

(A)对于上述问题，10 年来，电视观众的观点总体上无大变化。

(B)10 年前的电视观众，现在仍然喜欢看电视。

(C)目前多数电视观众主张任一电视节目频道都允许播放此类广告。

(D)目前多数电视观众主张不要禁止所有电视节目频道播放此类广告。

(E)目前多数电视观众主张任一电视节目频道都禁止播放此类广告。

32. 人类对糖的渴望曾经是有益的，它吸引着人们喜爱吃更健康的食品(例如成熟的水果)；然而，现在的糖是精制糖，而精制糖对健康是不利的。因此，对糖的渴望将是对人体无益的。

以下哪项为真，最能支持题干的论证？

(A)某些食物生吃不利于健康，煮熟吃对人的健康是有利的。

(B)某些渴望吃糖的人宁可吃煮熟的水果，也不吃饼干。

(C)以前人不用味觉就不能辨别哪些食品是有利于健康的，哪些食品是不利于健康的。

(D)非精制食品并不比精制食品更利于健康。

(E)渴望吃糖的人更可能吃含精制糖的食品，而较少吃含天然糖分(如水果)的食品。

33. 五人赵、钱、孙、李和周聚在一起玩“斗地主”，每一局只能三个人玩。

以下是游戏规则：

①没有人可以连续玩三局。

②没有人可以连续两局不玩。

③每个人都必须玩三局。

如果赵、孙和李玩第一局，而钱、李和周玩第二局，下列哪一位一定玩第四局？

(A)赵。　　(B)钱。　　(C)孙。　　(D)李。　　(E)周。

27. 药品制造商：尽管我们公司要求使用我们新药的病人同时购买一次性的用于每周血液测试的工具，但那些工具的花费是完全需要的，每周必须做血液测试以监视新药潜在的可能非常危险的副作用。

下列哪项如果正确，则最能反对药品制造商的论述？

(A)购买血液测试工具的花费没有阻止任何病人获得药和工具。

(B)医学实验室能够做血液测试，对病人或他们的保险商的要价低于药品制造商对工具的要价。

(C)一年的药物和每周的血液测试工具使病人或他们的保险商花费超过 1 万美元。

(D)大多数政府和其他健康保险项目不补偿病人为药品和血液测试工具所付的全部费用。

(E)遭受该药一个或一个以上危险的副作用的病人会花费很多钱治疗。

28. 甲、乙、丙、丁四人商量周末出游。

甲说：除非乙去，否则我就去。

乙说：丙去，我就不去。

丙说：无论丁去不去，我都去。

丁说：甲、乙中至少有一人去，我就去。

如果他们四人说的都是真话，则以下哪项一定为真？

(A)乙、丙两个人去了。　　(B)甲一个人去了。

(C)甲、丙、丁三个人去了。　　(D)四个人都去了。

(E)四个人都不去。

29. 一年一度的厨王争霸大赛盛大召开，在几位厨师的一番炒、爆、熘、炸后，共有四道菜入围决赛，这四道菜分别是：金丝银膏、青莲白雪、细软溜粉、杨枝甘霜，组委会选拔了 5 位美食评委对菜品进行品尝和点评，这 5 位评委分别是：王乐乐、李学学、马喵喵、金真真、胡棒棒。按照大赛规定，所有的菜均由评委品尝，并且每个评委只能品尝一道菜。同时组委会还规定：

①若王乐乐或李学学至少有 1 人品尝金丝银膏，则金真真品尝杨枝甘霜且胡棒棒不品尝杨枝甘霜。

②若李学学品尝金丝银膏或金真真品尝杨枝甘霜，则胡棒棒品尝杨枝甘霜而王乐乐不品尝细软溜粉。

③若金真真、胡棒棒并非都品尝杨枝甘霜，则王乐乐品尝金丝银膏。

根据以上陈述，可以得出下列哪项？

(A)王乐乐品尝青莲白雪，李学学品尝金丝银膏。

(B)李学学品尝细软溜粉，马喵喵品尝金丝银膏。

(C)马喵喵品尝金丝银膏，金真真品尝青莲白雪。

(D)金真真品尝金丝银膏，胡棒棒品尝杨枝甘霜。

(E)李学学品尝细软溜粉，金真真品尝金丝银膏。

20. 已知数列$\{a_n\}$满足$a_1=1$，$|a_{n+1}-a_n|=p^n$，$n\in\mathbf{N}^+$. 则 p 的取值能确定.

(1)$\{a_n\}$是递增数列.

(2)a_1，$2a_2$，$3a_3$ 成等差数列.

21. 某学校上学期通过英语四级和未通过英语四级的人数之比为 3∶5. 则该学校上学期共有 2 400名学生.

(1)本学期学校的人员未发生变动，又有 180 名学生通过英语四级.

(2)本学期通过英语四级和未通过英语四级的人数之比为 9∶11.

22. 若 a，b，c 为不同的质数. 则能确定 $\max\{a, b, c\}$的值.

(1)$a+b+c=20$. (2)$abc=70$.

23. 从甲车间中选出 4 名工人参加培训，要求男女都有. 则共有 120 种不同的选法.

(1)甲车间有 5 名男工人、4 名女工人.

(2)甲车间有 4 名男工人、3 名女工人.

24. 某人乘出租车从甲地到乙地支付车费 17.2 元. 则甲地到乙地的路程最远为 11 千米.

(1)出租车的起步价 6 元(即行驶距离不超过 3 千米需付 6 元车费).

(2)出租车行驶超过 3 千米后，每增加 1 千米加收 1.4 元(不足 1 千米按 1 千米计).

25. 已知圆 C：$(x-1)^2+(y-2)^2=25$. 则曲线与圆 C 有交点.

(1)曲线方程：$kx-y+1-k=0$.

(2)曲线方程：$x^2+y^2-2x-2y=2$.

三、逻辑推理：第 26～55 小题，每小题 2 分，共 60 分。下列每题给出的(A)、(B)、(C)、(D)、(E)五个选项中，只有一项是符合试题要求的。请在答题卡上将所选项的字母涂黑。

26. 目前全球疫情虽然得到了一定的控制，但是疫情并没有完全退散。疫情当下，做好疫情防控工作仍旧是经济社会发展的重要前提。因此，只有保持战略定力，才能保护好人民生命安全。只有坚持稳中求进，才能促进经济社会平稳健康发展。只有全国人民团结一心，才有希望尽快走出疫情的阴霾。

根据以上陈述，可以得出以下哪项?

(A)只要做好疫情防控工作，就能促进经济社会发展。

(B)如果不促进经济社会平稳健康发展，就无法坚持稳中求进。

(C)除非保持战略定力，否则无法保护好人民生命安全。

(D)只有坚持稳中求进，才能做好疫情防控工作。

(E)如果全国人民团结一心，就一定能走出疫情的阴霾。

14. 某工厂过去的年产量为 a，技术革新后，第一年的年产量增长率为 $p(p>0)$，第二年的年产量增长率为 $q(q>0，p\neq q)$，这两年的年产量平均增长率为 x，则(　　).

(A)$x=\frac{p+q}{2}$　　(B)$x=\sqrt{pq}$　　(C)$x>\frac{p+q}{2}$

(D)$x<\frac{p+q}{2}$　　(E)$x\leqslant\frac{p+q}{2}$

15. 已知一组数据 x_1，x_2，…，x_n 的平均数为 $\bar{x}$，标准差为 s. 若 $3x_1-2$，$3x_2-2$，…，$3x_n-2$ 的平均数与方差相等，则 $s-\bar{x}$ 的最大值为(　　).

(A)$-\frac{7}{12}$　　(B)$-\frac{7}{4}$　　(C)$-\frac{2}{3}$　　(D)-2　　(E)$-\frac{1}{2}$

二、条件充分性判断：第 16～25 小题，每小题 3 分，共 30 分。要求判断每题给出的条件(1)和条件(2)能否充分支持题干所陈述的结论。(A)、(B)、(C)、(D)、(E)五个选项为判断结果，请选择一项符合试题要求的判断，在答题卡上将所选项的字母涂黑。

(A)条件(1)充分，但条件(2)不充分.

(B)条件(2)充分，但条件(1)不充分.

(C)条件(1)和条件(2)单独都不充分，但条件(1)和条件(2)联合起来充分.

(D)条件(1)充分，条件(2)也充分.

(E)条件(1)和条件(2)单独都不充分，条件(1)和条件(2)联合起来也不充分.

16. 甲、乙两人各进行一次独立射击，至少有 1 人击中目标的概率为 0.88.

(1)在一次射击中，甲击中目标的概率为 0.6，乙击中目标的概率为 0.7.

(2)在一次射击中，甲、乙击中目标的概率都是 0.6.

17. 方程根的个数大于等于 2.

(1) $|x-99|+|x-100|+|x-101|=102$.

(2) $|x-1\,996|+|x+4|=2\,005$.

18. $(ax+1)^8$ 的展开式中，x^2 的系数与 x^3 的系数相等.

(1)$a=2$.

(2)$a=\frac{1}{2}$.

19. 甲、乙、丙三人从同一起点同时开始在环形跑道上跑步，甲、丙同向，与乙反向. 则甲比乙快.

(1)5 分钟后，甲、乙相遇，再过 15 分钟，甲、丙相遇.

(2)丙跑一圈的时间，甲可以跑两圈.

8. 已知等比数列$\{a_n\}$的公比大于1，前n项和为S_n，若a_1+2，$2a_2$，a_3+1成等差，$S_3=4a_2-1$，则$a_5=$(　　).

(A)32　　(B)16　　(C)12　　(D)16或$\frac{1}{4}$　　(E)8或$\frac{1}{4}$

9. 如图所示，长方形$ABCD$由4个等腰直角三角形和一个正方形构成，若长方形的面积为S，则正方形$EFGH$的面积为(　　).

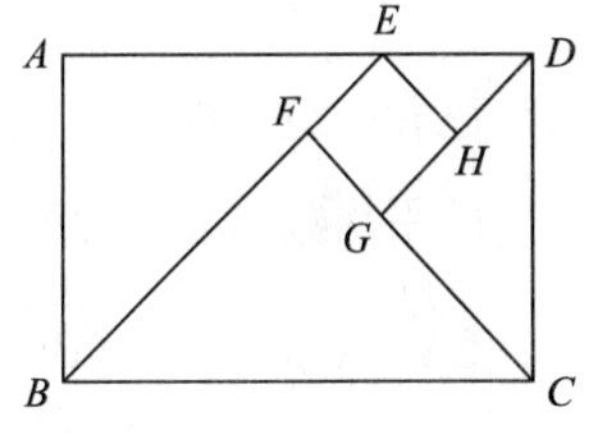

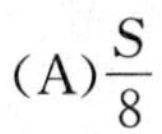
(A)$\frac{S}{8}$　　(B)$\frac{S}{9}$

(C)$\frac{S}{10}$　　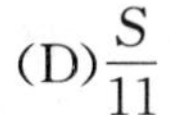
(D)$\frac{S}{11}$

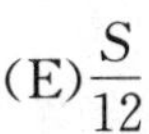
(E)$\frac{S}{12}$

10. 已知二次函数$y=ax^2+2ax+3a-2(a\neq 0)$的图像过点$M(x_1, -1)$，$N(x_2, -1)$．若$|MN|\geqslant 2$，则a的取值范围是(　　).

(A)$0<a<\frac{1}{2}$　　(B)$0<a\leqslant\frac{1}{3}$　　(C)$-\frac{1}{3}\leqslant a<0$

(D)$a\leqslant-\frac{1}{3}$　　(E)$a<0$或$a\geqslant\frac{1}{3}$

11. 疫情期间，某医院召集4位医生、1位护士共5人赶赴A，B，C三个核酸检测点进行核酸采样工作，每个检测点至少派1人，且护士不去A检测点，则不同的安排方法有(　　)种．

(A)76　　(B)88　　(C)100　　(D)120　　(E)124

12. 一束光线从点$A(-2, 2)$发射，射到x轴后，反射到圆C：$(x-2)^2+(y-2)^2=1$上，则光线经过的最短路程为(　　).

(A)$3\sqrt{2}+1$　　(B)$4\sqrt{2}-1$　　(C)$4\sqrt{2}$　　(D)$4\sqrt{2}+1$　　(E)$4\sqrt{2}-2$

13. 已知等差数列$\{a_n\}$的首项为a_1，公差为d，其前n项和为S_n，若直线$y=\frac{1}{2}a_1x+m$与圆$(x-2)^2+y^2=1$的两个交点关于直线$x+y-d=0$对称，则数列$\left\{\frac{1}{S_n}\right\}$的前100项和为(　　).

(A)$\frac{100}{101}$　　(B)$\frac{100}{99}$　　(C)$\frac{98}{99}$　　(D)1　　(E)10

一、问题求解：第 1～15 小题，每小题 3 分，共 45 分。下列每题给出的(A)、(B)、(C)、(D)、(E)五个选项中，只有一项是符合试题要求的。请在答题卡上将所选项的字母涂黑。

1. 甲、乙、丙、丁四名游客到重庆旅游，他们都只去了磁器口古镇、洪崖洞民俗风貌区、李子坝轻轨穿楼及乌江画廊四个网红景点中的 2 个，已知甲去了磁器口古镇，乙与甲没有去过相同的景点，丙与甲恰好去过一个相同景点，丁与丙也没有去过相同的景点．则四人中去过磁器口古镇的人数是(　　)．

(A)1　　(B)2　　(C)3　　(D)2 或 3　　(E)1 或 2

2. 甲、乙两件商品的成本一共 600 元，已知甲商品按 45%的利润定价，乙商品按 40%的利润定价，后来甲打八折出售，乙打九折出售，结果共获利 110 元．两件商品中，成本较高的那件商品的成本是(　　)元．

(A)340　　(B)380　　(C)450　　(D)460　　(E)480

3. 一个圆柱体水桶中放有一个长方体铁块，现打开水龙头往桶中注水，20 秒后水面恰好没过铁块，又过了两分钟，水桶注满．已知水桶的高度为 50 厘米，铁块的高度为 20 厘米，则铁块的底面积和水桶底面积之比为(　　)．

(A)1∶3　　(B)1∶2　　(C)2∶3　　(D)3∶4　　(E)3∶5

4. 关于 x 的方程 $||x-2|-1|=a\ (0<a<1)$ 所有解的和为(　　)．

(A)0　　(B)2　　(C)4　　(D)8　　(E)10

5. 图中有两个圆，只有一个公共点 A，大圆直径 48 厘米，小圆直径 30 厘米，两只甲虫同时从 A 点出发，按箭头所指的方向以相同速度分别沿两个圆爬行．则当在小圆上的甲虫爬了(　　)圈时，两只甲虫首次相距最远．

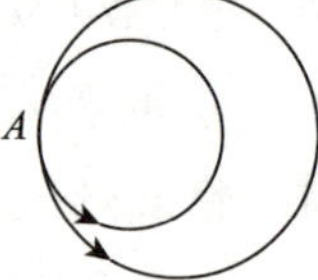

(A)2　　(B)3　　(C)4　　(D)5　　(E)12

6. 若直线 $y=x+b$ 与曲线 $y=3-\sqrt{4x-x^2}$ 有公共点，则 b 的取值范围是(　　)．

(A)$[1-2\sqrt{2},\ 1+2\sqrt{2}]$　　(B)$[1-\sqrt{2},\ 3]$

(C)$[-1,\ 1+2\sqrt{2}]$　　(D)$[1-2\sqrt{2},\ 3]$

(E)$[1+\sqrt{2},\ 3]$

7. 甲、乙两人一起去北京旅游，他们约定各自独立从故宫、颐和园、圆明园、长城、天坛 5 处景点中任选 3 处游览，则他们最后一个景点相同的概率是(　　)．

(A)$\frac{1}{36}$　　(B)$\frac{1}{25}$　　(C)$\frac{1}{10}$　　(D)$\frac{1}{9}$　　(E)$\frac{1}{5}$

绝密★启用前

全国硕士研究生招生考试
管理类综合能力试题 2

（科目代码：199）

考试时间：8：30—11：30

考生注意事项

1. 答题前，考生须在试题册指定位置上填写考生姓名和考生编号；在答题卡指定位置上填写报考单位、考生姓名和考生编号，并涂写考生编号信息点。
2. 选择题的答案必须涂写在答题卡相应题号的选项上，非选择题的答案必须书写在答题卡指定位置的边框区域内。超出答题区域书写的答案无效；在草稿纸、试题册上答题无效。
3. 填(书)写部分必须使用黑色字迹签字笔或者钢笔书写，字迹工整、笔迹清楚；涂写部分必须使用 2B 铅笔填涂。
4. 考试结束，将答题卡和试题册按规定交回。

考生编号															
考生姓名															

答案速查

题型		题号	答案
一	问题求解	1～5	(B) (D) (C) (B) (A)
		6～10	(D) (C) (E) (B) (C)
		11～15	(D) (C) (D) (D) (E)
二	条件充分性判断	16～20	(B) (B) (A) (A) (C)
		21～25	(D) (A) (B) (D) (A)
三	逻辑推理	26～30	(D) (A) (C) (E) (C)
		31～35	(A) (E) (C) (D) (E)
		36～40	(A) (C) (C) (D) (C)
		41～45	(C) (A) (C) (B) (B)
		46～50	(D) (C) (B) (B) (E)
		51～55	(D) (B) (B) (C) (D)
四	写作	56. 略 57. 略	

55. 如果李思来自北方城市，以下哪项必然为真？

(A)如果张珊是杭州人，那么王伍演奏唢呐。

(B)如果赵陆是哈尔滨人，那么孙琪演奏笛子。

(C)如果李思是北京人，那么张珊不是杭州人。

(D)如果王伍是杭州人，那么孙琪演奏笛子。

(E)如果赵陆是哈尔滨人，那么王伍演奏笛子。

四、写作：第 56～57 小题，共 65 分。其中论证有效性分析 30 分，论说文 35 分。请答在答题纸相应的位置上。

56. 论证有效性分析：分析下述论证中存在的缺陷和漏洞，选择若干要点，写一篇 600 字左右的文章，对该论证的有效性进行分析和评论。（论证有效性分析的一般要点是：概念特别是核心概念的界定和使用是否准确并前后一致，有无各种明显的逻辑错误，论证的论据是否成立并支持结论，结论成立的条件是否充分等。）

最近几年，全球新能源汽车行业发展势头十分迅猛，国外的一项报告显示：单单过去的 2021 年，新能源汽车的销量就达到了 352.1 万辆，市场占有率上升至 13.4%，这表明新能源汽车很快就会取代燃油车。

新能源汽车具备很多的优势，例如，同样行驶 100 公里，新能源汽车要付的电费要低于燃油车所需的油费，因此，新能源汽车能给用户省很多钱。而且，燃油车产生的废气会导致大气污染，而新能源汽车是用电驱动的，不会产生任何废气，因而彻底消除了对环境的影响。两相比较，再选择传统燃油车就没有道理了。

在去年 6 月份，大众和福特等品牌率先宣布在欧美逐渐停止销售燃油车，按照这一趋势，全球燃油车被取代指日可待。

当然，有一部分用户会担心新能源汽车的续航问题，但这并非不能解决。手机是如何提升使用时间的？答案是增加电池容量或者加快充电速度。新能源汽车亦是如此，电池容量大了，存储的电能就多了，续航里程自然就上去了；如果充满一次电无限接近燃油车加满一箱油的时间，还有人担心续航的问题吗？

综上所述，新能源汽车取代燃油车已势不可挡。

57. 论说文：根据下述材料，写一篇 700 字左右的论说文，题目自拟。

在一些企业里，存在两种人：第一种人，像嘎嘎叫的鸭子，他们通常会找一些理由及借口来掩饰自己的错误，好一点的鸭子会将问题反映出来，但是基本上不会提出解决问题的良方；另一种人，像老鹰，他们可就不同了，他们不仅会主动去发掘问题，而且会主动去寻求最快且最有效率解决问题的方法。

52. 某校组织运动会，要求三年级各班均选出 1 名学生代表参加 400 米赛跑，该年级共 8 个班级，从左至右是 1～8 号跑道，每班按照各班抽签顺序分别占据其中一个跑道，已知：

(1)二班的跑道与五班的跑道紧挨着。

(2)六班与七班间隔 4 条跑道。

(3)四班的跑道在一班、三班的左侧。

(4)八班的跑道不在第 8 道。

下列各项中，从左至右排列顺序可能正确的是：

(A)二班、五班、六班、三班、四班、一班、八班、七班。

(B)五班、二班、七班、四班、一班、八班、三班、六班。

(C)八班、四班、六班、二班、一班、五班、七班、三班。

(D)四班、七班、五班、二班、三班、一班、六班、八班。

(E)二班、五班、六班、一班、四班、三班、八班、七班。

53. 化学名称为聚四氟乙烯，商用名称为特氟龙的物质被广泛用于电饭煲内胆。有研究证明，超过 260 度高温作用下该物质会变为毒性物质，因此有人认为电饭煲会做出“毒米饭”。

以下哪项如果为真，最能质疑上述观点？

(A)特氟龙作为涂层特别容易剥落混到食物中。

(B)特氟龙内胆的电饭煲工作温度最高为 119 度。

(C)特氟龙在高温条件下产生的毒性足以致癌。

(D)特氟龙材料还被应用到医疗、冶金等领域中。

(E)从电饭煲发明以来，还没有发现用电饭煲做出“毒米饭”的报告。

54～55 题基于以下题干：

中央民族乐团有音乐家张珊、李思、王伍、赵陆、孙琪正在合奏一首乐曲，他们中有一位是北京人、一位是广州人、一位是哈尔滨人、两位是杭州人，他们演奏的乐器有笛子、二胡、琵琶、古筝、唢呐，上述每种乐器都有人演奏，每人只演奏上述乐器中的一种。已知：

(1)张珊和演奏唢呐的人来自相同的城市。

(2)赵陆与演奏古筝的人均来自北方城市。

(3)这些人中，只有张珊学过二胡。

(4)如果赵陆演奏的是笛子，那么李思和王伍来自相同的城市。

(5)北京人演奏的是古筝。

54. 根据以上信息，以下哪项一定为真？

(A)演奏唢呐的是哈尔滨人。　　(B)演奏琵琶的是北京人。

(C)演奏笛子的是广州人。　　(D)孙琪演奏的是二胡。

(E)赵陆演奏的是二胡。

49. 根据世界各国的媒体报道，近年来，世界范围内火灾频发，同一时期，一些在草地和树木上觅食的食草动物也灭绝了。因此，研究者认为动物灭绝导致了火灾频发。

以下哪项如果为真，不能支持研究者的观点？

(A)食草动物灭绝情况严重的地区，火灾范围更大，频率也更高。

(B)食草动物的灭绝造成很多肉食动物的食物来源剧减，引起整个草原的生态破坏。

(C)食草动物的进食行为会减少可燃物的数量，避免了火灾的发生。

(D)1 万年前—6 000 年前大型动物消亡后，全球火灾发生次数比 1 万年前的多。

(E)虽然全球气温在不断上升，但是依旧没能达到可以引燃森林的温度。

50.《拯救地球》这本书极有说服力，以至每个读完这本书的人都不可能拒绝它的环保主义见解。据统计，世界环保组织上个月在全球各地散发了 2 000 份该书的复印本，因此，今年上个月至少有 2 000 人转变为环保主义者。

为使上述论证有说服力，以下哪项最不可能是这一论证的假设？

(A)不拒绝《拯救地球》一书环保主义见解的人，一定是环保主义者。

(B)上述复印本的统计数据是准确的。

(C)上述复印本的读者在之前都不是环保主义者。

(D)上述复印本的读者中，至少有 2 000 人第一次阅读该书。

(E)环保主义者一定同意《拯救地球》一书的所有见解。

51. 颐和养老院由于医护水平高超，经营良好，受到了外界的好评。今年，颐和养老院扩建了 2 000 平方的院区，现需要招聘新的医护工作人员，院方预计从甲、乙、丙、丁、戊、己、庚 7 人中选拔出 4 名医护工作者。已知：

(1)如果不选择甲，那么丁需要被选中。

(2)只有丙、丁均不选中，才可以选中乙。

(3)选择乙，当且仅当不选择甲。

(4)戊、己、庚至少有一人不选，则不选择丙。

(5)丙和丁是情侣，他们无论被选还是不被选都要在一起。

根据以上信息，以下哪项一定为真？

(A)护理人员乙当选。　　(B)护理人员丙当选。

(C)护理人员丁当选。　　(D)护理人员己当选。

(E)护理人员戊不当选。

45. 如果印刷组的成员由 F、H、L 和 M 组成，而装订组的成员由 G、H 和 J 组成，那么 K 可以替换两组中的哪一个成员而不违反任何给出的条件？

(A)F。 (B)G。 (C)H。 (D)L。 (E)M。

46. 如果印刷组只有 G、H 和 L 这 3 个成员，而在条件充裕的情况下，两个组有尽可能多的共同成员，那么以下哪项陈述一定为真？

(A)装订组和印刷组恰好有一个共同成员。

(B)装订组和印刷组恰好有两个共同成员。

(C)装订组和印刷组成员的数量相同。

(D)装订组的成员数量至少比印刷组的多一个。

(E)装订组的成员数量比印刷组的少一个。

47. 以下是一个 4×4 的方阵，共有 16 个小方格，每个小方格中均可填入一个词。要求图形的每行、每列均填入"英国""法国""挪威""德国"4 个词，不能重复，也不能遗漏。

根据以上信息，依次填入图形中①、②、③、④处的 4 个词应是：

①	②	③	④
法国		德国	
英国	法国		
			挪威

(A)英国、法国、挪威、德国。 (B)挪威、英国、法国、德国。

(C)挪威、德国、英国、法国。 (D)德国、英国、法国、挪威。

(E)英国、法国、德国、挪威。

48. "新冠"疫情期间，很多大学生只能上网课。大学生酱心只有周一、周二、周三、周五和周六有课，而且她上 4 门课：英语、数学、逻辑和写作。有课的日子里，她上午只上 1 门课，下午只上 1 门课，而且还知道以下条件：

(1)酱心只在两个连续的下午有英语课。

(2)酱心只在 1 个上午和 3 个下午上逻辑课。

(3)周六这天，酱心既不上英语课，也不上数学课。

若上述情况为真，请问酱心哪一天一定会上英语课？

(A)周一。 (B)周二。 (C)周三。 (D)周五。 (E)周六。

42. A 国的反政府武装组织绑架了 23 名在 A 国做援助工作的 H 国公民作为人质，要求政府释放被关押的该武装组织的成员。如果 A 国政府不答应反政府武装组织的要求，该组织会杀害人质；如果人质惨遭杀害，将使多数援助 A 国的国家望而却步；如果 A 国政府答应反政府武装组织的要求，该组织将以此为成功案例，不断复制绑架事件。

以下哪项结论可以从上面的陈述中推出？

(A)如果多数援助 A 国的国家继续派遣人员去 A 国，绑架事件还将发生。

(B)反政府武装组织还会制造绑架事件。

(C)多数国家的政府会提醒自己的国民：不要前往危险的 A 国。

(D)H 国政府反对用武力解救人质。

(E)H 国政府不再对 A 国提供援助。

43. 为全面推进群众性足球运动发展，弘扬体育道德风尚，全国体育总会竞赛委员会举办第十届足球争霸赛，据统计：并非所有足球运动员都会说英语，但所有的足球运动员都喜欢看美剧。

如果以上陈述为真，则以下哪项也一定为真？

(A)有些喜欢看美剧的人会说英语。

(B)有些会说英语的人不喜欢看美剧。

(C)有些喜欢看美剧的人不会说英语。

(D)有些会说英语的人喜欢看美剧。

(E)所有不会说英语的人都不喜欢看美剧。

44. 研究人员通过对不同蔬果摄入量的被调查者进行压力测试发现，蔬果摄入量大于每日 473 克的人群的压力指数比蔬果摄入量小于每日 243 克的人群要低 10%。据此，研究人员指出，多吃蔬果的人，压力会更小。

以下哪项如果为真，最能支持研究人员的观点？

(A)世界卫生组织从身体健康和营养的角度推荐的蔬果摄入量为每日 400 克。

(B)蔬果中丰富的抗氧化剂和多元酚能减轻生理上的氧化压力，从而降低心理压力。

(C)一项调查显示，素食主义者的生活压力没有比蔬果、肉类都食用的人群更小。

(D)有数据统计，某市上班族的蔬果摄入量越高，他们的工作压力指数就越小。

(E)通过饮用含有维生素 C 的饮料也可以帮助缓解压力。

45～46 题基于以下题干：

印刷组和装订组的成员主要来自以下 7 名员工——F、G、H、J、K、L 和 M，每个组的成员必须满足下列条件：

(1)每个组至少有 3 名员工。

(2)F 和 K 不能在同一组。

(3)如果 K 在某个组，J 也必须在这个组。

(4)M 至少是这两个组中的成员之一。

(5)两个组至少有一名相同的员工。

39. 有些语词所指的东西看不见、摸不着，孩子大都很难表达清楚这些语词的意思，但这并不妨碍他们用这些语词传递自己真实的感觉或情绪。这说明，理解一个语词并不非得能表达它的意思。

以下哪项如果成立，最能加强上述论证？

(A)很难做到的事，并不意味着实际上做不到。

(B)能够准确表达一个语词的人一定理解这个词的意思。

(C)传递感觉、情绪的语词的意思一般难以表达清楚。

(D)能够恰当地运用一个语词传递某种信息的人一定理解这个词的意思。

(E)孩子对语词的理解和表达能力比成人弱。

40. 仿制药物和拥有商标的原创药物在活性成分上既相同又等量，因为仿制药物就是用以替代拥有商标的原创药物的。但是，仿制药物有时候在服用该药的病人身上所体现出来的效果，和拥有商标的原创药物相比，又存在着一些重要的不同之处。

下面哪项如果为真，最有助于解释上文中所体现出来的矛盾？

(A)当拥有商标的原创药物的专利到期后，中国法律允许在不进一步研究该药物活性成分功效的情况下生产该药的仿制药物。

(B)因为一些医生对该种药物的仿制药物的剂量不熟悉，因此他们只开某种药物的拥有商标的原创药物的处方。

(C)药物中没有活性的成分和填充物能够影响该药物有效成分被吸收的速率和在血液中浓度的分布情况，仿制药物和原创药物各自所含有的填充物和没有活性的成分相互之间有很大的不同。

(D)由于仿制药物的生产者无须为该药物的研究开发进行投资，因此它们的产品能够以较低的价格出售。

(E)和年轻人的身体相比，更可能经常使用处方药的老年人的身体对药物剂量的微小改变所引致的反应显得更敏感。

41. 史密斯、弗朗基和安德烈住在相邻的公寓里。弗朗基住在中间。她们的职业分别是钢琴家、医生和作家。已知：

(1)当安德烈外出时，作家带着她的狗去散步。

(2)当史密斯的立体声音乐太响时，只有钢琴家能敲到她套房的墙。

那么史密斯、弗朗基和安德烈依次是什么职业？

(A)钢琴家、作家和医生。 (B)钢琴家、医生和作家。 (C)作家、钢琴家和医生。

(D)作家、医生和钢琴家。 (E)医生、钢琴家和作家。

36. 某高校要组建代表队参加亚洲高校学生辩论赛。关于代表队的组成，甲、乙、丙、丁四位指导老师有如下意见：

甲：要么张华参加，要么李成参加。

乙：张华和李成至少有一人参加。

丙：如果王勇参加，则赵刚参加。

丁：王勇要参加。

代表队的组建结果说明，上述四个意见，只有一个未被采纳。

如果上述断定为真，以下哪项一定为真？

(A)如果张华未参加，则李成参加。　　(B)如果张华参加，则李成未参加。

(C)张华和李成都参加。　　(D)王勇参加，赵刚未参加。

(E)王勇和赵刚都参加。

37. 恋爱是人类社会普遍存在的现象，它能引起神经内分泌状态、神经功能及外显行为的广泛变化，对个体的行为和情绪均有影响。从 20 世纪 90 年代开始，恋爱就已经成为心理学、认知神经科学、神经生物学等多个学科研究、关注的焦点。生活中，我们经常会听到这样的说法：恋爱使人变傻，催生出无数"幸福而愚蠢的女人和男人"。但近期有研究表明：恋爱不仅不会使智商下降，反而还能给智力带来很多积极效应。

以下选项如果为真，最能支持研究人员结论的是：

(A)恋爱使人体内的催产素升高，而催产素能增加信任程度，这就表明恋爱可能会激发更多的合作行为。

(B)恋爱会导致杏仁核活动受到抑制，使人的警觉性下降，但是对人的智力不会造成任何的影响。

(C)和女友甜蜜的爱情激发了薛定谔无限的灵感，在随后的一年中，他的智慧爆棚，推导出薛定谔方程。

(D)某科学家研究发现，恋爱能抑制与社会判断、负性情绪有关的脑区活动，导致"情人眼里出西施"。

(E)经过对 100 对恋人和 200 个单身人员的调查发现，恋爱的人比不恋爱的人更容易受到情绪的影响。

38. 喵喵屋商店最近做年中促销活动，准备从泡面、可乐、薯片、虾条、果冻、话梅、辣条七种零食饮料中挑选四种组成一个零食福袋，作为给顾客的回馈礼物。根据平时各个零食的售卖情况，挑选必须满足下列条件：

(1)如果选择了果冻，则薯片也要选择。

(2)除非可乐放进福袋里，否则辣条不能放进福袋。

(3)或者选择泡面，或者选择可乐，二者必居其一。

(4)果冻和话梅中至少要选择一个，但不能都选择。

根据以上陈述，以下哪些小零食一定会被放进福袋里？

(A)可乐或辣条。　　(B)果冻或辣条。　　(C)薯片或虾条。

(D)薯片或果冻。　　(E)可乐或果冻。

33. 山东儿童医院的医生最近在参与一项“手拉手”公益活动。有些经常志愿献血的医生为经济困难的儿童捐款。凡是为经济困难的儿童捐过款的医生，均与贫困家庭结成了帮困对子。因此，经常志愿献血的医生都是山东省年度好医生。

以下哪项如果为真，最能反驳上述结论？

(A)有些给贫困儿童买学习用品的医生没有志愿献血。

(B)有些给贫困儿童买学习用品的医生经常志愿献血。

(C)所有与贫困家庭结成帮困对子的医生都没被评为山东省年度好医生。

(D)有些经常志愿献血的医生和贫困家庭结成了帮困对子。

(E)所有经常志愿献血的医生都不是山东省年度好医生。

34. 脐带出血指胎儿娩出，脐带结扎并离断后残留在胎盘和脐带中的血液，其中含有的造血干细胞对白血病、重症再生障碍性贫血、部分恶性肿瘤等疾病有显著疗效，是人生中错过就不再有的宝贵的自救资源。父母为新生儿保存脐带血，可以为孩子一生的健康提供保障。

如果以下陈述为真，除哪一项外，都能削弱上面论述的结论？

(A)目前中国因患血液病需要做干细胞移植的概率极小，而保存脐带血的费用昂贵。

(B)通常保留的脐带血不能用于自身的治疗，因为脐带血会引起严重的自身免疫反应。

(C)脐带血的保存量通常为 50 毫升，这样少的数量对大多数成年人的治疗几乎没有效果。

(D)现在脐带血与外周血、骨髓一起成为造血干细胞的三大来源。

(E)脐带血在保存超过 5 年后，其作用将很难得到保证，而往往在 10 年以后左右才需要用到它。

35. 近期，H 国各地发生了多起由于违反交通规则而造成的重大事故，造成了多人次的伤亡。S 市交警大队为避免该类现象在本市发生，颁布了以下新规：凡属于故意违反交通规则的，一律录入个人大数据违法信息系统；所有录入个人大数据违法信息系统的都受到严肃处理；已知有的故意违反交通规则的缴纳了罚款。

根据以上陈述可推出以下哪项？

(A)所有录入个人大数据违法信息系统的都缴纳了罚款。

(B)有的受到严肃处理的并没有故意违反交通规则。

(C)有的缴纳了罚款的并没有故意违反交通规则。

(D)所有缴纳了罚款的都受到了严肃处理。

(E)有的故意违反交通规则的受到严肃处理。

30. 有调查显示，部分学生缺乏创造力。研究者认为，具有创造力的孩子在幼年时都比较淘气，而在一些家庭中，小孩子如果淘气就会被家长严厉呵斥，这导致他们只能乖乖听话，创造力就有所下降。

这项调查最能支持的论断是：

(A)幼年是创造力发展的关键时期。

(B)教育方式会影响孩子创造力的发展。

(C)幼年听话的孩子长大之后可能缺乏创造力。

(D)有些家长对小孩子的淘气倾向于采取比较严厉的态度。

(E)创造力的发展很大程度上源于个体所投身在某个知识领域的状态。

31. 某校决定从张珊、李思、王伍、赵柳、孙琪中保送一个或几个人去北大读研。辅导员建议：

①如果保送张珊，那么必须保送李思并且不能保送王伍。

②如果保送李思或者保送王伍，则不能保送赵柳。

③不能既不保送孙琪也不保送赵柳。

经讨论，该校确认张珊必须保送，则以下哪项指出了其他的保送人员？

(A)李思和孙琪。　(B)李思和赵柳。　(C)孙琪和王伍。

(D)赵柳和王伍。　(E)赵柳和孙琪。

32. 牙刷按棕毛的硬度分为软、硬两种。如何合理地选择和使用牙刷以减少牙垢，科研人员做了以下测试。被测试者分为人数相等的 4 组，每天刷牙 2 次，所用牙刷不更换。第一组和第二组使用软棕牙刷，其他两组使用硬棕牙刷；第一组和第三组每 10 天对牙刷进行一次保洁消毒，其他两组不做此种保洁。半年后，比较被测试者新形成的牙垢，第一组的明显较少，其他三组的基本相同，不见明显减少。因此，为了减少牙垢的形成，选择软棕牙刷比选择硬棕牙刷较为合理。

以下哪项为真，最能支持上述测试结果的结论？

(A)在保洁产品的市场里，软棕牙刷的价格往往比硬棕牙刷要贵 2 至 3 倍。

(B)软棕牙刷和硬棕牙刷都需要定期进行保洁消毒。

(C)软棕牙刷由于硬度较低，对于牙齿的伤害是比较小的。

(D)第三组测试者更喜欢饮用碳酸饮料和食用甜点。

(E)4 组参与实验的测试者的饮食习惯和口腔健康情况都在同一个水平。

27. 山东曹县有机蔬菜的认证条件非常苛刻，要求种植有机蔬菜的土地 3 年以内没有使用过任何农药、化肥。山东曹县有机蔬菜的售价只比普通蔬菜高 20%～30%。而在美国，有机蔬菜的价格是普通蔬菜的数倍甚至 10 倍。这说明，美国的有机蔬菜种植业是暴利行业。

以下哪项陈述是上述结论需要假设的?

(A)山东曹县普通蔬菜的价格没有偏高。

(B)美国人对食品安全的普遍担忧导致有机蔬菜供不应求。

(C)美国的有机蔬菜不比中国有机蔬菜的种植成本高。

(D)美国普通蔬菜的价格是完全市场化的，其利润率是正常的。

(E)美国有机蔬菜的质量不比山东曹县好。

28. 山东省大宗村是全国教育改革示范村，该村对于儿童的教育问题有着独特的方法，2022 年，该村第一批孩子参加高考。村委会中负责教育改革的几位工作人员对大宗村的孩子今年高考情况有以下断定：

(1)村里所有的学生都考上了 985 院校。

(2)村里有些学艺体的学生考上了 985 院校。

(3)村里有些学生考上了 985 院校。

(4)村里有些学生没考上 985 院校。

其实上述断定中只有两个与事实相符。根据如上情况，能得出以下哪些结论?

Ⅰ. 村里的学生都是艺体生。

Ⅱ. 村里没有艺体生考上 985 院校。

Ⅲ. 村里的艺体生都考上 985 院校。

Ⅳ. 有的学生考上了 985 院校。

Ⅴ. 有的学生没考上 985 院校。

(A)只有Ⅰ。　　(B)只有Ⅱ。　　(C)只有Ⅱ、Ⅳ和Ⅴ。

(D)只有Ⅰ和Ⅱ。　　(E)Ⅰ、Ⅱ、Ⅲ和Ⅳ都可能为真。

29. 一家石油公司进行了一项关于石油泄漏对环境影响的调查，并得出结论：石油泄漏区域水鸟的存活率为 95%。这项对水鸟的调查委托给了最近一次石油泄漏地区附近的一家动物医院，据调查称，受污染的 20 只水鸟中只有 1 只死掉了。

如果以下陈述为真，则哪一项将对该调查的结论提出最严重的质疑?

(A)许多幸存的被污染的水鸟受到严重伤害。

(B)大部分受影响的水鸟是被浮在水面上的石油所污染的。

(C)极少数受污染的水鸟在再次被石油污染后被重新送回动物医院。

(D)石油泄漏区域内几乎所有受伤的水鸟都被送到了动物医院。

(E)只有那些看起来还能活下去的受污染的水鸟才会被送进动物医院。

22. 袋中有 5 颗红球，4 颗黄球，3 颗白球．则 $P=\frac{25}{72}$.

(1)有放回地取球，2 次都取到同一种颜色球的概率为 P.

(2)无放回地取球，2 次都取到同一种颜色球的概率为 P.

23. 能确定 $x^3-\frac{1}{x^3}$的值．

(1)已知 $x^2+\frac{1}{x^2}$.　　　　(2)已知 $x-\frac{1}{x}$.

24. 如下图所示，将两张长为 a，宽为 b 的长方形纸片按图 1、图 2 两种方式放置，其中四边形 $ABCD$ 为正方形，图 1 和图 2 中两张长方形纸片重叠部分分别记为①和②，阴影部分的面积分别记为 S_1 和 S_2．则能确定 S_1-S_2 的值．

(1)已知长方形纸片长和宽的差．

(2)已知①和②的面积差．

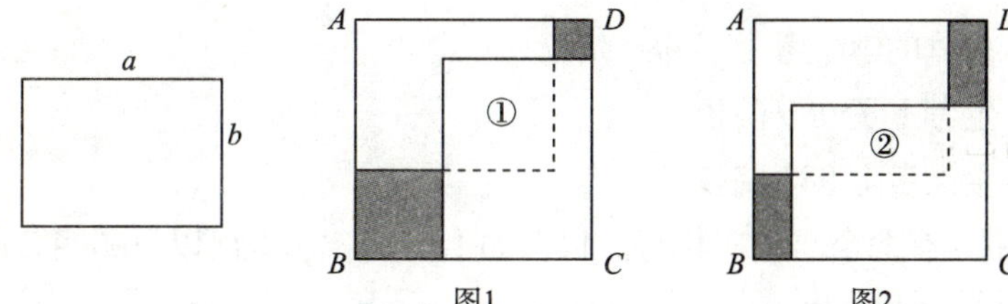

图1　　图2

25. 不等式 $|2x-2|+1\leqslant ax$ 有解．

(1)$a\geqslant 1$.　　　　(2)$a\leqslant -2$.

三、逻辑推理：第 26～55 小题，每小题 2 分，共 60 分。下列每题给出的(A)、(B)、(C)、(D)、(E)五个选项中，只有一项是符合试题要求的。请在答题卡上将所选项的字母涂黑。

26. 地方高校是我国高等教育的重要组成部分，承担着高等教育大众化阶段人才培养和服务区域经济社会发展需求等重要使命。为了实现高质量发展，地方高校就必须守正创新。只有地方高校守正创新，才能办好中国特色社会主义大学。一所地方高校只有从理念、标准、内容等方面全方位为育人服务，才能办好中国特色社会主义大学。

由此可以推出：

(A)一所地方高校要想守正创新，就必须从理念、标准、内容等方面全方位为育人服务。

(B)只有办好中国特色社会主义大学，地方高校才能实现高质量发展。

(C)地方高校如果做到了守正创新，就意味着其实现了高质量发展。

(D)除非从理念、标准、内容等方面全方位为育人服务，否则不能办好中国特色社会主义大学。

(E)如果能够做到全方位为育人服务，就一定可以办好中国特色社会主义大学。

二、条件充分性判断：第 16～25 小题，每小题 3 分，共 30 分。要求判断每题给出的条件(1)和条件(2)能否充分支持题干所陈述的结论。(A)、(B)、(C)、(D)、(E)五个选项为判断结果，请选择一项符合试题要求的判断，在答题卡上将所选项的字母涂黑。

(A)条件(1)充分，但条件(2)不充分.

(B)条件(2)充分，但条件(1)不充分.

(C)条件(1)和条件(2)单独都不充分，但条件(1)和条件(2)联合起来充分.

(D)条件(1)充分，条件(2)也充分.

(E)条件(1)和条件(2)单独都不充分，条件(1)和条件(2)联合起来也不充分.

16. 某人卖了两件售价相同的衣服，结果赔了.

(1)先降价 20%，再涨价 20%.

(2)一件亏本 20%，另一件赚 20%.

17. 甲、乙、丙三人共有一批少于 40 本的书. 则能确定原来每个人拥有的书本数量.

(1)甲从丙借来 6 本，甲给了乙 8 本，乙给了丙 10 本，这样甲、乙、丙的书本数量正好相等且为质数.

(2)甲拿出$\frac{1}{3}$给乙，乙拿出$\frac{1}{4}$给丙，丙拿出$\frac{1}{7}$给甲，这样甲、乙、丙的书本数量正好相等.

18. 函数 $f(x)=x^2-x-2-m^2$ 与 x 轴有两个交点，分别位于(2，0)点的两侧.

(1)$m>2$.

(2)$m<3$.

19. $x^6+y^6=400$.

(1)$x=\sqrt{5+\sqrt{5}}$，$y=\sqrt{5-\sqrt{5}}$.

(2)$(x+1)^2+\sqrt{y+2\sqrt{2}}=0$.

20. 高一某班共 40 人，每人选了物理、化学、生物中的一科或两科，没有同时选三科的同学，其中选物理的有 23 人，选化学的有 18 人，选生物的有 25 人. 则能确定只选生物的人数.

(1)只选化学的有 7 人.

(2)选化学和生物两科的有 3 人.

21. 已知 x，y 是实数. 则 $x^2+y^2\geqslant 1$.

(1)$|x+y|\geqslant\sqrt{2}$.

(2)$|xy|\geqslant\frac{1}{2}$.

8. 已知圆柱的侧面积为 4π，则当轴截面的对角线取最小值时，圆柱的母线长 l 与底面半径 r 的值分别为(　　).

(A) $l=1$，$r=2$　　(B) $l=1$，$r=1$

(C) $l=\sqrt{2}$，$r=1$　　(D) $l=2$，$r=2$

(E) $l=2$，$r=1$

9. 在平面直角坐标系中，A，B 是 x，y 轴上的动点，若以 AB 为直径的圆 C 与直线 $2x+y-4=0$ 相切，则圆 C 面积的最小值为(　　).

(A) $\frac{\sqrt{2}}{2}\pi$　　(B) $\frac{4}{5}\pi$

(C) $(14-6\sqrt{5})\pi$　　(D) $\frac{5}{4}\pi$

(E) 2π

10. 某校有 5 名大学生打算前往观看冰球、速滑、花滑三场比赛，每场比赛同时进行，都有学生观看，且至多 2 名，则甲同学不去观看冰球比赛的方案有(　　)种．

(A)48　　(B)54　　(C)60　　(D)72　　(E)90

11. 当 $x\in[3,8]$ 时，$|x-2|+|x-5|+|x-7|$ 的最大值为 m，最小值为 n，则 $\frac{m}{n}=$(　　).

(A) $\frac{5}{3}$　　(B) $\frac{7}{5}$　　(C) $\frac{7}{2}$　　(D)2　　(E)3

12. 等比数列 $\{a_n\}$ 的前 n 项和为 S_n，$a_1=1$，若 $4a_1$，$2a_2$，a_3 成等差数列，则 $S_4=$(　　).

(A)7　　(B)8　　(C)15　　(D)16　　(E)32

13. 已知直线 $x+y-\sqrt{3}a=0$ 与圆 C：$(x+1)^2+(y-1)^2=2a^2-2a+1$ 相交于点 A，B，若 $\triangle ABC$ 是正三角形，则 $a=$(　　).

(A) -2　　(B)2　　(C) $-\frac{1}{2}$　　(D) $\frac{1}{2}$　　(E)1

14. 圆周上有 6 个等分点，以其中 3 个点为顶点的直角三角形的个数为(　　).

(A)4　　(B)6　　(C)8　　(D)12　　(E)24

15. 小明从家骑车去甲地，全程以速度 v 千米/小时匀速行进，若骑行 1 小时后，速度变为原来的 $\frac{4}{5}$，则会晚半小时到达目的地；若距离目的地还有 10 千米时将速度降为原来的 $\frac{4}{5}$，则会晚 10 分钟到达目的地．小明家距离甲地(　　)千米．

(A)25　　(B)28　　(C)30　　(D)40　　(E)45

一、问题求解：第 1～15 小题，每小题 3 分，共 45 分。下列每题给出的(A)、(B)、(C)、(D)、(E)五个选项中，只有一项是符合试题要求的。请在答题卡上将所选项的字母涂黑。

1. 几名裁判员为一名体操运动员评分，去掉一个最高分后，平均成绩为 8.82 分；如果计入最高分，平均成绩为 9.04 分．已知这名运动员的最高分是 9.70 分，则共有(　　)名裁判员进行评分．

(A)3　　(B)4　　(C)5　　(D)6　　(E)7

2. 一个水箱，用甲、乙、丙三个水管往里注水．若只开甲、丙两管，当甲管注入 18 吨水时，水箱已满；若只开乙、丙两管，当乙管注入 27 吨水时，水箱才满．又知，乙管每分钟注水量是甲管每分钟注水量的 2 倍．则该水箱最多可容纳(　　)吨水．

(A)52　　(B)63　　(C)36　　(D)54　　(E)45

3. 在等差数列$\{a_n\}$中，$a_{10}<0$，$a_{11}>0$，$a_{11}>|a_{10}|$，则该等差数列前 n 项和中最大的负数为(　　).

(A)S_{17}　　(B)S_{18}　　(C)S_{19}　　(D)S_{10}　　(E)S_{11}

4. 形如 2^p-1(其中 p 是质数)的质数，称为梅森素数．在不超过 30 的质数中，随机选取 3 个数，至少有一个为梅森素数的概率是(　　).

(A)$\frac{5}{18}$　　(B)$\frac{8}{15}$　　(C)$\frac{3}{10}$　　(D)$\frac{7}{15}$　　(E)$\frac{146}{203}$

5. 有 48 本书分给两组小朋友，已知第二组比第一组多 5 人．如果把书全部分给第一组，一部分小朋友每人能拿到 5 本，其他小朋友每人能拿到 4 本；如果把书全部分给第二组，一部分小朋友每人能拿到 4 本，其他小朋友每人能拿到 3 本．则两组一共有(　　)人．

(A)25　　(B)26　　(C)27　　(D)24　　(E)23

6. 如图所示，在 Rt$\triangle ABC$ 内有一系列的正方形，它们的边长依次为 a_1，a_2，a_3，…，a_n，…，若 $AB=1$，$BC=2$，则所有正方形的面积和为(　　).

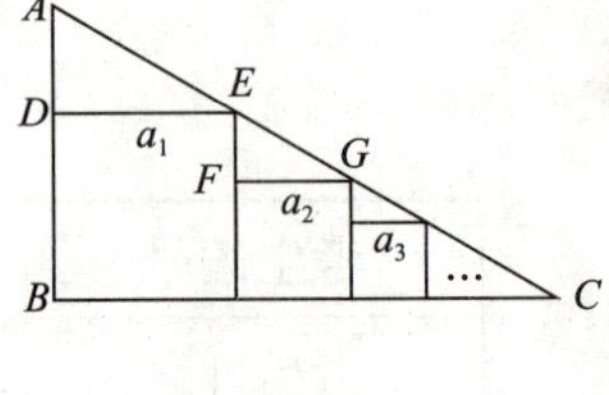

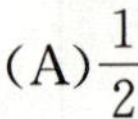

(A)$\frac{1}{2}$　　(B)$\frac{2}{3}$　　(C)$\frac{5}{6}$

(D)$\frac{4}{5}$　　(E)1

7. 甲、乙两队进行篮球比赛，采取七场四胜制．根据前期比赛成绩，甲队的主客场安排依次为“主主客客主客主”. 设甲队主场获胜的概率为 0.6，客场获胜的概率为 0.5，则甲队以 4∶1 获胜的概率是(　　).

(A)0.12　　(B)0.16　　(C)0.18　　(D)0.2　　(E)0.25

绝密★启用前

全国硕士研究生招生考试
管理类综合能力试题 1

（科目代码：199）

考试时间：8：30—11：30

考生注意事项

1. 答题前，考生须在试题册指定位置上填写考生姓名和考生编号；在答题卡指定位置上填写报考单位、考生姓名和考生编号，并涂写考生编号信息点。
2. 选择题的答案必须涂写在答题卡相应题号的选项上，非选择题的答案必须书写在答题卡指定位置的边框区域内。超出答题区域书写的答案无效；在草稿纸、试题册上答题无效。
3. 填(书)写部分必须使用黑色字迹签字笔或者钢笔书写，字迹工整、笔迹清楚；涂写部分必须使用 2B 铅笔填涂。
4. 考试结束，将答题卡和试题册按规定交回。

考生编号															
考生姓名															

MBA/MPA/MPAcc

管理类联考老吕综合

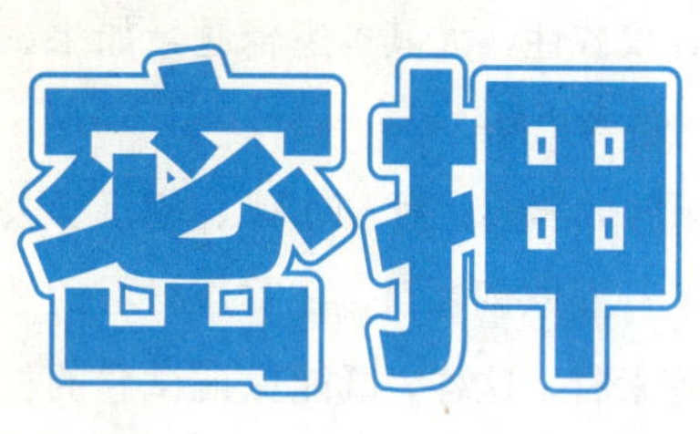

主编◎吕建刚

副主编◎罗　瑞　张　杰　刘晓宇
魏　源　姚旭阳　江　徕

北京理工大学出版社
BEIJING INSTITUTE OF TECHNOLOGY PRESS

笨鸟先飞诚可贵 笨鸟高飞要模考

拿到这本书时，你应该已经跟我学过几本书的内容了。恭喜你通过了基础阶段、强化阶段的洗礼，终于要开始模考了。

那么，什么样的模考题才是好的模考题呢？老吕想，好的模考题应该是具有仿真性的，题目难度贴近真题，以重点题型为核心，没有偏题、怪题；还应该具有权威性，尤其是逻辑题，如果试卷中有很多争议题，那不但不能帮助大家模考，反而会打乱大家的备考思路。

所以，在写这本书时，老吕精心挑选和改编了一些贴近真题的数学题；对 GMAT、GCT、公务员等大型考试的最新逻辑真题进行了改编和优化，同时也编写了一些原创题目；在写作材料的选取上，老吕尽量帮大家选取了最近一两年的新闻资讯、社会现象等素材。这样，既能保证试卷的权威性，又能保证题目的新颖性，有助于真实地反映各位同学的水平。

现在，打开试卷，开始练兵吧！这是进战场之前最后的大练兵，也是最关键的一次大练兵，这个“兵”应该如何练？老吕还得多交代几句。

1. 模考的目的

首先，通过模考，你要训练做题的节奏。由于管理类联考综合考试时间的紧张性，若要在联考中获胜，不能仅仅会做题，更要做得快、做得准。所以，做题的节奏很重要。题目简单了，应该用什么样的速度做题；题目难了，应该用什么样的速度做题；遇到难题，应该多久要跳过去；数学、逻辑、写作分别应该控制在多长时间；什么时间应该涂答题卡，等等，这些都应该通过模考来训练。

其次，通过模考查漏补缺，找到自己学习的难点和盲点，并加以改进。每一道错题，都反映出你对知识点掌握得不清晰、题型总结得不到位，或者命题陷阱没掌握透彻。所以，不要轻易放过任何一道错题，多总结、多分析，才能真正提高。

最后，请不要因为一次模考的成绩好而得意忘形，也不要因为一次模考的成绩差而心灰意冷。一次模考成绩的好坏不算什么，通过模考使自己得到提高才是我们应该做的。

2. 模考题的用法

这 6 套题你至少要做 2 遍。

①第 1 遍，限时训练，请以 180 分钟一套题的速度模考。

模考后，对照答案速查，核对正确与否，切忌先看解析，要先自己分析错误题目。

②第 2 遍，归纳错误题目的所属题型，并总结此类题型的解法。

如果你还不过瘾，可以打开老吕的“逻辑 7 讲”“写作 33 篇”或“母题 800 练”系列图书，找到对应题型，再做一遍，并作总结。

3. 备考心理

很多人都在教你如何缓解紧张情绪，我个人认为，紧张情绪无须过多关注，也无须刻意缓解。

大考之前心里紧张，这是正常人的反应，我们又不是“神仙”，紧张一点怎么了？老吕高考前一周没睡过一次“囫囵”觉，进考场之前紧张得眼前发黑，不照样考上了武汉大学么！你要知道，适度的紧张可以促进大脑思考，让身心处于活跃状态，是进考场的一大助力。你不介意紧张，紧张就不会来干扰你。放心进考场，老吕“保佑”你。

4. 做题顺序

把做题顺序排列组合一下，无非有这样几种：数学→逻辑→写作、逻辑→数学→写作、写作→数学→逻辑、写作→逻辑→数学等。

很多人推荐先写作文，再做选择题，老吕认为这样不可取。对大多数人来说，先写作文，意味着你会在审题立意和遣词造句上浪费太多时间，造成作文严重超时。另外交卷前的5～10分钟，时间的紧迫感，会使做选择题的准确率严重下降。个别心理素质不好的同学，最后10分钟眼前都发黑了，还怎么做题？

常规做题顺序，即“数学→逻辑→写作”，比较适合基础扎实的同学，这可能也是大多数同学考前练习的做题顺序。但须注意，在按照这样的顺序做题时，请不要在较难的选择题上浪费太多时间，一定要保证把作文写完。

老吕推荐你这样做题：“数学→论证有效性分析→逻辑→论说文”。一是因为，论证有效性分析考的也是逻辑，在做逻辑题之前做论证有效性分析，有助于进入逻辑思维状态，提高逻辑做题的正确率；二是因为，这样可以把两篇作文分开来写，防止连续一个小时写两篇作文导致疲劳手酸，字迹越写越难看。但是，按照这样的顺序做题也会有风险——前面浪费了很多时间，导致论说文没写完。所以，老吕再次提醒你，请不要在较难的选择题上浪费太多时间！

不论选哪一种做题顺序，适合你才是最重要的，而且进考场之前你必须针对这个做题顺序做过很多训练，千万不要在进考场时临时改变做题顺序，因为做题习惯的改变，会影响分数。

5. 联系老吕

备考过程中有什么疑问，可以通过以下方式联系老吕。由于学员众多，老吕并不能保证100%回复。但老吕在力所能及的范围内还是会做大量地回复的。

微博：@老吕考研吕建刚－MBAMPAcc

微信公众号：老吕考研(MPAcc、MAud、图书情报专用)

老吕教你考MBA(MBA、MPA、MEM专用)

微信：miao－lvlv1　miao－lvlv2

2023备考QQ群：555356531　811435257　182880896　799367655

同学们，我们先飞过，我们巧飞过，现在，到了我们高飞的时刻了！我们绝对不是笨鸟，我们是翱翔天际的雄鹰，天空等着我们去征服！让我们一起努力，让我们一直努力！加油！

吕建刚

图书在版编目（CIP）数据

管理类联考·老吕综合密押6套卷 / 吕建刚主编．--7版．--北京：北京理工大学出版社，2021.8（2022.11重印）

ISBN 978-7-5763-0240-0

Ⅰ.①管…　Ⅱ.①吕…　Ⅲ.①管理学-研究生-入学考试-习题集　Ⅳ.①C93-44

中国版本图书馆CIP数据核字（2021）第173337号

出版发行 / 北京理工大学出版社有限责任公司
社　　址 / 北京市海淀区中关村南大街5号
邮　　编 / 100081
电　　话 / （010）68914775（总编室）
（010）82562903（教材售后服务热线）
（010）68944723（其他图书服务热线）
网　　址 / http：//www.bitpress.com.cn
经　　销 / 全国各地新华书店
印　　刷 / 三河市文阁印刷有限公司
开　　本 / 787毫米×1092毫米　1/16
印　　张 / 15.25
字　　数 / 358千字
版　　次 / 2021年8月第7版　2022年11月第2次印刷
定　　价 / 42.80元

责任编辑 / 王俊洁
文案编辑 / 王俊洁
责任校对 / 周瑞红
责任印制 / 李志强

图书出现印装质量问题，请拨打售后服务热线，本社负责调换

全国硕士研究生招生考试
管理类综合能力试题 1 答案详解

一、问题求解

1.（B）

【详细解析】

设共有 x 名裁判员进行评分，则有

$$8.82(x-1)+9.70=9.04x,$$

解得 $x=4$. 故共有 4 名裁判员进行评分.

2.（D）

【详细解析】

方法一：设甲每分钟注水 x 吨、乙每分钟注水 $2x$ 吨、丙每分钟注水 y 吨，则有

$$\frac{18}{x}\cdot y+18=\frac{27}{2x}\cdot y+27\Rightarrow y=2x,$$

即丙的注水速度和乙相同，故当乙管注入 27 吨水时，丙也注入 27 吨水，此时水箱满了，故最多容纳27+27=54(吨)水.

方法二：比例分析.

甲、乙两管的注水效率之比为 1∶2，注水量之比为 18∶27=2∶3，则两次注水时间之比为 $\frac{2}{1}:\frac{3}{2}=4:3$，即丙管前、后两次注水时间之比为 4∶3.

因为水箱容积=18 吨(甲管)+丙管=27 吨(乙管)+丙管，故丙管前、后注水量相差 27−18=9(吨)水. 又因为丙管前、后注水时间相差 4−3=1 份，即在 4∶3 这个比例中，每 1 份时间注入 9 吨水，故只开甲、丙两管时，丙管注入 4×9=36(吨)水，该水箱最多可容纳 18+36=54(吨)水.

3.（C）

【详细解析】

因为 $a_{10}<0$，$a_{11}>0$，$a_{11}>|a_{10}|$，所以 $a_{11}>-a_{10}\Rightarrow a_{11}+a_{10}>0$. 根据等差数列求和公式，可知 $S_{20}=10(a_{10}+a_{11})>0$，$S_{19}=19a_{10}<0$，故该等差数列的前 n 项和中最大的负数为 S_{19}.

4.（B）

【详细解析】

不超过 30 的质数有 2，3，5，7，11，13，17，19，23，29，一共有 10 个.

找不超过 30 的梅森素数，则 $2^p-1\leqslant 29\Rightarrow p<5$，故只需要验证 $p=2$，3 的情况，由此可知不超过

30 的梅森素数为 3，7，一共有 2 个．

随机选取 3 个不同的数，不含梅森素数的概率为$\frac{C_8^3}{C_{10}^3}=\frac{7}{15}$.

故至少有一个梅森素数的概率为 $1-\frac{7}{15}=\frac{8}{15}$.

5. (A)

【详细解析】

设第一组人数为 x. 由题意可知，如果把书全都分给第一组，一部分小朋友每人得到 5 本，其他小朋友每人得到 4 本，故$\frac{48}{5}<x<\frac{48}{4}$，即 $9.6<x<12$；

第二组人数为 $x+5$. 由题意可知，如果把书全都分给第二组，一部分小朋友每人得到 4 本，其他小朋友每人得到 3 本，故$\frac{48}{4}<x+5<\frac{48}{3}$，即 $7<x<11$.

综上，可得 $x=10$，所以，第一组有 10 人，第二组有 15 人，两组一共 25 人．

6. (D)

【详细解析】

根据题干，可知所有正方形的面积和为 $a_1{}^2+a_2{}^2+a_3{}^2+\cdots+a_n{}^2+\cdots$.

由图易知，$\triangle ADE$ 与$\triangle ABC$ 相似，故有$\frac{AD}{AB}=\frac{DE}{BC}$，其中 $AB=1$，$BC=2$，$AD=AB-DB=1-a_1$，$DE=a_1$，代入可得$\frac{1-a_1}{1}=\frac{a_1}{2}$，解得 $a_1=\frac{2}{3}$.

同理，解得 $a_2=\frac{4}{9}$，$a_3=\frac{8}{27}$.

不难发现，a_1，a_2，a_3，…，a_n，…是首项为$\frac{2}{3}$、公比为$\frac{2}{3}$的无穷递减等比数列，令 $b_n=a_n{}^2$，

则$\{b_n\}$是首项为$\frac{4}{9}$、公比为$\frac{4}{9}$的无穷递减等比数列．

由无穷递减等比数列前 n 项和公式，可得 $S_n=\frac{b_1}{1-q}=\frac{\frac{4}{9}}{1-\frac{4}{9}}=\frac{4}{9}\times\frac{9}{5}=\frac{4}{5}$.

7. (C)

【详细解析】

由甲队以 4∶1 获胜，可知共比赛了 5 场，且第 5 场甲胜．

前 4 场中甲胜 3 场，故分为两类：

第一类，第 1、2 场甲胜，第 3、4 场中甲胜 1 场，概率为$0.6^2\times C_2^1\times0.5\times0.5=0.18$；

第二类，第 1、2 场中甲胜 1 场，第 3、4 场甲胜，概率为 $C_2^1\times0.6\times0.4\times0.5^2=0.12$.

则甲队获胜的概率为$(0.18+0.12)\times0.6=0.18$.

8.（E）

【详细解析】

圆柱的母线长即为圆柱的高．圆柱的侧面积为 $2\pi r\cdot l=4\pi$，故 $r\cdot l=2$.

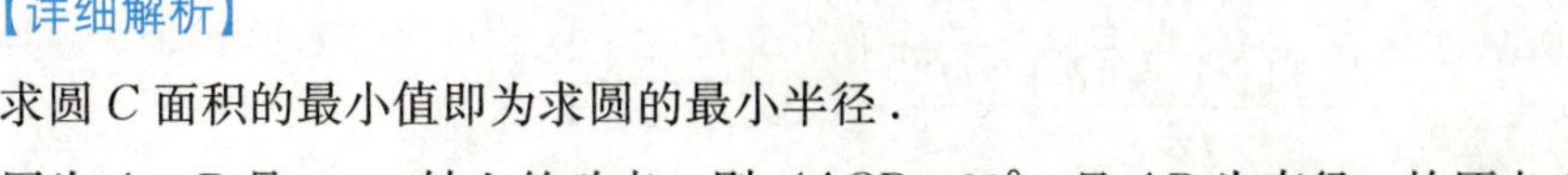

轴截面的对角线为 $\sqrt{l^2+4r^2}\geqslant\sqrt{2\sqrt{l^2\cdot 4r^2}}=\sqrt{4rl}=2\sqrt{2}$，当且仅当 $l^2=4r^2$ 时，取得最小值，解得 $l=2$，$r=1$.

9.（B）

【详细解析】

求圆 C 面积的最小值即为求圆的最小半径．

因为 A，B 是 x，y 轴上的动点，则 $\angle AOB=90^\circ$，且 AB 为直径，故原点 O 在圆上．

如图所示，设切点为 D，圆的半径为 r，则 $CD=CO=r$，故点 C 在 OD 的垂直平分线上，求半径的最小值即为求 CD 或 CO 的最小值，当点 C 在 OD 上，即 C 为 OD 中点时 CD 最小．此时 OD 为直径，长度为点 O 到切线 $2x+y-4=0$ 的距离，故 $2r=\frac{|-4|}{\sqrt{5}}=\frac{4}{\sqrt{5}}$，$r=\frac{2}{\sqrt{5}}$，故圆 C 面积的最小值为 $\left(\frac{2}{\sqrt{5}}\right)^2\pi=\frac{4}{5}\pi$.

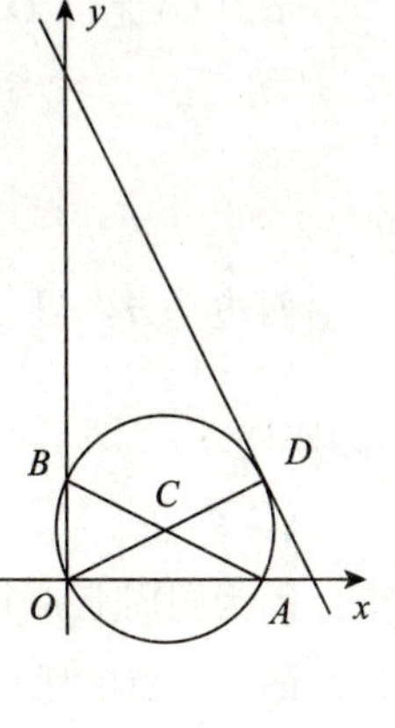

10.（C）

【详细解析】

第一步：分组，将 5 名大学生分为 1—2—2 三组，共有 $\frac{C_5^2C_3^2C_1^1}{A_2^2}=15$(种)方法；

第二步：分配，由于甲不去看冰球比赛，故甲所在的组有“速滑、花滑”2 种选择，剩下的两组去看剩余 2 场比赛，有 A_2^2 种方案，故一共有 $2\times A_2^2=4$(种)方案．

按照分步乘法原理，共有 $15\times4=60$(种)方案．

11.（D）

【详细解析】

形如 $y=m|x-a|\pm n|x-b|\pm\cdots$ 的绝对值最值问题，若定义域为某个区间，则最值取在区间端点或 $x=a$，$x=b$，$x=c$ 处．

当 $x=3$ 时，$|x-2|+|x-5|+|x-7|=1+2+4=7$；

当 $x=5$ 时，$|x-2|+|x-5|+|x-7|=3+0+2=5$；

当 $x=7$ 时，$|x-2|+|x-5|+|x-7|=5+2+0=7$；

当 $x=8$ 时，$|x-2|+|x-5|+|x-7|=6+3+1=10$.

故可知，最大值 m 为 10，最小值 n 为 5，所以 $\frac{m}{n}=\frac{10}{5}=2$.

12.（C）

【详细解析】

根据等差数列中项公式可得，$4a_2=4a_1+a_3$，因为数列 $\{a_n\}$ 为等比数列，$a_1=1$，整理得 $4q=4+q^2$，

即 $q^2-4q+4=(q-2)^2=0\Rightarrow q=2$.

故该等比数列的前四项为 1，2，4，8，所以 $S_4=1+2+4+8=15$.

13.（D）

【详细解析】

设圆 C 的半径为 r，则 $r=\sqrt{2a^2-2a+1}$. 因为$\triangle ABC$ 是正三角形，A，B 在圆上，则 $AC=BC=r$，

故点 $C(-1,1)$到直线 AB 的距离(即三角形的高)为$\frac{\sqrt{3}}{2}r$，即

$$\frac{|-1+1-\sqrt{3}a|}{\sqrt{2}}=\frac{\sqrt{3}}{2}\cdot\sqrt{2a^2-2a+1},$$

两边平方，得$\frac{3a^2}{2}=\frac{3}{4}(2a^2-2a+1)$，解得 $a=\frac{1}{2}$.

14.（D）

【详细解析】

因为圆周上 6 个等分点的连线中，有 3 条直径，且直径所对的圆周角为直角，故每条直径与其余的 4 个点中任意一点都可构成直角三角形，所以共有 $3\times4=12$(个).

15.（E）

【详细解析】

方法一：设小明家距离甲地 s 千米，则由计划时间=实际时间−迟到时间，得

$$\begin{cases}\frac{s}{v}=\frac{s-v\times1}{\frac{4v}{5}}+1-\frac{1}{2},\\ \frac{s}{v}=\frac{10}{\frac{4v}{5}}+\frac{s-10}{v}-\frac{1}{6}\end{cases}\Rightarrow\begin{cases}v=15,\\ s=45.\end{cases}$$

所以，小明家距离甲地 45 千米.

方法二：比例分析.

在最后 10 千米的路程中，计划和实际的速度比为 5∶4，则计划和实际所需时间比为 4∶5，根据题意可知，实际比计划多用 10 分钟，则计划用时为 40 分钟，实际用时为 50 分钟，故原计划的速度为 $10\div\frac{40}{60}=15$(千米/小时).

速度降为$\frac{4}{5}v$后，每骑行 10 千米，就会晚 10 分钟，故若晚了半小时，则骑行了 30 千米，故小明以 15 千米/小时的速度骑行 1 小时后，又骑行了 30 千米，总路程为 $15\times1+30=45$(千米).

二、条件充分性判断

16.（B）

【详细解析】

假设每件衣服售价为 100 元.

条件(1)：先降价再涨价之后，售价为 $100\times0.8\times1.2=96$(元)，但因为不知成本是多少，故无法判断盈亏，条件(1)不充分．

条件(2)：亏本 20%的衣服成本为 $\frac{100}{1-20\%}=125$(元)；

赚了 20%的衣服成本为 $\frac{100}{1+20\%}=\frac{250}{3}$(元)．

故两件衣服的总利润为 $2\times100-125-\frac{250}{3}=-\frac{25}{3}$(元)，即赔了，条件(2)充分．

17.（B）

【详细解析】

逆推法．

条件(1)：设最终甲、乙、丙的书本数量为 a(a 为质数)．

项目	甲	乙	丙
最终数量	a	a	a
乙给丙之前	a	$a+10$	$a-10$
甲给乙之前	$a+8$	$a+2$	$a-10$
丙给甲之前(初始数量)	$a+2$	$a+2$	$a-4$

因为三人书本总数小于 40，且表中的每一项应满足不小于 0，故 $\begin{cases}3a<40,\\ a-10\geqslant0\end{cases}\Rightarrow10\leqslant a<\frac{40}{3}$，又因为 a 是质数，故 $a=11$ 或 13，有两组解，条件(1)不充分．

条件(2)：设最终甲、乙、丙的书本数量为 b．

项目	甲	乙	丙
最终数量	b	b	b
丙给甲之前	$\frac{5b}{6}$	b	$\frac{7b}{6}$
乙给丙之前	$\frac{5b}{6}$	$\frac{4b}{3}$	$\frac{5b}{6}$
甲给乙之前(初始数量)	$\frac{5b}{4}$	$\frac{11b}{12}$	$\frac{5b}{6}$

因为三人书本总数小于 40，故 $3b<40\Rightarrow b<\frac{40}{3}$；又因为表中的每一项均为整数，故 b 是 12 的倍数，则 $b=12$，是唯一解．故原来甲有 15 本，乙有 11 本，丙有 10 本，条件(2)充分．

18.（A）

【详细解析】

若 $f(x)$与 x 轴有两个交点分别位于(2，0)点的两侧，且图像开口向上，则必有

$$f(2)=2^2-2-2-m^2=-m^2<0\Rightarrow m^2>0.$$

条件(1)：$m>2$ 可推出 $m^2>0$，故条件(1)充分．

条件(2)：m 有可能取到 0，使得 $m^2=0$，故条件(2)不充分．

19. (A)

【详细解析】

条件(1)：令 $m=x^2=5+\sqrt{5}$，$n=y^2=5-\sqrt{5}$，则有

$$(m-n)^2=20,\ m+n=10,\ mn=(5+\sqrt{5})\times(5-\sqrt{5})=20,$$

且 $x^6+y^6=(x^2)^3+(y^2)^3=m^3+n^3=(m+n)(m^2-mn+n^2)=(m+n)[(m-n)^2+mn]$，代入数值，得 $x^6+y^6=10\times(20+20)=400$，故条件(1)充分．

条件(2)：$(x+1)^2+\sqrt{y+2\sqrt{2}}=0$，根据非负性，解得$\begin{cases}x=-1,\\y=-2\sqrt{2}.\end{cases}$

因此 $x^6+y^6=(-1)^6+(-2\sqrt{2})^6=513$，故条件(2)不充分．

20. (C)

【详细解析】

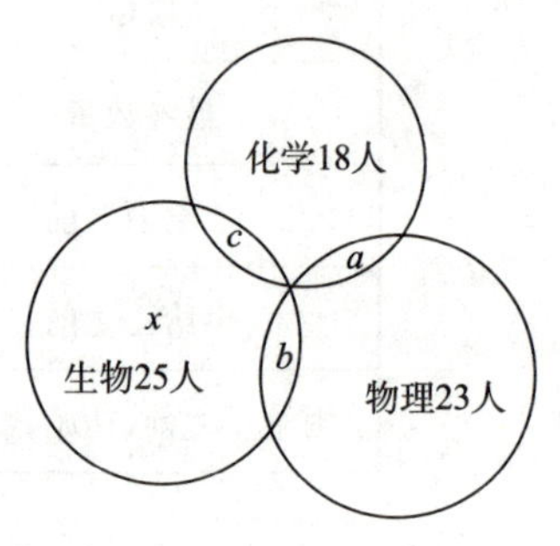

如图所示，设选物理和化学两科的有 a 人、物理和生物两科的有 b 人、化学和生物两科的有 c 人、只选生物的有 x 人．

故有 $23+18+25-a-b-c=40\Rightarrow a+b+c=26$，只选生物的人数为 $x=25-(b+c)$.

条件(1)：只选化学的有 7 人，故 $a+c=18-7=11$，$b=26-11=15$，但求不出 $b+c$ 的值，故无法确定 x，条件(1)不充分.

条件(2)：选化学和生物两科的有 3 人，即 $c=3$，也求不出 $b+c$ 的值，故无法确定 x，条件(2)不充分．

联立两个条件，可知 $b=15$，$c=3$，$b+c=18$，则 $x=25-(b+c)=25-18=7$，能确定只选生物的人数，联立充分．

21. (D)

【详细解析】

条件(1)：由柯西不等式可知，$2(x^2+y^2)\geqslant(x+y)^2\geqslant2$，则 $x^2+y^2\geqslant1$，条件(1)充分．

条件(2)：根据均值不等式可知，$|x|^2+|y|^2\geqslant2|x||y|$，故有 $x^2+y^2\geqslant2|x||y|=2|xy|\geqslant1$，条件(2)充分．

22. (A)

【详细解析】

条件(1)：有放回地取球，2 次都取到同一种颜色球的概率为

$$P=\frac{5}{12}\times\frac{5}{12}+\frac{4}{12}\times\frac{4}{12}+\frac{3}{12}\times\frac{3}{12}=\frac{25}{72},$$

条件(1)充分．

条件(2)：无放回地取球，2 次都取到同一种颜色球的概率为

$$P=\frac{C_5^2+C_4^2+C_3^2}{C_{12}^2}=\frac{19}{66},$$

条件(2)不充分．

23.（B）

【详细解析】

根据题意，$x^3-\frac{1}{x^3}=\left(x-\frac{1}{x}\right)\left(x^2+\frac{1}{x^2}+1\right)$.

条件(1)：设 $x^2+\frac{1}{x^2}=a(a\geqslant 2)$，则 $\left(x-\frac{1}{x}\right)^2=x^2+\frac{1}{x^2}-2=a-2\Rightarrow x-\frac{1}{x}=\pm\sqrt{a-2}$.

$x^3-\frac{1}{x^3}=\pm\sqrt{a-2}(a+1)$，无法确定其值，条件(1)不充分．

条件(2)：设 $x-\frac{1}{x}=b$，则 $\left(x-\frac{1}{x}\right)^2=x^2+\frac{1}{x^2}-2=b^2\Rightarrow x^2+\frac{1}{x^2}=b^2+2$.

$x^3-\frac{1}{x^3}=b(b^2+3)$，能确定其值，条件(2)充分．

24.（D）

【详细解析】

如图 1 所示，$ABCD$ 为正方形，则 $AB=BC$，故 $AB-b=BC-b$，即图 1 中左下角的阴影部分为正方形，设其边长为 y. 同理，右上角的阴影部分也为正方形，设其边长为 x. 由图易知，图 2 中阴影部分的宽为 x，长为 y.

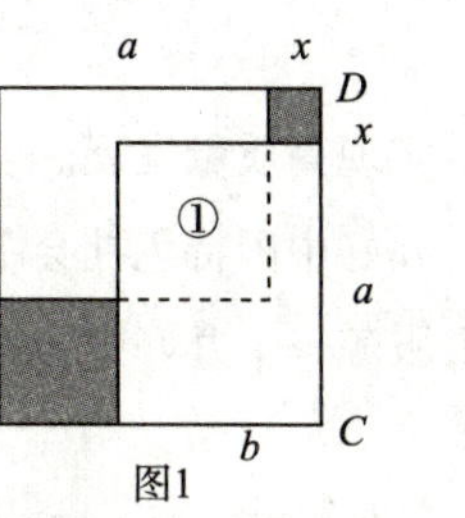

图1

图2

由图 1 得 $a+x=b+y$，即 $a-b=y-x$，$S_1=x^2+y^2$；由图 2 得 $S_2=2xy$，故 $S_1-S_2=x^2+y^2-2xy=(x-y)^2=(a-b)^2$.

条件(1)：已知 $a-b$，则能确定 S_1-S_2 的值，故条件(1)充分．

条件(2)：$S_{①}=(b-x)(a-y)$，$S_{②}=(a-x)(b-y)$，故有

$$S_{①}-S_{②}=(b-x)(a-y)-(a-x)(b-y)=(a-b)(y-x)=(a-b)^2=S_1-S_2,$$

故条件(2)充分．

25.（A）

【详细解析】

绝对值不等式可用分类讨论法去绝对值求解，但计算量较大易出错，故可考虑数形结合．

如图所示，若不等式有解，则函数 $y_1=|2x-2|+1$ 的图像与 $y_2=ax$ 有交点，或者函数 y_1 的图像在 y_2 下方．

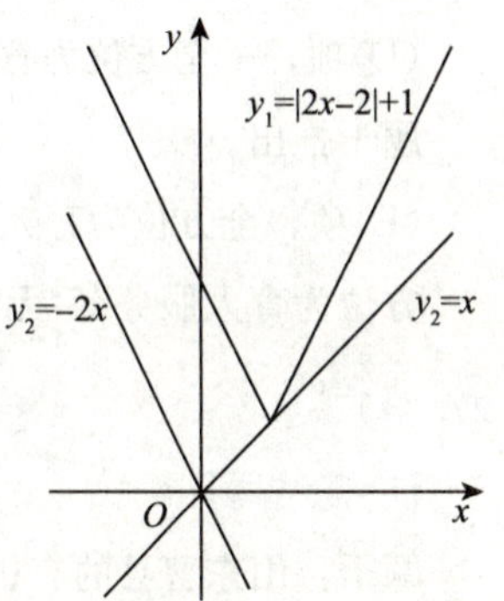

观察图像可知，当函数 y_2 与 y_1 相交于 y_1 的最小值点时，两个函数

开始有交点，此时 $y_2=x$，$a=1$，当 y_2 向 y 轴逆时针旋转至无穷大时，两个函数图像始终有交点；继续旋转，斜率从负无穷开始逐渐增大，两个函数图像仍有交点，直至旋转至两个函数图像平行，即 $y_2=-2x$，$a=-2$，此时 y_1 的图像始终在 y_2 上方．

综上所述，当 $a\geqslant1$ 或 $a<-2$ 时，两个函数图像始终有交点，故不等式 $|2x-2|+1\leqslant ax$ 有解．

条件(1)：$a\geqslant1$ 时，不等式成立，故条件(1)充分．

条件(2)：当 $a=-2$ 时，两个函数图像无交点，且 $y=|2x-2|+1$ 始终在 $y=-2x$ 上方，故原不等式无解，条件(2)不充分．

三、逻辑推理

26.(D)

【模型识别】

题干出现多个假言命题，这些假言命题有重复元素，但无法实现串联，故此题为假言无串联模型。

【详细解析】

第 1 步：画箭头。

①实现高质量发展→守正创新。

②办好中国特色社会主义大学→守正创新。

③办好中国特色社会主义大学→全方位为育人服务。

第 2 步：逆否。

④¬ 守正创新→¬ 实现高质量发展。

⑤¬ 守正创新→¬ 办好中国特色社会主义大学。

⑥¬ 全方位为育人服务→¬ 办好中国特色社会主义大学。

第 3 步：找答案。

(A)项，守正创新→全方位为育人服务，题干没有涉及“守正创新”与“全方位为育人服务”之间的关系，故此项可真可假。

(B)项，实现高质量发展→办好中国特色社会主义大学，题干没有涉及“实现高质量发展”与“办好中国特色社会主义大学”之间的关系，故此项可真可假。

(C)项，守正创新→实现高质量发展，根据箭头指向原则，由①可知，“守正创新”后无箭头指向，故此项可真可假。

(D)项，¬ 全方位为育人服务→¬ 办好中国特色社会主义大学，等价于⑥，故此项为真，可以由题干推出。

(E)项，全方位为育人服务→办好中国特色社会主义大学，根据箭头指向原则，由③可知，“全方位为育人服务”后无箭头指向，故此项可真可假。

27.(A)

【论证结构】

题干：山东曹县的有机蔬菜的售价只比普通蔬菜高 20%～30%。而在美国，有机蔬菜的价格是

普通蔬菜的数倍甚至10倍(论据)。这说明，美国的有机蔬菜种植业是暴利行业(论点)。

【模型识别】

此题没有明显的命题模型，直接分析选项。

【选项详解】

(A)项，题干涉及“有机蔬菜”与“普通蔬菜”的比较，美国有机蔬菜的价格是普通蔬菜的数倍甚至10倍，不一定是因为有机蔬菜的价格高，可能是普通蔬菜的价格低。同理，山东曹县有机蔬菜的价格只比普通蔬菜高20%～30%，不一定是因为有机蔬菜的价格低，可能是普通蔬菜的价格高。故此项必须假设。

(B)项，解释了美国有机蔬菜供不应求的原因，但这并不是题干中隐含的假设。

(C)项，不必假设，题干并不涉及美国与中国有机蔬菜种植成本的比较，即使美国有机蔬菜的种植成本高一些，但如果价格太高，也可能是暴利的。

(D)项，无关选项，题干不涉及美国的蔬菜市场是否完全市场化。

(E)项，无关选项，题干只比较价格，没有比较质量。

28. (C)

【模型识别】

题干已知“四个断定中只有两个与事实相符”，故为<u>真假话问题</u>，首先找矛盾关系。

【详细解析】

第1步：找矛盾。

根据题干可知，断定(1)和断定(4)矛盾，必然有一真一假。

第2步：推真假。

假设断定(2)为真，则断定(3)也必然为真，因为题干的断定中只有两个为真，所以断定(2)为假，断定(3)为真。

第3步：推出结论。

由断定(2)为假可知，该村没有艺体生考上985院校(即Ⅱ项为真)。

由断定(3)为真可知，有些学生考上985院校(即Ⅳ项为真)。

又因为断定(2)为假，所以断定(1)为假，断定(4)为真，故有的学生没考上985院校(即Ⅴ项为真)。

综上，正确答案为(C)项。

29. (E)

【论证结构】

锁定关键词“得出结论”，可知此后为论点；再锁定关键词“据调查称”，可知此后为论据。

石油公司：动物医院调查称，受污染的20只水鸟中只有1只死掉了 $\xrightarrow[\text{证明}]{}$ 石油泄漏区域水鸟的存活率为95%。

【模型识别】

题干由调查报告的结果，得出关于整个石油泄漏区域的情况，故本题为<u>归纳论证模型</u>。

【选项详解】

(A)项，无关选项，此项仅说明存活的水鸟受到严重伤害，但并未提及此类鸟的存活率。

(B)项，无关选项，题干论证不涉及水鸟受影响的方式。

(C)项，无关选项，题干论证不涉及“重新送回动物医院”的鸟所占比例。

(D)项，支持题干，说明样本具有代表性。

(E)项，此选项说明样本偏向于存活可能性较高的水鸟，故样本是不具有代表性的，直接削弱题干。

30. (C)

【题干信息】

①部分学生缺乏创造力。

②具有创造力的孩子在幼年时都比较淘气。

③在一些家庭中，小孩子如果淘气就会被家长严厉呵斥，这导致他们只能乖乖听话，创造力就有所下降。

【选项详解】

(A)项，题干无法体现哪个年龄段是创造力发展的关键时期，无关选项。

(B)项，“教育方式”范围较大，扩大了论证范围，不能推出。

(C)项，根据题干信息②逆否可得：¬ 淘气→¬ 具有创造力，可以推出。

(D)项，题干中“小孩子如果淘气就会被家长严厉呵斥”是假设性的情况，而非事实情况，不能推出。

(E)项，无关选项，题干不涉及“创造力”与“投身的某个知识领域的状态”的关系。

31. (A)

【模型识别】

题干条件均为假言，问题又补充新的事实，故此题为<u>事实假言模型</u>。“从事实出发进行串联”即可秒杀。

【详细解析】

题干：

①张珊→李思∧¬ 王伍。

②李思∨王伍→¬ 赵柳。

③¬ (¬ 孙琪∧¬ 赵柳)，即，孙琪∨赵柳，等价于：¬ 赵柳→孙琪。

④张珊。

从事实出发：张珊必须要保送。

由“张珊”可知，条件①前件为真，根据口诀“肯前必肯后”可得：李思∧¬ 王伍。

由“李思”可知，条件②前件为真，根据口诀“肯前必肯后”可得：¬ 赵柳。

由“¬ 赵柳”可知，条件③前件为真，根据口诀“肯前必肯后”可得：孙琪。

综上，李思和孙琪跟着张珊一起被保送去北大读研。

故(A)项正确。

32. (E)

【论证结构】

题干：被测试者分为人数相等的4组，每天刷牙2次，所用牙刷不更换。第一组和第二组使用软棕牙刷，其他两组使用硬棕牙刷；第一组和第三组每10天对牙刷进行一次保洁消毒，其他两组不做此种保洁(两组对比)。半年后，比较被测试者新形成的牙垢，第一组的明显较少，其他三组的基本相同，不见明显减少(因果相关)。

【模型识别】

题干存在两次两组对象的对比：

第一组对比：

第一组：软棕牙刷且保洁消毒，牙垢明显较少；

第三组：硬棕牙刷且保洁消毒，牙垢不见明显减少；

结论：软棕牙刷比选择硬棕牙刷更有利于减少牙垢。

第二组对比：

第一组：软棕牙刷且保洁消毒，牙垢明显较少；

第二组：软棕牙刷且不保洁消毒，牙垢不见明显减少；

结论：保洁消毒更有利于减少牙垢。

故此题为求异法模型。

【选项详解】

(A)项，无关选项，题干不涉及软棕牙刷与硬棕牙刷价格的比较。(干扰项·无关新比较)

(B)项，此项只是第二组求异法可以推出的结论，并不能支持题干的结论。

(C)项，无关选项，题干不涉及软棕牙刷对牙齿伤害的严重程度。

(D)项，削弱题干，第三组测试者更喜欢饮用碳酸饮料和食用甜点，说明第三组牙垢没有减少的原因可能是饮食问题，另有他因。

(E)项，支持题干，此项排除其他差异因素，保证题干论点成立。

33. (C)

【模型识别】

题干由两个性质命题的前提和一个性质命题的结论组成，要求“最能反驳上述结论”，故此题为反驳三段论模型。

【详细解析】

第1步：将题干中的前提符号化。

前提①：有的献血医生→捐款。

前提②：捐款→结成了帮困对子。

第 2 步：如果有多个前提，将前提串联。

由前提①、②串联可得：③有的献血医生→捐款→结成了帮困对子。

第 3 步：将结论的矛盾命题符号化。

题干的结论为：献血医生→山东省年度好医生，其矛盾命题为：有的献血医生→¬ 山东省年度好医生。

第 4 步：补充从前提到结论的箭头，从而得到结论。

易知补充前提④：结成了帮困对子→¬ 山东省年度好医生。

即与③串联可得：有的献血医生→捐款→结成了帮困对子→¬ 山东省年度好医生，从而得到：有的献血医生→¬ 山东省年度好医生。

故补充的前提④就是答案，即：所有与贫困家庭结成帮困对子的医生都没被评为山东省年度好医生，故(C)项正确。

34. (D)

【论证结构】

题干：脐带血含有的造血干细胞对白血病、重症再生障碍性贫血、部分恶性肿瘤等疾病有显著疗效，是人生中错过就不再有的宝贵的自救资源。父母为新生儿保存脐带血(措施)，可以为孩子一生的健康提供保障(目的)。

【模型识别】

“为新生儿保存脐带血”可视为是一种措施，“为孩子一生的健康提供保障”可视为是一种目的，可知此题是措施目的模型。

【选项详解】

(A)项，可以削弱，此项说明脐带血保存成本高，而利用的概率极小，因此储存脐带血弊大于利。

(B)项，可以削弱，此项说明脐带血不能用于自身，因此不可以为孩子一生的健康提供保障。

(C)项，可以削弱，此项说明脐带血的保存量很少，对于治疗的实际作用不大。

(D)项，支持题干，此项说明脐带血确实是造血干细胞的来源，肯定了题干的论据。

(E)项，可以削弱，此项说明脐带血可以保存的时间比较短，当需要使用的时候，其作用很难得到保证。

35. (E)

【模型识别】

题干中出现三个性质命题，这三个性质命题中存在重复元素，故此题为性质串联模型。

【详细解析】

第 1 步：画箭头。

①故意违反交通规则→录入个人大数据违法信息系统。

②录入个人大数据违法信息系统→受到严肃处理。

③有的故意违反交通规则→缴纳了罚款，等价于：有的缴纳了罚款→故意违反交通规则。

第 2 步：串联。

由③、①、②串联可得：④有的缴纳了罚款→故意违反交通规则→录入个人大数据违法信息系统→受到严肃处理。

第 3 步：逆否，注意带“有的”的项不逆否。

由④逆否可得：⑤¬ 受到严肃处理→¬ 录入个人大数据违法信息系统→¬ 故意违反交通规则。

第 4 步：根据“箭头指向原则”找答案。

(A)项，录入个人大数据违法信息系统→缴纳了罚款，由④可知，有的录入个人大数据违法信息系统→缴纳了罚款，根据推理关系，下真上不定，此项可真可假。

(B)项，有的受到严肃处理→¬ 故意违反交通规则，由④可知，故意违反交通规则→受到严肃处理，可推出：有的受到严肃处理→故意违反交通规则，与此项为下反对关系，一真另不定，故此项可真可假。

(C)项，有的缴纳了罚款→¬ 故意违反交通规则，由③可知，有的缴纳了罚款→故意违反交通规则，与此项为下反对关系，一真另不定，故此项可真可假。

(D)项，缴纳了罚款→受到了严肃处理，由④可知，有的缴纳了罚款→受到严肃处理，根据推理关系，下真上不定，故此项可真可假。

(E)项，有的故意违反交通规则→受到严肃处理，由④可知，故意违反交通规则→受到严肃处理，故此项一定为真。

36. (A)

【模型识别】

虽然题干是真假话问题，但是由于(C)、(D)、(E)项均为事实，而(A)、(B)项为假言，故此题也为<u>选项事实假言模型</u>。优先看(A)、(B)两项。

【详细解析】

题干：

①张华∀李成。

②张华∨李成。

③王勇→赵刚，等价于：¬ 王勇∨赵刚。

④王勇。

假设(A)项的前件“张华未参加”为真。

由条件①、②可知，若“李成也未参加”，此时，条件①、②均为假，与题干“只有一个未被采纳”矛盾，故“李成也未参加”为假，“李成参加”为真。

故若(A)项前件为真，可以推出其后件，(A)项正确。

37. (C)

【论证结构】

题干：恋爱不仅不会使智商下降，反而还能给智力带来很多积极效应(论点)。

【模型识别】

从论证结构来看，题干为人丑模型，即：有人认为恋爱使人变傻，催生出无数“幸福而愚蠢的女人和男人”，这种观点不成立，因为……，故我们需要说明：恋爱确实能给智力带来很多积极效应。

【选项详解】

(A)项，无关选项，此项只能说明恋爱可能会激发更多的合作行为，而合作行为与智力本身没有密切的关系，因为一些低等生物之间也存在合作关系。

(B)项，削弱题干，此项说明恋爱对人的智力不会造成任何的影响，因此也不会给智力带来很多积极效应，否定题干的论点。

(C)项，支持题干，此项通过举例说明恋爱不仅不会使智商下降，而且能给智力带来很多积极效应，补充论据。

(D)项，无关选项，此项说的是恋爱能抑制与社会判断、负性情绪有关的脑区活动，该部分区域与智力是否有关并不明确。

(E)项，无关选项，题干不涉及恋爱的人与不恋爱的人受情绪影响的比较。

38. (C)

【模型识别】

此题已知“7 种零食中挑选 4 种”，故此题为选多模型。此题中也存在假言命题，故也可看作数量假言模型。

【详细解析】

题干的假言命题可表示如下：

①果冻→薯片。

②¬ 可乐→¬ 辣条。

③泡面∀可乐。

④果冻∀话梅。

故由③、④可知：泡面、可乐、果冻、话梅只有 2 种入选。

因此剩余的薯片、虾条、辣条 3 种零食中，必定选择 2 种。故薯片或虾条一定会被放进福袋里。

39. (D)

【论证结构】

题干：有些语词所指的东西看不见、摸不着，孩子大都很难表达清楚这些语词的意思，但这并不妨碍他们用这些语词传递自己真实的感觉或情绪(论据)。理解一个语词并不非得能表达它的意思(论点)。

【模型识别】

论据强调的是“用语词传递感觉或情绪”，论点强调的是“理解一个语词”，故此题为拆桥搭桥模型。

【选项详解】

(A)项，无关选项，题干不涉及很难做到的事。(干扰项 • 转移论题)

(B)项，题干的意思是“不能清楚表达的语词，也可以被理解”，此项的意思是“能准确表达的，一定理解”，与题干不同，不能支持题干。

(C)项，没有指出“表达”“使用”与“理解”的关系，不能支持题干。

(D)项，搭桥法，此项指出“能运用一个语词传递某种信息”一定“理解这个词语”，建立起论据和论点之间的联系，支持题干。

(E)项，无关选项，题干不涉及孩子与成人的比较。(干扰项·无关新比较)

40. (C)

【题干现象】

待解释的现象：仿制药物和拥有商标的原创药物在活性成分上既相同又等量，但是，仿制药物和原创药物在病人身上所体现出来的效果，又存在着一些重要的不同之处。

【选项详解】

(A)项，无关选项，题干不涉及中国法律是否允许仿制药上市。

(B)项，无关选项，医生给病人开的是原创药物还是仿制药物，与这两种药物的效果无关。

(C)项，说明两种药物各自所含有的没有活性的成分和填充物的不同，影响了药物的效果，可以解释题干中的矛盾。

(D)项，无关选项，题干不涉及仿制药物的价格问题。

(E)项，无关选项，题干没有涉及年轻人和老年人在使用效果上的对比。(干扰项·无关新比较)

41. (C)

【模型识别】

本题存在“人”与“职业”的一一对应关系，故为两组元素的定量匹配模型。

【详细解析】

第 1 步：事实/问题优先看。

由题干信息可知，弗朗基住在中间，但推不出其他结论。

第 2 步：重复元素是关键。

题干不存在重复信息，故逐项进行分析。

由(1)可知，安德烈不是作家。

由(2)可知，史密斯不是钢琴家。由于“只有钢琴家能敲到她套房的墙”，说明史密斯住的房间不在中间，否则两边的邻居都可以敲她的墙。因此史密斯和另外一个人分别住在两端，钢琴家住在中间。

因此，钢琴家是弗朗基。此时可知，安德烈不是作家，不是钢琴家，故安德烈是医生，则史密斯是作家。(C)项正确。

42. (A)

【模型识别】

题干中(B)、(C)、(D)、(E)项均为事实，(A)项为假言，故此题为选项事实假言模型。优先看(A)项。

【详细解析】

将题干信息符号化：

①¬ 答应→人质被杀害。

②人质被杀害→¬ 援助国援助。

③答应→复制绑架事件。

由题干信息①、②串联可得：④¬ 答应→人质被杀害→¬ 援助国援助。

假设(A)项的前件“援助国援助”为真。

由“援助国援助”可知条件④后件为假，根据口诀“否后必否前”可得：答应。

再由“答应”可知条件③前件为真，根据口诀“肯前必肯后”可得：复制绑架事件。

故若(A)项前件为真，可以推出其后件，故选(A)项。

43. (C)

【模型识别】

题干中出现两个性质命题，这两个性质命题中存在重复元素，故此题为性质串联模型。

【详细解析】

第 1 步：画箭头。

①有的足球运动员→不会说英语，根据“有的”互换原则，可得：有的不会说英语→足球运动员。

②足球运动员→美剧。

第 2 步：串联。

由题干信息①、②串联可得：③有的不会说英语→足球运动员→美剧。

第 3 步：逆否，但要注意带“有的”的词项不逆否。

由③逆否可得：④¬ 美剧→¬ 足球运动员。

第 4 步：根据“箭头指向原则”和“‘有的’互换原则”找答案。

由③可知“有的不会说英语→美剧”，根据“有的”互换原则，可得：有的美剧→不会说英语。即(C)项正确。

44. (B)

【论证结构】

题干：研究人员通过对不同蔬果摄入量的被调查者进行压力测试发现，蔬果摄入量大于每日 473 克的人群的压力指数比蔬果摄入量小于每日 243 克的人群要低 10%。据此，研究人员指出，多吃蔬果的人，压力会更小。

【模型识别】

论据中的对象是“被调查者”，论点中的对象是“人们”，前者是后者的子集，如下图：

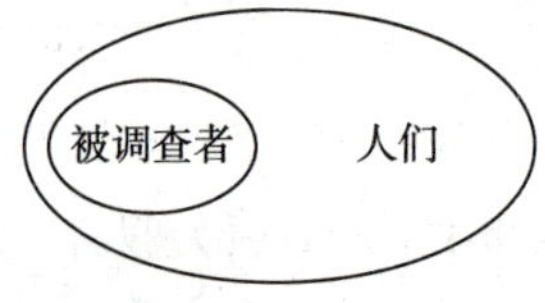

故此题为归纳论证模型。

【选项详解】

(A)项，无关选项，题干不涉及世界卫生组织的建议。

(B)项，支持题干，此项说明蔬果中的微量元素确实对人体有缓解压力的效果。

(C)项，无关选项，题干不涉及素食主义者与蔬果、肉类都食用的人群压力大小的比较。

(D)项，支持题干，此项举例说明有人蔬果摄入量越高，他们的工作压力指数确实小，但是举例支持的力度比较小，该例子成立，无法代表所有人都成立。

(E)项，无关选项，题干不涉及含有维生素 C 的饮料是否可以缓解压力。

45.(B)

【模型识别】

题干中出现匹配关系(7 个人分配在 2 个组)，但具体匹配数量并不确定，故此题为不定量匹配模型。

【详细解析】

第 1 步：数量匹配先计算。

由“每个组至少有 3 名员工”和“两个组至少有一名相同的员工”可知，两个组的人数上限不定，故无法确定各组具体的人数。

第 2 步：事实/重复元素是关键。

K 在条件(2)、(3)多次出现，故优先分析。

根据条件(3)可知，如果有 K 就一定有 J，因此“K 和 J 要在同一组”。故 K 不能替换印刷组的成员，又因为条件(5)“两个组至少有一名相同的员工”，所以 K 不能替换 H，因此 K 只能替换 G，故(B)项正确。

46.(D)

【详细解析】

两个组有尽可能多的共同成员，故装订组可以有成员 G、H、L，所以至少有三个共同成员，故(A)、(B)项错误。

因为条件(4)“M 至少是这两个组中的成员之一”，所以 M 在装订组，装订组至少有 4 个成员，因此(D)项正确，而(C)、(E)项错误。

47.(C)

【模型识别】

此题要求往表格里填入国家，显然是数独模型。

【详细解析】

先观察方格第一列，已经出现了“法国”“英国”，所以①不能是“法国”“英国”，排除(A)、(E)项。

再观察方格第四列，已经出现了“挪威”，所以④不能是“挪威”，排除(D)项。

再观察方格第三行、第三列及第四列，已知填入的 4 个词不能重复，也不能遗漏，第三行已经出现了“英国”“法国”，第三列出现了“德国”，所以方格第三行、第三列定位的空白格中只能填“挪威”，第三行、第四行列定位的空白格中只能填“德国”。

此时再观察方格第四列，已经出现了“德国”，所以④不能是“德国”，排除(B)项。

综上所述，正确答案是(C)项。

48.(B)

【模型识别】

题干中出现匹配关系(5天共10节课对应英语、数学、逻辑和写作四个科目)，但具体匹配数量并不确定，故此题为不定量匹配模型。

【详细解析】

从确定事实出发，由题干条件(3)可知，酱心一定不在周六这天上英语，故可以排除(E)项。

由题干条件(1)可知，酱心需要在连续的两个下午上英语课，因此酱心不可能在周五上英语课，排除(D)项。

此时，只剩下周一、周二和周三可以选择。

因此，酱心要么在周一和周二连续的两个下午上英语课，要么在周二和周三连续的两个下午上英语课。故周二她一定会上英语课。

综上，(B)项正确。

49.(B)

【论证结构】

题干：据世界各国的媒体报道，近年来，世界范围内火灾频发，同一时期，一些在草地和树木上觅食的食草动物也灭绝了(现象)。因此，研究者认为动物灭绝导致了火灾频发(原因)。

【模型识别】

题干先描述了一种现象，然后分析了这种现象的原因，故此题为现象原因模型。

【选项详解】

(A)项，支持题干，此项说明食草动物灭绝情况严重的地区，火灾范围更大，肯定了题干的因果关系。

(B)项，无关选项，此项说明食草动物的灭绝会使草原生态遭到破坏，与题干论证的论题无关。(干扰项·转移论题)

(C)项，支持题干，此项说明食草动物进食行为会减少可燃物的数量，避免了火灾的发生。

(D)项，支持题干，此项说明大型动物消亡后，全球火灾发生次数比1万年前的多，肯定了题干的因果关系。

(E)项，支持题干，此项说明火灾频发不是因为气候的问题，排除他因。

50.(E)

【论证结构】

题干：①每个读完《拯救地球》这本书的人都不可能拒绝它的环保主义见解；②世界环保组织上个月散发了2 000份该书的复印本。今年上个月至少有2 000人转变为环保主义者(论点)。

【模型识别】

论据中的论题是“发了2 000份该书的复印本”，论点中的核心概念是“有2 000人转变为环保主义者”，二者不一致，故此题为拆桥搭桥模型。

【选项详解】

(A)项，必须假设，搭桥法，搭建前提中“不拒绝《拯救地球》一书中的环保主义见解”，与结论中“环保主义者”的桥梁。

(B)项，必须假设，肯定了题干的论据。

(C)项，必须假设，否则就不能得出 2 000 人转变为环保主义者。

(D)项，必须假设，否则转变为环保主义者的人数就会低于 2 000 人。

(E)项，不必假设，环保主义者只需要同意其中的环保主义见解即可，无须同意所有见解。

51. (D)

【模型识别】

已知条件由假言命题组成，选项均为事实。故此题为假言事实模型。常用串联找矛盾法或二难推理法解题。

【详细解析】

第 1 步：将题干符号化。

①¬ 甲→丁。

②乙→¬ 丙∧¬ 丁，等价于：丁∨丙→¬ 乙。

③乙↔¬ 甲，等价于：¬ 乙↔甲。

④¬ 戊∨¬ 己∨¬ 庚→¬ 丙。

⑤(丙∧丁)∀(¬ 丙∧¬ 丁)。

第 2 步：串联找矛盾。

由条件①、②、③串联可得：¬ 甲→丁→丁∨丙(真)→¬ 乙→甲。

故由“¬ 甲”出发推出了矛盾，则“¬ 甲”为假，“甲”为真。

第 3 步：推出答案。

由“甲”结合条件③，可得：¬ 乙。

由条件④可知，若丙当选，则戊、己、庚均当选，此时至少有 5 人当选，题干“选拔出 4 名医护工作者”矛盾，故丙不当选，即：¬ 丙。

由“¬ 丙”结合条件⑤可知：¬ 丁。

因此，乙、丙、丁 3 人均不当选，则其余人员均当选。故(D)项正确。

52. (B)

【模型识别】

本题题干的提问方式为“下列各项中，从左至右排列顺序可能正确的是”，同时本题的选项看起来像排列组合，可使用选项排除法。

【详细解析】

(A)项，不可能为真，由条件(3)可知：四班的跑道在一班、三班的左侧，而此项四班的跑道在一班、三班的中间，排除。

(B)项，与题干条件不矛盾，可能为真。

(C)项，不可能为真，由条件(1)可知，二班的跑道与五班的跑道紧挨着，而此项二班的跑道与五班的跑道不相邻，排除。

(D)项，不可能为真，由条件(4)可知，八班的跑道不在第 8 道，而此项八班的跑道在第 8 道，排除。

(E)项，不可能为真，由条件(3)可知，四班的跑道在一班、三班的左侧，而此项四班的跑道在一班、三班的中间，排除。

53. (B)

【论证结构】

题干：化学名称为聚四氟乙烯，商用名称为特氟龙的物质被广泛用于电饭煲内胆(论据①)。有研究证明，超过 260 度高温作用下该物质会变为毒性物质(论据②)，因此有人认为电饭煲会做出“毒米饭”(论点)。

【模型识别】

题干的两条论据可视为一种原因，论点是依据原因做出的对结果的预测，故此题为预测结果模型。

【选项详解】

(A)项，支持题干，此项说明特氟龙作为涂层容易剥落混到食物中，有会造成“毒米饭”的可能。

(B)项，削弱题干，题干表示只有超过 260 度高温作用下该物质会变为毒性物质，而此项说明电饭煲的工作温度最高为 119 度，远低于 260 度，因此该结果难以发生。

(C)项，支持题干，此项补充论据，给出理由肯定了题干的因果关系，肯定了对于结果的预测。

(D)项，无关选项，题干不涉及特氟龙材料应用的场景，并且这些场景的温度是否达到 260 度也不确定。

(E)项，无关选项，没有发现用电饭煲做出“毒米饭”的报告无法说明电饭煲不会做出“毒米饭”。(干扰项·诉诸无知)

54. (C)

【模型识别】

本题存在“人”“乐器”与“地区”的一一对应关系，故为三组元素的定量匹配模型。

【详细解析】

第 1 步：事实/问题优先看。

观察已知条件，发现条件(3)是确定事实，故优先分析。

第 2 步：重复元素是关键。

由条件(3)“只有张珊学过二胡”可知，演奏二胡的是张珊。该条件涉及两个元素“张珊”和“二胡”，观察已知条件，发现条件(1)也涉及“张珊”，故分析条件(1)可知，张珊来自有 2 个人的城市，故张珊来自杭州。

由“张珊来自杭州”可知，李思和王伍不可能来自相同的城市，故条件(4)后件为假，根据口诀“否后必否前”，可得：赵陆演奏的不是笛子。观察已知条件，发现条件(2)也涉及“赵陆”，故分析条件(2)可知，赵陆来自北方，且不演奏古筝。

由条件(5)可知，北京人在演奏古筝，故赵陆不是北京人，因此赵陆是哈尔滨人。

综上，可得下表：

北京人	广州人	哈尔滨人	杭州人	
		赵陆	张珊	
古筝			二胡	唢呐

又由“赵陆演奏的不是笛子”结合“他们演奏的乐器有笛子、二胡、琵琶、古筝、唢呐，上述每种乐器都有人演奏”可得：赵陆演奏琵琶，广州人演奏笛子，故(C)项正确。

55.（D）

【详细解析】

本题每个选项均补充了新的条件，故考虑选项代入法。

由“李思来自北方城市”结合上题分析，可得：李思来自北京。

结合上题分析可得下表：

北京人	广州人	哈尔滨人	杭州人	
李思		赵陆	张珊	
古筝	笛子	琵琶	二胡	唢呐

(A)项，已知张珊来自杭州，无法推出孙琪和王伍来自的城市及演奏的乐器。

(B)项，已知赵陆来自哈尔滨，无法推出孙琪和王伍来自的城市及演奏的乐器。

(C)项，由上表已知张珊是杭州人，故此项为假。

(D)项，补充王伍来自杭州，那么孙琪一定来自广州，进而推出孙琪演奏笛子，故此项为真。

(E)项，已知赵陆来自哈尔滨，无法推出孙琪和王伍来自的城市及演奏的乐器。

四、写作

56. 论证有效性分析

【谬误分析】

①2021年新能源汽车的市场占有率上升至13.4%，最多只能说明新能源汽车的销售呈上升趋势。但与燃油车相比，新能源汽车的市场占有率仍然较低，难以说明“新能源汽车很快就会取代燃油车”。

②“同样行驶100公里，新能源汽车要付的电费要低于燃油车所需的油费”，无法推出“新能源汽车能给用户省很多钱”。省钱与否还要看车价高低、充电桩的安装费用高低等其他因素。

③“新能源汽车是用电驱动的，不会产生任何废气”，无法推出“彻底消除了对环境的影响”。新能源汽车要耗用电能，而现在用化石能源进行发电仍然是电能的重要来源，因此，使用新能源汽车可能对环境造成间接影响。

④由“大众和福特等品牌率先宣布在欧美逐渐停止销售燃油车”不能说明“全球燃油车被取代指日可待”。仅由两个品牌在欧美地区的情况，难以推断出整个汽车市场在全球的情况，样本未必有代表性。

⑤材料用手机的情况类比新能源汽车的情况，存在不当类比。新能源汽车动力电池的工作原理、用电量大小，与手机电池存在不同。

⑥材料仅仅分析了新能源汽车的一些优势，但燃油车也有自己的优势，材料对此缺少比较分析，因此，难以得出“新能源汽车取代燃油车已势不可挡的结论”。

参考范文

新能源汽车能很快取代燃油车吗?

吕建刚　江徕

材料通过一系列论证试图得出“新能源汽车很快取代燃油车”的观点，然而其论证过程中存在诸多漏洞，分析如下：

首先，材料认为“2021 年，新能源汽车的市场占有率上升至 13.4%，这表明新能源汽车很快就会取代燃油车”，难以成立。因为，新能源汽车的市场占有率上升至 13.4%，最多只能说明新能源汽车的销售呈上升趋势。但与燃油车相比，新能源汽车的市场占有率仍然较低，难以说明“新能源汽车很快就会取代燃油车”。

其次，“同样行驶 100 公里，新能源汽车要付的电费要低于燃油车所需的油费”，无法推出“新能源汽车能给用户省很多钱”。省钱与否还要看车价高低、充电桩的安装费用高低等其他因素。

再次，“新能源汽车是用电驱动的，不会产生任何废气”，无法推出“彻底消除了对环境的影响”。新能源汽车要耗用电能，而现在用化石能源进行发电仍然是电能的重要来源，因此，使用新能源汽车可能对环境造成间接影响。

而且，由“大众和福特等品牌率先宣布在欧美逐渐停止销售燃油车”不能说明“全球燃油车被取代指日可待”。仅由两个品牌在欧美地区的情况，难以推断出整个汽车市场在全球的情况，样本未必有代表性。

最后，材料用手机的情况类比新能源汽车的情况，存在不当类比。新能源汽车动力电池的工作原理、用电量大小，与手机电池存在不同。

综上，材料的论证存在多处不当，“新能源汽车很快取代燃油车”的观点难以让人信服。

（全文共 573 字）

57. 论说文

参考范文

重用“鹰才”谋发展

江徕

企业里的“鸭子”遇事只会找借口，而“老鹰”遇事则会寻找解决之道，两相比较，自然是“老鹰”更受青睐。为此，企业应当重用“鹰才”谋发展。

重用“鹰才”是管理者的内在需要。“金无足赤，人无完人”，每个人都不可能是全才，多数管理者也仅仅是某一领域或某个方面的行家里手，在其他方面一定有其短处。因此，优秀的管理者必须善用“鹰才”，来发掘自身发现不了的问题，予以解决、改进，以求企业新的发展。

重用“鹰才”是客观条件的必然要求。我们都知道，任何组织所拥有的资源都不可能是无穷无尽的，那么如何用有限的资源谋求最好的发展呢？科斯定理告诉我们，谁能将一项资源用得最好，就应该让谁来使用。“鹰才”最大的特点之一是能找到最好最有效率的方式去解决工作中的问题，对于管理者而言，要找到这样的“鹰才”并用好这些“鹰才”，才不会浪费有限的资源。

然而，“信息不对称”使得识别“鹰才”存在困难。伯乐慧眼识马，常常被传为佳话。但是，正如韩愈曾说“千里马常有，而伯乐不常有”。这是为何？就是因为我们难以了解人才的全部信息，仅靠审查人才的学历、经验，有时也是靠不住的。所以，只靠伯乐的“慧眼”识别人才，难免会看走眼，与“鹰才”擦肩而过。

但是，上述问题并非不能解决，只需做好以下两步。

一是搭建科学的人才评测体系。比如，设置“多轮多阶多维”的面试制度，通过初面、复面、终面的互动从多维度了解人才的性格、特点、学识、特长，以此来减少信息差的影响。

二是搭建管理培训生制度。人才识别不能仅靠慧眼识珠，是骡子是马，拉出来遛遛便知，通过实习生的轮岗，能更加准确判断实习生的实践能力如何，人岗是否匹配，从而为下一步的用人提供依据。

总之，要想取得商场上的成功，管理者需重用“鹰才”。

（全文共 710 字）

全国硕士研究生招生考试
管理类综合能力试题 2 答案详解

一、问题求解

1.（B）

【详细解析】

由题可知，甲去了磁器口古镇，因为乙与甲没有去过相同的景点，故乙没去磁器口古镇.

丁与丙也没有去过相同的景点，则两人合起来去了全部的 4 个景点，即两人中只有一人去过磁器口古镇.

故去过磁器口古镇的人数为 2.

2.（D）

【详细解析】

设甲的成本是 x 元，则乙的成本是 $600-x$ 元，根据题意，可得

$$x(1+45\%)\times 80\%+(600-x)\times(1+40\%)\times 90\%=600+110,$$

解得 $x=460$，$600-460=140<460$，故成本较高的那件商品成本为 460 元.

3.（D）

【详细解析】

设铁块的底面积为 A 平方厘米，水桶的底面积为 B 平方厘米.

20 秒的注水量为 $V_1=(B-A)\times 20$；两分钟的注水量为 $V_2=B\times(50-20)$.

注水量与注水时间成正比，则

$$\frac{(B-A)\times 20}{B\times(50-20)}=\frac{20}{120},$$

解得 $\frac{A}{B}=\frac{3}{4}$.

注意：柱体的体积=底面积×高.

4.（D）

【详细解析】

由 $||x-2|-1|=a$，可得 $|x-2|-1=\pm a$，解得 $x=2\pm(1\pm a)$.

故所有解为 $x_1=a+3$，$x_2=1-a$，$x_3=3-a$，$x_4=a+1$，和为 $x_1+x_2+x_3+x_4=8$.

【秒杀技巧】

特殊值法，令 $a=\frac{1}{2}$ 可快速求解.

5.（C）

【详细解析】

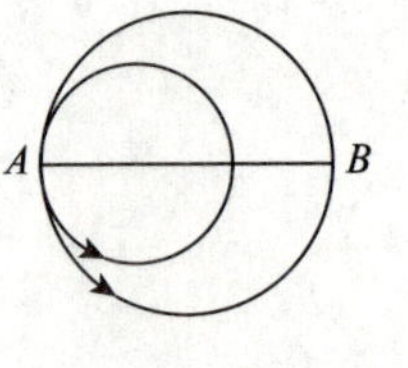

因为圆内最长线段为直径，且大小圆内切，故当小圆上的甲虫在 A 点，大圆上的甲虫在 B 点时，两只甲虫相距最远，如图所示．

设此时小圆上甲虫跑了 n 圈，大圆上甲虫跑了 $m+\frac{1}{2}$ 圈（m，$n\in\mathbf{N}^{+}$），则两甲虫距离最远时小圆上甲虫的总路程为 $30\pi n$ 厘米，大圆上甲虫的总路程为 $48\pi\left(m+\frac{1}{2}\right)=(48m+24)\pi$ 厘米．因为两个甲虫的爬行速度相同，所以相同时间内路程也相同，则 $30\pi n=(48m+24)\pi$，即 $5n=8m+4$，$n=\frac{8m+4}{5}$，符合题意的最小解为 $m=2$，$n=4$，所以小圆甲虫跑了 4 圈后，两只甲虫首次相距最远．

6.（D）

【详细解析】

$y=3-\sqrt{4x-x^2}\Rightarrow(x-2)^2+(y-3)^2=4(y\leqslant 3)$，根据题意画出图像，如图所示．

设 l_1，l_2 为直线 $y=x+b$ 与半圆有交点时的临界线．

直线 l_1 过点(0，3)，可得 $b=3$.

直线 l_2 与圆相切，则圆心(2，3)到直线 $y=x+b$ 的距离等于半径，即

$$d=\frac{|2-3+b|}{\sqrt{2}}=2,$$

解得 $b=1+2\sqrt{2}$ 或 $b=1-2\sqrt{2}$，其中 $b=1+2\sqrt{2}>3$（舍）.

当直线 $y=x+b$ 界于 l_1 与 l_2 之间时，与半圆有交点，故 $b\in[1-2\sqrt{2}，3]$.

7.（E）

【详细解析】

两人任意选 3 处景点游览的情况共有 $A_5^3A_5^3$ 种，两人最后一个景点相同的情况共有 $C_5^1A_4^2A_4^2$ 种．

根据古典概型公式，可知他们最后一个景点相同的概率为 $P=\frac{C_5^1A_4^2A_4^2}{A_5^3A_5^3}=\frac{1}{5}$.

【秒杀技巧】

根据题意，可知本题只与两人选的第三个景点有关，故可只考虑最后一个景观．

两人从 5 个景点中选一个作为相同景点的概率为 $P=\frac{C_5^1}{C_5^1\times C_5^1}=\frac{1}{5}$.

8.（B）

【详细解析】

已知 a_1+2，$2a_2$，a_3+1 成等差数列，则 $4a_2=a_1+2+a_3+1=a_1+a_3+3$①.

由 $S_3=4a_2-1$，可得 $a_1+a_2+a_3=4a_2-1=a_1+a_3+3-1$，解得 $a_2=2$.

将 $a_2=2$ 代入式①中，得 $8=\frac{2}{q}+2q+3$，解得 $q=2$ 或 $q=\frac{1}{2}$(舍).

故 $a_1=1$，$a_n=2^{n-1}$，可得 $a_5=2^{5-1}=16$.

9.(E)

【详细解析】

设正方形 $EFGH$ 的边长为 a，则 $DH=HE=HG=a$. 根据题意，可知 $CD=\sqrt{2}DG=2\sqrt{2}a$，$BC=\sqrt{2}FC=\sqrt{2}\times 3a=3\sqrt{2}a$，故长方形 $ABCD$ 的面积为 $2\sqrt{2}a\times 3\sqrt{2}a=12a^2$，即 $S=12a^2$. 又因为正方形的面积为 a^2，所以，正方形 $EFGH$ 的面积为 $\frac{S}{12}$.

【秒杀技巧】

设正方形 $EFGH$ 的边长为 1，可简化运算.

10.(B)

【详细解析】

由于二次函数图像所经过的点 M，N 的纵坐标均为 -1，说明抛物线与直线 $y=-1$ 有两个交点，则 x_1，x_2 是方程 $ax^2+2ax+3a-2=-1$ 的两个不相等的实根，即方程 $ax^2+2ax+3a-1=0$ 有两个不相等的实根 x_1，x_2，且 $|MN|=|x_1-x_2|$，则有

$$\Delta=(2a)^2-4a(3a-1)>0\Rightarrow 0<a<\frac{1}{2},$$

$$|MN|=|x_1-x_2|=\frac{\sqrt{(2a)^2-4a(3a-1)}}{|a|}=\sqrt{\frac{(2a)^2-4a(3a-1)}{a^2}}=\sqrt{\frac{4}{a}-8},$$

因为 $|MN|\geqslant 2$，即 $\sqrt{\frac{4}{a}-8}\geqslant 2$，解得 $a\leqslant\frac{1}{3}$.

综上所述，a 的取值范围是 $0<a\leqslant\frac{1}{3}$.

注意：$|x_1-x_2|=\sqrt{(x_1-x_2)^2}=\sqrt{(x_1+x_2)^2-4x_1x_2}=\sqrt{\left(-\frac{b}{a}\right)^2-\frac{4c}{a}}=\frac{\sqrt{b^2-4ac}}{|a|}$.

11.(C)

【详细解析】

首先将护士安排去 B、C 两个核酸检测点中的一个，有 2 种安排方法.

再为 4 位医生安排检测点，可分两种：

①只安排到护士不在的两个检测点，则可以 1－3 或 2－2 分组，两种分组情况下都先分组再分配，有 $C_4^1C_3^3A_2^2+\frac{C_4^2C_2^2}{A_2^2}A_2^2=14$(种)方法；

②安排到三个检测点，则须 1－1－2 分组，有 $\frac{C_4^1C_3^1C_2^2}{A_2^2}\times A_3^3=36$(种)方法.

综上所述，一共有 $2\times(14+36)=100$(种)方法.

12.（B）

【详细解析】

已知圆心为$C(2,2)$，点$A(-2,2)$关于x轴的对称点为$A'(-2,-2)$，显然A'在反射光线的反向延长线上．当反射光线经过圆心时，光线反射到圆上所经过的路程最短，如下图所示．

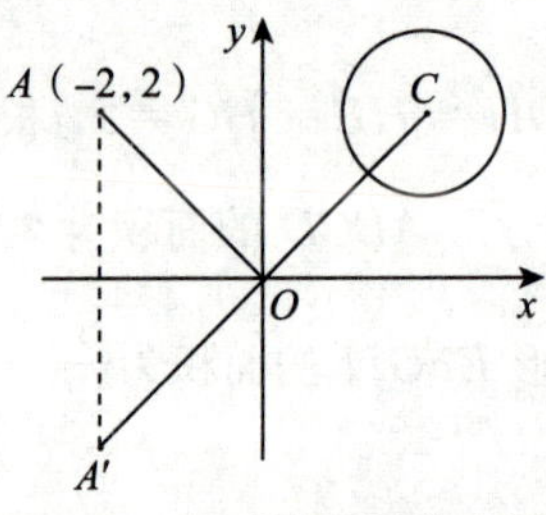

最短路程为圆心$C(2,2)$与点$A'(-2,-2)$的距离减去圆的半径，即

$$\sqrt{[2-(-2)]^2+[2-(-2)]^2}-1=4\sqrt{2}-1.$$

13.（A）

【详细解析】

因为直线$y=\frac{1}{2}a_1x+m$与圆$(x-2)^2+y=1$的两个交点关于直线$x+y-d=0$对称，故直线$x+y-d=0$一定过圆心$(2,0)$，且直线$y=\frac{1}{2}a_1x+m$与直线$x+y-d=0$垂直，故有

$$\begin{cases}2+0-d=0,\\ \frac{1}{2}a_1=1,\end{cases}\Rightarrow\begin{cases}d=2,\\ a_1=2,\end{cases}$$

则$S_n=2n+\frac{n(n-1)}{2}\times2=n(n+1)$，$\frac{1}{S_n}=\frac{1}{n(n+1)}=\frac{1}{n}-\frac{1}{n+1}$.

故数列$\left\{\frac{1}{S_n}\right\}$的前100项和为$1-\frac{1}{2}+\frac{1}{2}-\frac{1}{3}+\cdots+\frac{1}{100}-\frac{1}{101}=1-\frac{1}{101}=\frac{100}{101}$.

14.（D）

【详细解析】

由题可得，$a(1+p)(1+q)=a(1+x)^2$，即$(1+p)(1+q)=(1+x)^2$.

由均值不等式，可知$(1+p)(1+q)\leqslant\left(\frac{1+p+1+q}{2}\right)^2$，当且仅当$p=q$时取等号，而$p\neq q$，故$(1+p)(1+q)<\left(\frac{1+p+1+q}{2}\right)^2$，即$(1+x)^2<\left(\frac{1+p+1+q}{2}\right)^2$，且$p$，$q$，$x$均大于0，则

$$1+x<\frac{2+p+q}{2}=1+\frac{p+q}{2}\Rightarrow x<\frac{p+q}{2}.$$

15.（A）

【详细解析】

由平均值的性质$E(ax+b)=aE(x)+b$和方差的性质$D(ax+b)=a^2D(x)$，结合已知条件可得

$3\bar{x}-2=9s^2$，则 $s=\frac{\sqrt{3\bar{x}-2}}{3}$. 因为 $s^2\geqslant 0$，所以 $3\bar{x}-2\geqslant 0$，解得 $\bar{x}\geqslant\frac{2}{3}$.

令 $y=s-\bar{x}=\frac{\sqrt{3\bar{x}-2}}{3}-\bar{x}\left(\bar{x}\geqslant\frac{2}{3}\right)$，设 $t=\sqrt{3\bar{x}-2}$，则 $\bar{x}=\frac{t^2+2}{3}(t\geqslant 0)$，从而

$$y=\frac{t}{3}-\frac{t^2+2}{3}=\frac{-t^2+t-2}{3}=\frac{-\left(t-\frac{1}{2}\right)^2-\frac{7}{4}}{3},$$

当 $t=\frac{1}{2}$，即 $\bar{x}=\frac{3}{4}$时，$y_{max}=-\frac{7}{12}$.

二、条件充分性判断

16.（A）

【详细解析】

条件(1)：正难则反．两人均未击中目标的概率为$(1-0.6)\times(1-0.7)$，则所求概率为

$$P=1-(1-0.6)\times(1-0.7)=0.88,$$

故条件(1)充分．

条件(2)：同理，至少有1人击中目标的概率 $P=1-(1-0.6)^2=0.84$，故条件(2)不充分．

17.（D）

【详细解析】

条件(1)：根据绝对值的三个线性和的性质可知，$y=|x-99|+|x-100|+|x-101|$的最小值为2，如左图所示，易知图像为尖铅笔形，当 y 的取值大于2时，x 有两个值，故条件(1)充分．

条件(2)：根据绝对值的两个线性和的性质可知，$y=|x-1\,996|+|x+4|$的最小值为2 000，如右图所示，易知图像为盆地形，当 y 的取值大于2 000时，x 有两个值，故条件(2)充分．

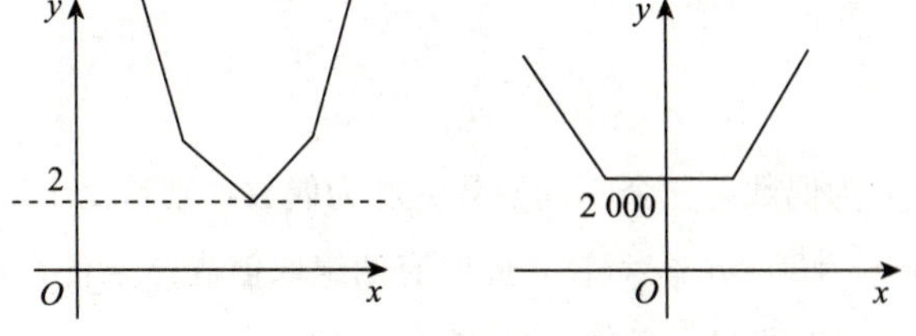

18.（B）

【详细解析】

由二项式定理，可得 x^2 项为 $C_8^6\times(ax)^2\times 1^6=28a^2x^2$，$x^3$ 项为 $C_8^5\times(ax)^3\times 1^5=56a^3x^3$，若 x^2 的系数与 x^3 的系数相等，则有 $28a^2=56a^3$，解得 $a=\frac{1}{2}$或 $a=0$(舍).

所以，条件(1)不充分，条件(2)充分．

19.（E）

【详细解析】

设跑道总长为 S，甲、乙、丙的速度分别为 v_1、v_2、v_3.

条件(1)：由甲乙相遇可得 $S=5(v_1+v_2)$，由甲丙追及可得 $S=(5+15)|v_1-v_3|$，无法确定 v_1、v_2 的大小关系，条件(1)不充分.

条件(2)：根据题意可知，$v_1=2v_3$，无法确定 v_1、v_2 的大小关系，条件(2)不充分.

联立两个条件，将 $v_1=2v_3$ 代入 $\begin{cases}S=20(v_1-v_3),\\S=5(v_1+v_2),\end{cases}$ 解得 $v_1=v_2$，即甲的速度和乙相等，所以联立也不充分.

20.（C）

【详细解析】

条件(1)：由 $\{a_n\}$ 是递增数列，可得 $|a_{n+1}-a_n|=a_{n+1}-a_n=p^n$，无法确定 p 的取值，不充分.

条件(2)：因为 a_1，$2a_2$，$3a_3$ 成等差数列，由等差数列中项公式得 $4a_2=a_1+3a_3$，整理，可得 $a_2-a_1=3(a_3-a_2)$，故 $|a_2-a_1|=|3(a_3-a_2)|=3|a_3-a_2|$，即 $p=3p^2$，解得 $p=0$ 或 $p=\frac{1}{3}$，无法确定 p 的取值，不充分. 考虑联立.

当 $p=0$ 时，与 $\{a_n\}$ 是递增数列矛盾，所以 $p=\frac{1}{3}$，取值确定，故联立两个条件充分.

21.（C）

【详细解析】

两个条件显然单独都不充分，考虑联立.

设上学期通过英语四级的人数为 $3k$，未通过英语四级的人数为 $5k$，由题干可得

$$\frac{3k+180}{5k-180}=\frac{9}{11},$$

解得 $k=300$. 所以，该学校上学期共有 $300\times8=2\,400$(名)学生，故条件(1)和条件(2)联立充分.

22.（B）

【详细解析】

条件(1)：因为 $a+b+c$ 为偶数，三个不同质数的和为偶数，则这三个质数中必有一个为2. 假设 $a=2$，$b<c$，则 $a+b+c=20\Rightarrow b+c=18$，此时有两组取值满足条件，即 $b=5$，$c=13$ 或 $b=7$，$c=11$，$\max\{a,b,c\}=13$ 或 11，条件(1)不充分.

条件(2)：因为 abc 为偶数，三个不同质数的积为偶数，则这三个质数中必有一个为 2. 假设 $a=2$，$b<c$，则 $2bc=70$，$bc=35$，此时 $b=5$，$c=7$，则 $\max\{a,b,c\}=7$，条件(2)充分.

23.（A）

【详细解析】

正难则反. 所有的选法减去只有男工人和只有女工人的选法即为所求.

条件(1)：共有 $C_9^4-C_5^4-C_4^4=120$(种)不同的选法，充分．

条件(2)：共有 $C_7^4-C_4^4=34$(种)不同的选法，不充分．

24. (C)

【详细解析】

两个条件显然单独都不充分，考虑联立．

设甲地到乙地的路程为 x 千米．因支付车费为 17.2 元，所以总路程 x 肯定大于 3 千米，故有 $1.4(x-3)+6\leqslant 17.2$，解得 $x\leqslant 11$，则甲地到乙地的路程最远为 11 千米．

故条件(1)和条件(2)联立起来充分．

25. (A)

【详细解析】

条件(1)：$kx-y+1-k=0$ 可整理为 $(k-1)x-y+1=0$，易知恒过定点(1，1)，因为定点在圆 C 内，因此与圆必有两个交点，故条件(1)充分．

条件(2)：将曲线方程整理得 $(x-1)^2+(y-1)^2=4$，易知曲线与圆 C 为内含关系，故没有交点，条件(2)不充分．

三、逻辑推理

扫码领>>> 逻辑秒杀技与干扰项总结

26. (C)

【模型识别】

题干出现多个假言命题，而且这些假言命题中没有重复元素，故此题为假言无串联模型。

【详细解析】

第 1 步：画箭头。

①经济社会发展→做好疫情防控工作。

②保护好人民生命安全→保持战略定力。

③促进经济社会平稳健康发展→坚持稳中求进。

④尽快走出疫情的阴霾→全国人民团结一心。

第 2 步：逆否。

⑤¬ 做好疫情防控工作→¬ 经济社会发展。

⑥¬ 保持战略定力→¬ 保护好人民生命安全。

⑦¬ 坚持稳中求进→¬ 促进经济社会平稳健康发展。

⑧¬ 全国人民团结一心→¬ 尽快走出疫情的阴霾。

第 3 步：找答案。

(A)项，做好疫情防控工作→促进经济社会发展，根据箭头指向原则，由①可知，“做好疫情防控工作”后无箭头，故此项可真可假。

(B)项，¬ 促进经济社会平稳健康发展→¬ 坚持稳中求进，根据箭头指向原则，由⑦可知，“¬ 促

进经济社会平稳健康发展”后无箭头，故此项可真可假。

(C)项，$\neg$ 保持战略定力→$\neg$ 保护好人民生命安全，等价于⑥，故此项为真，可以由题干推出。

(D)项，做好疫情防控工作→坚持稳中求进，题干信息不涉及“做好疫情防控工作”与“坚持稳中求进”的关系，故此项可真可假。

(E)项，全国人民团结一心→能走出疫情的阴霾，根据箭头指向原则，由④可知，“全国人民团结一心”后无箭头，故此项可真可假。

27. (B)

【论证结构】

题干：购买一次性的用于每周血液测试的工具(措施)，那些工具的花费是完全需要的，每周必须做血液测试以监视新药潜在的可能非常危险的副作用(目的)。

【模型识别】

“购买血液测试的工具”可视为是一种措施，“监视新药潜在的可能非常危险的副作用”可视为是一种目的，可知此题是措施目的模型。

【选项详解】

(A)项，措施无恶果，支持药品制造商的论述。

(B)项，削弱题干，此项指出医学实验室能够做血液测试且花费更低，故购买血液测试工具的花费并不是必需的，削弱药品制造商的论述。

(C)项，无关选项，“花费高”与“这项花费是否需要”无关。

(D)项，无关选项，“政府和其他保险项目是否承担费用”与“这项花费是否需要”无关。

(E)项，措施有必要，支持药品制造商的论述。

28. (C)

【模型识别】

题干中甲、乙、丁的发言均为假言命题，丙的发言是事实，故此题为事实假言模型。“从事实出发做串联”即可秒杀。

【详细解析】

从事实出发，由“丙去”可知，乙说的话前件为真，根据口诀“肯前必肯后”，可得：乙不去。

由“乙不去”可知，甲说的话前件为真，根据口诀“肯前必肯后”，可得：甲去。

由“甲去”可知，丁说的话前件为真，根据口诀“肯前必肯后”，可得：丁去。

因此，甲、丙、丁三人去。(C)项正确。

29. (B)

【模型识别】

题干由数量关系(5 个评委品尝 4 道菜)和假言构成，故此题为数量假言模型。

【详细解析】

第 1 步：数量关系优先算。

根据“所有的菜均有评委品尝，并且每个评委只能品尝一道菜”可知：4 道菜品尝的人数一定是：

2+1+1+1。

第 2 步：假言命题做串联。

①王乐乐品尝金丝银膏∨李学学品尝金丝银膏→金真真品尝杨枝甘霜∧¬ 胡棒棒品尝杨枝甘霜。

②李学学品尝金丝银膏∨金真真品尝杨枝甘霜→胡棒棒品尝杨枝甘霜∧¬ 王乐乐品尝细软溜粉。

③¬ 金真真品尝杨枝甘霜∨¬ 胡棒棒品尝杨枝甘霜→王乐乐品尝金丝银膏。

第 3 步：易出矛盾和二难。

条件①的前件和条件③的后件均出现"王乐乐品尝金丝银膏"，根据口诀"前件后件一个样，后件逆否出二难"可得：

假设王乐乐品尝金丝银膏，由题干信息①可知，金真真品尝杨枝甘霜，胡棒棒不品尝杨枝甘霜。

假设王乐乐不品尝金丝银膏，由题干信息③逆否可得，金真真品尝杨枝甘霜，胡棒棒品尝杨枝甘霜。

故金真真品尝杨枝甘霜。

由"金真真品尝杨枝甘霜"可知，条件②前件为真，根据口诀"肯前必肯后"可得：胡棒棒品尝杨枝甘霜，王乐乐不品尝细软溜粉。

由"胡棒棒品尝杨枝甘霜"可知，条件①后件为假，根据口诀"否后必否前"可得：¬ 王乐乐品尝金丝银膏∧¬ 李学学品尝金丝银膏，故王乐乐和李学学都不品尝金丝银膏。

由此可知，马喵喵品尝金丝银膏。

又因为，金真真和胡棒棒品尝杨枝甘霜，故剩余三个人分别品尝其他三道菜。因为王乐乐不品尝金丝银膏和细软溜粉，故王乐乐品尝青莲白雪，因此，李学学品尝细软溜粉。

即，王乐乐品尝青莲白雪，李学学品尝细软溜粉，马喵喵品尝金丝银膏，金真真和胡棒棒品尝杨枝甘霜。

故(B)项正确。

30. (B)

【模型识别】

题干中出现三个假言命题，这些命题存在重复元素"铲除腐败"，故此题为假言串联模型。

【详细解析】

第 1 步：画箭头。

①铲除腐败→打"苍蝇"∧打"老虎"。

②¬ 铲除腐败→¬ 长治久安，等价于：长治久安→铲除腐败。

③推进改革开放→长治久安。

第 2 步：串联。

由题干信息③、②、①串联可得：④推进改革开放→长治久安→铲除腐败→打"苍蝇"∧打"老虎"。

第 3 步：逆否。

由④逆否可得：⑤¬ 打"苍蝇"∨¬ 打"老虎"→¬ 铲除腐败→¬ 长治久安→¬ 推进改革开放。

第 4 步：根据“箭头指向原则”找答案。

(B)项，“铲除腐败”后没有指向“推进改革开放”的箭头，故此项可真可假。

其余各项均可以从题干中推出。

31. (D)

【题干信息】

题干：对于一项“是否支持在电视节目中穿插播放女性内衣广告”的具有代表性的调查显示：31%表示无例外地反对；24%表示无例外地支持；38%只支持在娱乐、时尚频道播放，反对在其他频道，特别是少儿、教育频道播放；7%表示不反对也不支持。并且该调查在 10 年前后的结果是相似的。

【选项详解】

(A)项，不能推出，题干中被采访者的观点在“目前”电视观众中具有代表性，但是否能代表 10 年前的观众则是未知的，因此，无法确定“电视观众的观点总体上无大变化”。

(B)项，无关选项，题干只采访了受访者对于电视节目中播放内衣广告的看法，与是否喜欢看电视无关。

(C)项，不能推出，24%的观众支持在任一电视节目频道播放内衣广告，不能称之为多数。

(D)项，可以推出，只有 31%的观众无例外地反对，其余 69%并不主张禁止在“所有频道”播放此类广告，故此项为真。

(E)项，不能推出，31%的观众反对在任一电视节目频道播放内衣广告，不能称之为多数。

32. (E)

【论证结构】

题干：人类对糖的渴望，曾经吸引着人们喜爱吃更健康的食品(论据①)；如今的糖是精制糖，对健康不利(论据②)。因此，对糖的渴望将是对人体无益的(论点)。

【模型识别】

锁定关键词“将是”，故此题为预测结果模型。

【选项详解】

(A)项，无关选项，题干不涉及食物生吃还是煮熟吃哪种对人的健康有利。

(B)项，削弱题干，此项说明对糖的渴望驱使人们选择健康食品。

(C)项，无关选项，题干论证的是“对糖的渴望是否人体无益”，此项讨论的是“人如何区分食品是有利于健康的”，二者的论证话题不一致。(干扰项·转移论题)

(D)项，无关选项，题干不涉及非精制食品与精制食品对于健康影响的比较。(干扰项·无关新比较)

(E)项，支持题干，此项说明对糖的渴望，会更可能使人吃含精制糖的食品，结果预测正确。

33. (D)

【模型识别】

题干中出现匹配关系(5 个人玩 4 局游戏)，但具体匹配数量并不确定，故此题为不定量匹配模型。

【详细解析】

题干：

①没有人可以连续玩三局。

②没有人可以连续两局不玩。

③每个人都必须玩三局。

④赵、孙和李玩第一局。

⑤钱、李和周玩第二局。

由题干信息①、④、⑤可知，李连续玩了两局，故李第三局不玩。

由题干信息②可知，李第三局不玩，第四局一定玩。

故(D)项正确。

34. (D)

【模型识别】

此题有两类已知条件，一是排序(年龄大小)，二是匹配(人与学校)，故此题为排序匹配模型。

【详细解析】

题干：

①丙>红旗中学学生。

②甲≠育才中学学生。

③乙>育才中学学生。

由题干信息②知，甲不是育才中学学生。

由题干信息③知，乙不是育才中学学生，故丙是育才中学学生。

又由题干信息①、③知，乙>育才中学学生(丙)>红旗中学学生，故乙是实验中学学生，甲是红旗中学学生。因此，(D)项正确。

35. (A)

【模型识别】

题干已知“四个判断只有一假”，故此题为真假话问题。优先找矛盾关系。如果题干中没有矛盾，则根据“只有一假”，可以找反对关系。

【详细解析】

题干：

爸爸：①有良好的就业前景∧实现个人的理想。

妈妈：②有良好的就业前景∨实现个人的理想。

爷爷：③实现个人理想→在经济发达的城市。

奶奶：④¬在经济发达的城市。

第1步：找矛盾。

题干中无矛盾关系。

第 2 步，找反对关系。

条件①为真时，条件②必然为假；条件②为真时，条件①必然为假，故条件①和条件②为反对关系，至少一假；再结合“只有一假”可知，③和④均为真。

第 3 步，推出结论。

由④为真可得：$\neg$ 在经济发达的城市。

由“$\neg$ 在经济发达的城市”，结合③可得：$\neg$ 在经济发达的城市→$\neg$ 实现个人的理想。

由“$\neg$ 实现个人的理想”可知，爸爸的规划没实现。故(A)项正确。

36.(D)

【论证结构】

题干：有很多新手司机怀着侥幸心理，在酒后驾驶汽车，事故率随之提高事故率上升(现象)。毫无疑问，事故率上升是由新手驾驶车辆不熟练造成的(原因)。

【模型识别】

题干先描述了一种现象，然后分析原因，故此题为现象原因模型。

题干中事故率的提高存在两个可能的因素：新手驾驶技术不熟练、饮酒。题干在未排除“饮酒”这一因素的情况下，就认为事故率上升是由新手驾驶车辆不熟练造成的，存在逻辑漏洞。

【选项详解】

(A)项，酒后驾车以老司机居多，那么同样在饮酒的情况下，新手司机的事故率提高了，那就说明可能是新手驾驶车辆不熟练造成事故，支持题干。

(B)项，此项只说明了交通事故率提升这一事实，但不涉及事故率上升的原因，无关选项。

(C)项，新手司机驾驶技术的提高速度快，不能说明他们技术好，故不能削弱题干。(干扰项·无关新比较)

(D)项，提供对照组，不管是新手司机(不熟练)还是老司机(熟练)，酒后驾驶后事故率都会增高。根据求同求异共用法可知，事故率的上升不是由于驾驶车辆的熟练度低，而是酒后驾驶。

(E)项，无关选项，“有的老司机”驾驶技术是否熟练与“新手司机”无关。

37.(C)

【题干现象】

待解释的现象：偏头痛不是由心理上的原因引起的，而是完全由生理上的原因所致，然而，受到专业治疗的偏头痛患者比没受过专业治疗的偏头痛患者患有标准心理尺度的焦虑症的比例更高。

【选项详解】

(A)项，无关选项，此项最多说明题干中的偏头痛患者可能存在偏头痛家族病的问题，但与题干中的专业治疗对偏头痛的影响无关。

(B)项，情绪紧张时经常头痛，削弱题干中“偏头痛不是由心理上的原因引起的”这一观点，而不能解释题干中的矛盾。

(C)项，说明焦虑的偏头痛患者更倾向于寻求专业治疗，而不是这种焦虑引起了偏头痛。同时解

释了题干中的两种看似矛盾的现象。故此项为正确答案。

(D)项，此项只说明大多数将偏头痛归因于心理因素的研究被广泛宣传，不代表心理因素是大多数有关偏头痛起因的研究的结论，无法削弱题干“偏头痛不是由心理上的原因引起的”这一观点。

(E)项，无关选项，题干不涉及患者在偏头痛治好后是否仍坚持治疗。

38.（A）

【模型识别】

题干由数量关系(8 进 5)和假言命题构成，故此题为数量假言模型。同时，此题补充新事实，可以从事实出发做串联。

【详细解析】

题干：

①白∧蓝→绿。

②黄→¬ 橙∧¬ 蓝。

③紫→¬ 红。

④红、黑和橙(3 选 2)。

从事实出发，由“红”可知，条件③后件为假，根据口诀“否后必否前”可得：¬ 紫。

由“蓝”可知，条件②后件为假，根据口诀“否后必否前”可得：¬ 黄。

又由“红”结合条件④可知：黑和橙二选一，不能同时被选。

(B)、(D)项均有紫，故此二项一定不可能，排除。

(C)项有黄，故此项一定不可能，排除。

(E)项黑和橙同时被选，故此项一定不可能，排除。

综上，(A)项正确。

39.（C）

【详细解析】

由条件④得：¬ 橙→红∧黑。

由条件③得：红→¬ 紫。

因此，“橙、紫”一定不选择，结合题干条件“挑选出来 5 种颜色”，故还有一种颜色未被选择。

假设黄未被选择，则被选择的为：白、绿、蓝、红和黑，与题干条件不冲突，可能为真。

假设白未被选择，则被选择的为：绿、蓝、黄、红和黑，与题干条件②冲突，故白被选择。

假设蓝未被选择，则被选择的为：白、绿、黄、红和黑，与题干条件不冲突，可能为真。

综上，白色一定被选，故(C)项正确。

40.（D）

【题型识别】

题干出现多个假言命题，并且提问方式为“哪种情况不可能出现”，故此题考查的是假言命题的负命题。

【详细解析】

第 1 步：画箭头。

①无能力晋升→不谋求晋升。

②有能力晋升∧无能力胜任→不谋求晋升。

第 2 步：找假言命题的负命题。

条件①的负命题为：③无能力晋升∧谋求晋升。

条件②的负命题为：④(有能力晋升∧无能力胜任)∧谋求晋升。

第 3 步：找答案。

对于(D)项：丙谋求晋升，尽管知道自己无能力胜任，等价于：谋求晋升∧无能力胜任。

情况一：如果他无能力晋升，则：无能力晋升∧谋求晋升，等价于命题③，与题干①矛盾。

情况二：如果他有能力晋升，则：(有能力晋升∧无能力胜任)∧谋求晋升，等价于命题④，与题干②矛盾。

综上，无论丙有无能力晋升，均与题干矛盾，故(D)项不可能出现。

其余各项均有可能出现。

41.(C)

【论证结构】

题干：由于每一层次的员工都不愿意在上级管理者眼里与坏消息有所关联(原因①)，因此基层出现的严重问题在沿管理层次逐级上报时总是被淡化或是掩盖(原因②)。所以，位于最高层次上的总经理对基层出现的真实问题的了解，要比他的下级们少得多(结果)。

【模型识别】

题干先描述了一种原因，然后分析了这种原因会导致的结果，故此题为现象原因模型。

【选项详解】

(A)项，无关选项，题干仅讨论对问题的了解程度，与解决问题的能力无关。

(B)项，削弱题干，否定了题干中的原因①。

(C)项，支持题干，排除高层管理者从其他渠道了解问题的可能性，排除他因。

(D)项，无关选项，题干仅讨论对问题的了解程度，与由谁解决问题无关。

(E)项，削弱题干，说明下级可能会出于获得奖励的目的而说明实情，削弱原因②。

42.(C)

【题干信息】

①公共运输服务质量下降且车费上涨。

②汽油价格并非高不可攀。

③使用公共交通的乘客数目下降，赤字增加。

【选项详解】

(A)项，不能被题干支持，因为即使汽油价格增长，也不一定会达到高不可攀的程度。因此，使用公共交通的乘客数目未必增加。

(B)项，题干仅讨论了使用公共交通的乘客数目“已经下降”，但无法确定是否会“持续下降”，故排除。

(C)项，如果汽油价格高不可攀，则使用公共交通的乘客数目会增加，与题干形成对照组，故被题干支持。

(D)、(E)项，指出汽油价格与使用公共交通的乘客数目无关，显然不符合题干。

43.(D)

【秒杀思路】

本题存在“三位医生”与“一周 7 天”的一对四匹配关系，故为两组元素的定量匹配模型。

【详细解析】

第 1 步：事实/问题优先看。

从事实出发，由“乙专家周二出诊”可知，若乙专家周一也出诊，此时乙专家周日、周一、周二连续 3 天出诊，与题干条件“没有一位专家连续三天出诊”矛盾，故乙专家周一不出诊。

第 2 步：重复元素是关键。

由“丙专家周二和周四”出诊可知，若丙专家周三也出诊，此时，丙专家周二、周三、周四连续 3 天出诊，与题干条件“没有一位专家连续三天出诊”矛盾，故丙专家周三不出诊。

综上，再结合表格信息，只有周五这一天没有医生休诊，故每周的会诊日是周五，(D)项正确。

44.(D)

【模型识别】

由于(A)、(B)项均为事实，而(C)、(D)、(E)项为假言，故此题为选项事实假言模型。优先看(C)、(D)、(E)项。

【详细解析】

将上题已知信息和本题新补充条件整理至下表：

专家	周一	周二	周三	周四	周五	周六	周日
甲专家(短发女)	出诊	休诊	出诊	休诊	出诊	出诊	休诊
乙专家(长发女)	休诊	出诊	出诊	休诊	出诊	休诊	出诊
丙专家(短发男)	出诊	出诊	休诊	出诊	出诊	休诊	休诊

若(C)项前件为真，存在周五有 2 位女专家出诊，同时男专家也出诊，故此项一定为假。

若(D)项前件为真，周三、周六、周日均满足若某天男专家不出诊，则一定有女专家出诊，故(D)项正确。

若(E)项前件为真，存在周六只有 1 位女专家出诊，但是男专家没有出诊，故此项一定为假。

45.(B)

【论证结构】

题干：全球每年平均暴发的大型龙卷风的次数从 10 次左右上升至 15 次。与此同时，人类活动激增，全球气候明显变暖(现象)。有人据此认为，气候变暖导致龙卷风暴发的次数增加(原因)。

【模型识别】

题干先描述了一种现象，然后分析了这种现象的原因，故此题为现象原因模型。

【选项详解】

(A)项，削弱题干，说明全球变暖没有使小型龙卷风出现的次数增加，提出反面论据。

(B)项，支持题干，说明气候温暖与龙卷风的形成有关。

(C)项，削弱题干，有因无果，说明虽然全球变暖，但有的地区的龙卷风并不常见。

(D)项，削弱题干，另有他因，说明是雷暴天气导致了龙卷风。

(E)项，削弱题干，因果倒置，说明龙卷风的暴发是气候变暖的原因。

46. (A)

【论证结构】

论据：吸烟的青少年患抑郁症的人数是那些不吸烟的青少年患抑郁症的 4 倍。

论点：吸烟后的尼古丁可以改变大脑的化学机制，从而导致青少年患抑郁症。

【模型识别】

题干对吸烟的青少年与不吸烟的青少年进行对比，故此题为求异法模型。

【选项详解】

(A)项，支持题干，此项说明抑郁不会导致吸烟，并非因果倒置，可以支持题干的论证。

(B)项，无关选项，题干比较的是“吸烟”与“不吸烟”，并非吸烟的程度。(干扰项 · 转移论题)

(C)项，无关选项，题干并不涉及实验参与者之间的关系。

(D)项，无关选项，此项只能说明参与者中有患抑郁症的人，但不知抑郁者是否和吸烟有关。

(E)项，无关选项，题干的论证不涉及酒精摄入量。(干扰项 · 转移论题)

47. (E)

【模型识别】

题干由事实和假言命题(选言可转化为假言)构成，故此题为事实假言模型。“从事实出发做串联”即可秒杀。

【详细解析】

从事实出发，由“不选张家界”可知，条件(4)后件为假，根据口诀“否后必否前”可得：不选南京。

再结合条件(1)“成都和南京至少要选一个”可得：选成都。

由“选成都”可知，条件(2)后件为假，根据口诀“否后必否前”可得：选重庆∧选西安。

由推出的事实无法联合条件(3)，因此，无法确定济南是否能选。故(E)项正确。

48. (C)

【论证结构】

①保洁公司通常在周三统一运走袋装垃圾；②本周一是法定节假日；③如果一周中出现法定节假日，则运走垃圾的日子比常规推迟一天本周的垃圾很可能要到周四才被运走。

【选项详解】

(A)项，评价不恰当，题干中的前提和结论并非不相干。

(B)项，剩余法，评价不恰当。

(C)项，由一般到个别，评价恰当。

(D)项，由个别到一般，评价不恰当。

(E)项，反证法，评价不恰当。

49. (E)

【模型识别】

题干由事实和假言命题(选言可转化为假言)构成，故此题为事实假言模型。“从事实出发做串联”即可秒杀。

【详细解析】

从事实出发，由“戊去了天和”结合“只有一个人去天和”可知，己不去天和。

由“己不去天和”可知(3)后件为假，根据口诀“否后必否前”可得：乙不去风云，故乙去长今。

由“乙去长今”结合“甲和乙要去同一个地方”可得：甲去长今。

由“丙和丁不能去同一个地方”可知，丙丁只能有一人去风云，另一人去长今，故剩余的己一定去风云，(E)项正确。

50. (C)

【论证结构】

题干：为了在探测冠状动脉是否堵塞时确保病人的安全(目的)，磁共振成像应在所有尝试诊断冠状动脉堵塞时取代A程序(措施)。

【模型识别】

“利用磁共振成像技术”可视为一种措施，“确保病人的安全”可视为一种目的，故此题是措施目的模型。

【选项详解】

(A)项，无关选项，题干讨论的是“诊断冠状动脉堵塞”，与其他情况无关。

(B)项，重复了题干中的论据，不能削弱题干。

(C)项，削弱题干，说明A程序在揭示堵塞物本性的信息上更有优势，提出反面论据。

(D)项，支持题干，说明磁共振成像在确认冠状动脉堵塞的作用上和A程序一样，但是它不会对病人产生危害。

(E)项，无关选项，“是否愿意”与“是否应该使用”不是同一概念。(干扰项・偷换概念)

51. (C)

【模型识别】

题干中出现间隔，可看作不相邻关系，故本题为相邻与不相邻模型。本题的提问方法为“下列哪项是不可能的”，故考虑选项排除法。

【选项详解】

(A)项，若丁在第一个房间，则由条件(3)可知：庚在第四个房间。则满足其他条件的一种可能的情况为：丁、乙、甲、庚、己、辛、丙、戊。故此项可能为真。

(B)项，若丁在第二个房间，则由条件(3)可知：庚在第五个房间。则满足其他条件的一种可能的情况为：乙、丁、甲、己、庚、辛、丙、戊。故此项可能为真。

(C)项，若丁在第三个房间，则由条件(3)可知：庚在第六个房间。

由“甲和丙中间隔着3人”可知：若甲在左，丙在右，此时：甲只能在第一个、第二个及第四个房间。故由此展开讨论。

若甲在第一个房间，则由条件(1)可知：丙在第五个房间。此时剩余房间2、4、7、8。无法同时满足条件“乙和己中间隔着2人”“辛和戊中间隔着1人”。

若甲在第二个房间，则由条件(1)可知：丙在第六个房间，与“庚在第六个房间”矛盾。

若甲在第四个房间，则由条件(1)可知：丙在第八个房间。此时剩余房间1、2、5、7。无法同时满足条件“乙和己中间隔着2人”“辛和戊中间隔着1人”。

同理，若丙在左，甲在右，上述情况依旧不能成立。

综上，丁在第三个房间时无法满足题干要求。故(C)项正确。

(D)项，若丁在第四个房间，则由条件(3)可知：庚在第七个房间。则满足其他条件的一种可能的情况为：辛、甲、戊、丁、乙、丙、庚、己。故此项可能为真。

(E)项，若丁在第五个房间，则由条件(3)可知：庚在第八个房间。则满足其他条件的一种可能的情况为：辛、甲、戊、乙、丁、丙、己、庚。故此项可能为真。

52. (D)

【模型识别】

此题要求往表格里填字，明显是数独模型。

【详细解析】

观察方阵发现，第四行和第三列中的空白位置均不能填“辣”，根据“每行、每列及每个粗线条围住的五个小方格组成的区域中的5个词均不能重复”可知，第五行第一列的位置填“辣”。

由于第四行和第五行均有“辣”，根据“每行、每列及每个粗线条围住的五个小方格组成的区域中的5个词均不能重复”可知，第三行第五列的位置填“辣”。

由于第一列、第三列、第五列均有“辣”，根据“每行、每列及每个粗线条围住的五个小方格组成的区域中的5个词均不能重复”可知，第一行第四列的位置填“辣”。故①也应该填“辣”。

即：

	甜		辣	
	辣①		②	苦
	酸		咸	辣
		辣		
辣				

此时，②只能是酸。故(D)项正确。

53. (B)

【论证结构】

题干：然而近日有专家提出，复活节岛文明的衰落与树木砍伐并无必然联系(论点)。

【模型识别】

题干中无明显模型，故直接分析选项。

【选项详解】

(A)项，无关选项，此项只介绍了岛上居民砍伐树木的用途，但未指明这与文明衰落是否有关。

(B)项，支持题干，说明岛上居民砍伐完全部树木后并没有影响其生活，补充论据支持专家的观点。

(C)项，无关选项，此项只表明了森林的毁灭，但未指明这与文明衰落是否有关。

(D)项，说明是荷兰的殖民统治导致了岛上“土著人口”的下降，但土著人口下降未必能证明岛上“总人口”的下降和文明的衰落，因此不能算另有他因，支持力度弱。

(E)项，说明森林的砍伐是文明衰落的原因，削弱专家的观点。

54. (E)

【模型识别】

题干均为假言命题，选项均为事实，故此题为假言事实模型。常用找矛盾法或二难推理法。

【详细解析】

第 1 步：将题干符号化。

①金甲→铜乙。

②¬ 铁己→¬ 铜乙。

③铁己∨铅戊→锡庚。

④金甲∀银辛。

⑤银辛→铅丁∨锌丙。

⑥锌丙↔铜乙。

⑦银辛∨银己→¬ 铅丁。

第 2 步：找二难推理。

条件④为半事实，可分情况讨论，故由此开始解题。

情况 1：金甲为真时，条件①前件为真，根据口诀“肯前必肯后”可得：铜乙。

由“铜乙”为真，可知条件②后件为假，根据口诀“否后必否前”可得：铁己。

由“铁己”为真，可知条件③前件为真，根据口诀“肯前必肯后”可得：锡庚。

情况 2：银辛为真时，条件⑤、⑦的前件均为真，根据口诀“肯前必肯后”可得：铅丁∨锌丙，又由⑦可知“¬ 铅丁”，能得到：锌丙。

又由“锌丙”为真，则由条件⑥可知：铜乙。

由“铜乙”为真，可知条件②后件为假，根据口诀“否后必否前”可得：铁己。

由“铁己”为真，可知条件③前件为真，根据口诀“肯前必肯后”可得：锡庚。

由二难推理公式易知：

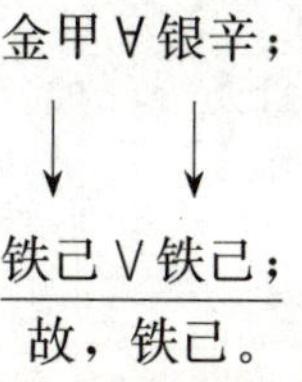

综上，(E)项正确。

注意：本题也可以通过二难推理得出“铜乙、锡庚”，但没有此选项。

55. (D)

【详细解析】

由本题条件可知：¬银辛。

由条件④可知：金甲。则条件①的前件为真，根据口诀“肯前必肯后”可知：铜乙。则由条件⑥可知：锌丙。

“铜乙”为真，则条件②后件为假，根据口诀“否后必否前”可知：铁己。

“铁己”为真，则条件③前件为真，根据口诀“肯前必肯后”可知：锡庚。

此时未确定匹配关系的金属牌为：银、铅、铂。未确定匹配关系的抽屉为：丁、戊、辛。

由“银牌和铂牌分别放在戊抽屉和丁抽屉中的某一个”可知，铅牌一定在辛抽屉。

故(D)项正确。

四、写作

56. 论证有效性分析

【谬误分析】

①材料认为“在市场经济条件下，商品如何定价是完全自由的”，难以成立。市场经济条件下商品定价并非完全自由，而要受到有关部门的监督。

②“只要有人买，雪糕怎么卖是企业自己的事，并没有什么问题”，并不妥当。有人买的商品未必是合理的，一些非法的物品也会有人购买，但这并不能证明这一行为的正当性。

③由名表、名包的情况来判断雪糕的情况并不合理。名表、名包具备社交属性，雪糕与它们不是同一类商品，故此处存在不当类比。

④“高定价就有高利润”难以成立，是否有高利润还要看成本高低、销量如何等。

⑤“‘薛钟高’推出高定价的雪糕，低价雪糕也会随之涨价，这就提高了行业的整体利润”，难以成立。其他雪糕的定位与“薛钟高”可能不同，“薛钟高”的价格高，其他雪糕未必会跟随。即使其他雪糕涨价了，但如果销量因此受到影响，还是不能提高利润。

⑥“消费者自发在朋友圈、微博等社交媒体的分享可以极大地提高企业的知名度”，但也要看这种知名度是好的还是坏的，如果是坏的知名度，反而会影响销量。

参考范文

雪糕的高定价真的合理吗?

吕建刚　江徕

上述材料认为：“薛钟高”的高定价是合理的，但其论证过程中存在多处逻辑漏洞，影响了其说明力度。

第一，材料认为“在市场经济条件下，商品如何定价是完全自由的”，难以成立。市场经济条件下商品定价并非完全自由，而要受到有关部门的监督。如果某种商品的定价脱离了合理的范围，那么就可能是违规的甚至是违法的。

第二，“只要有人买，雪糕怎么卖是企业自己的事，并没有什么问题”，并不妥当。有人买的商品未必是合理的，例如毒品等一些非法的物品也会有人购买，但这并不能证明出售这些物品具有正当性。

第三，由名表、名包的情况来判断雪糕的情况并不合理。名表、名包具备社交属性，人们购买这些物品，可能是为了美观，或者是为了体现自己的身份、地位等，雪糕与它们不是同一类商品，故此处存在不当类比。

第四，“‘薛钟高’推出高定价的雪糕，低价雪糕也会随之涨价，这就提高了行业的整体利润”，难以成立。其他雪糕的定位与“薛钟高”可能不同，“薛钟高”的价格高，其他雪糕未必会跟随。即使其他雪糕涨价了，但如果销量因此受到影响，还是不能提高利润。

第五，“消费者自发在朋友圈、微博等社交媒体的分享可以极大地提高企业的知名度”，但也要看这种知名度是好的还是坏的，如果是坏的知名度，反而会影响销量。

综上，材料的论证存在多处不当，“薛钟高”的高定价合理的观点难以成立。

（全文共552字）

57. 论说文

参考范文

找准定位助发展

吕建刚　娜爷

蜗牛很想成就一番大事业，但由于没有正确认识自身和外部环境，导致了三次创业未果。这启示企业，找准定位，方能走好前路。

找准定位，能降低企业被淘汰的概率。企业积极寻求适合自己的独特定位，一方面可以避开与竞争对手的正面交锋，避免陷入价格战的困境；另一方面，也可以在新的细分市场中充分彰显自身的独特性，更好地满足消费者的需求，从而大大降低企业在竞争中落败的可能。如材料所言，视频App作为视频行业的细分市场，更受消费者的青睐，而蜗牛如果坚持要用视频网站对抗视频App，无疑是自讨苦吃，很难在竞争市场中脱颖而出。

找准定位，可以提升资源利用效率。在企业生产经营过程中，任何资源都不是取之不尽、用之不竭的。因此，企业不可能样样精通，只能集中精力在某一领域，力求形成规模效应，建立竞争优势。蜗牛的三次创业草率退场，不仅花了心机，还使前期投入的资源颗粒无收。

由此可知，精准投放资源就显得尤为重要。找准定位，能帮助企业解决“劲儿往何处使”的问题，进而使有限的资源发挥最大的价值。

当然，信息不对称的存在可能导致企业定位出错。企业寻求定位，离不开对外部信息的有效提取与分析。然而，企业往往很难得到与定位决策相关的全部有效信息。正如蜗牛做餐饮没想到动物们不愿意出来吃饭，做视频网站没料到现在视频 App 已经充斥市场，这些都是信息不对称的表现。而且，“此一时彼一时”，随着市场环境发生变化，蜗牛的创业还可能因为信息的时效性存在出错的隐患。

但是，这也并非没有解决之道。企业要对自身条件与最新的外部环境进行系统的分析，既要明白自己的优势，也要了解自己的缺陷，在定位时尽量将自身优势与外部机会相结合，挖掘自身的独特性，同时保护自身软肋，避开潜在的威胁。

综上，找准定位是提升资源利用效率、保持市场竞争力的重要手段，企业应找准定位助发展。

（全文共 741 字）

全国硕士研究生招生考试
管理类综合能力试题3答案详解

一、问题求解

1.（D）

【详细解析】

喜欢风格甲的人数是所有调查人数的$\frac{3}{5}$，故喜欢风格甲的人数是$100\times\frac{3}{5}=60$；

喜欢风格乙的比喜欢风格甲的多6人，故喜欢风格乙的人数是66.

设两套风格都喜欢的人数为x，则两套风格都不喜欢的人数为$\frac{x}{2}+2$.

由题意可知$60+66-x+\frac{x}{2}+2=100$，解得$x=56$. 故两套风格都不喜欢的人数是$\frac{56}{2}+2=30$.

2.（E）

【详细解析】

设AC与DM的交点为O，$\triangle AOM$的面积为x.

因为$\triangle AOM\backsim\triangle COD$，相似比为$1:2$，所以面积比为$1:4$，故$\triangle COD$的面积为$4x$，根据梯形蝴蝶模型的结论，可知$\triangle DOA$和$\triangle COM$的面积均为$2x$，则梯形$AMCD$的面积为$x+4x+2x+2x=9x$. 又梯形的面积为$(2+4)\times4\times\frac{1}{2}=12$，解得$x=\frac{4}{3}$.

故阴影部分面积为$2x+2x=4x=\frac{16}{3}$.

3.（D）

【详细解析】

甲、乙每相遇一次，两人的路程之和都等于长方形的周长，故在速度不变的情况下，每次相遇所用时间都是相同的.

若单独分析甲，因为速度不变、相遇时间相同，故甲三次相遇所走的路程是相同的，由此可得$AB+BE=EC+CF=FD+DA+AG$，即$AB+AD-32=32+AB-16=16+AD+16$，故$AB=64$厘米.

4.（B）

【详细解析】

设张珊分别投资A、B两种基金x万元、y万元，根据题意，可知$\begin{cases}x+y\leqslant100,\\0.3x+0.1y\leqslant0.18(x+y),\\x\geqslant0,\ y\geqslant0.\end{cases}$

最值一般在边界处取得，则令$\begin{cases}x+y=100,\\0.3x+0.1y=0.18(x+y),\end{cases}$解得$\begin{cases}x=40,\\y=60.\end{cases}$

故她可能的最大盈利是 $40\times50\%+60\times30\%=38$(万元).

5. (E)

【详细解析】

方法一：$(1+x)+(1+x)^2+(1+x)^3+\cdots+(1+x)^{10}$是首项为 $1+x$、公比为 $1+x$ 的等比数列的前 10 项和．所以由等比数列前 n 项和公式得

$$(1+x)+(1+x)^2+(1+x)^3+\cdots+(1+x)^{10}=\frac{(1+x)[1-(1+x)^{10}]}{1-(1+x)}=\frac{(1+x)^{11}-(1+x)}{x},$$

求展开式中 x^6 项的系数，只需求出$(1+x)^{11}$中 x^7 项的系数即可，故系数为 $C_{11}^7=330$.

方法二：原式中包含 x^6 项的有$(1+x)^6+(1+x)^7+(1+x)^8+(1+x)^9+(1+x)^{10}$，则 x^6 项的系数为 $C_6^6+C_7^6+C_8^6+C_9^6+C_{10}^6=330$.

6. (E)

【详细解析】

因为抛物线与 x 轴只有一个交点，故 $\Delta=b^2-4c=0$.

设 A，B 两点的横坐标为 x_1，x_2，则 x_1，x_2 是方程 $x^2+bx+c=n$ 的两个根，即 $x^2+bx+c-n=0$ 的两个根．由韦达定理可得 $|x_1-x_2|=\sqrt{b^2-4(c-n)}=AB=4$，两边平方，得 $b^2-4(c-n)=16$，$b^2-4c+4n=16$，因为 $b^2-4c=0$，故 $4n=16$，$n=4$.

7. (D)

【详细解析】

观察图像易知，在 0～6 秒，重叠面积与时间成正比，第 2 秒的重叠面积为 12 平方厘米，故第 6 秒的重叠面积为 36 平方厘米，且此时重叠面积达到最大，即长方形的右边恰好与正方形的右边重合．因为长方形的宽为 3 厘米，所以此时长方形进入正方形的长为 $36\div3=12$(厘米)，即正方形的边长为 12 厘米．

8. (A)

【详细解析】

圆 C：$(x-2)^2+(y-6)^2=4$ 的圆心为 $C(2,6)$，半径为 2.

因为过点 M 作圆 C 的两条切线，切点分别为 A，B，所以 $CA=CB=r$，且 $MA=MB$，故四边形 $CAMB$ 的周长为 $2(MA+AC)=2MA+4$.

如图所示，因为 $MA\perp CA$，$MB\perp CB$，故

$$MA=MB=\sqrt{MC^2-CA^2}=\sqrt{MC^2-4},$$

要想四边形 $CAMB$ 周长最小，只需 MC 最小，则当 $MC\perp l$ 时，MC 取得最小值，即

$$MC_{\min}=\frac{|2-6+8|}{\sqrt{1^2+(-1)^2}}=2\sqrt{2},$$

此时 $MA=MB=\sqrt{8-4}=2$，故四边形周长最小值为 $2\times2+2\times2=8$.

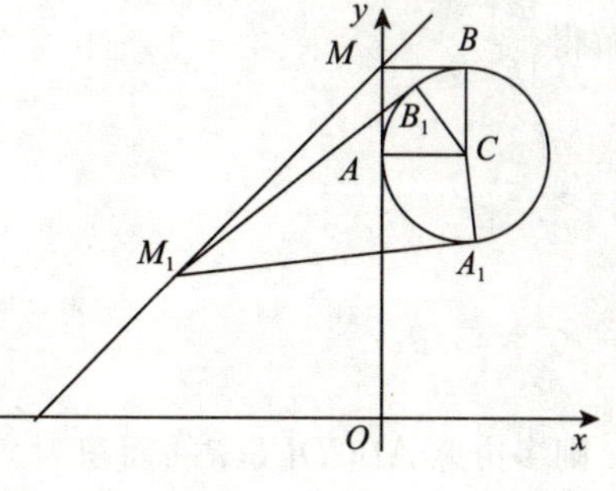

9.（C）

【详细解析】

方法一：这些学员得到的书的数量不同，可采用穷举法(仅考虑极端情况即可)：

$$1+2+3+4+12=22，\cdots，2+3+4+6+7=22.$$

故分得的书最多的学员最少分得 7 本书．

方法二：题目可以理解为第一名最少多少本书．第一名最少其他人就要最多，而五位学员每个人的书数目又不相同，因此假设第一名书的数量为 x，则第二名最多为 $x-1$，以此类推，故有

$$x+x-1+x-2+x-3+x-4=22,$$

解得 $x=6.4$，因此第一名最少有 7 本书．

10.（A）

【详细解析】

若使不等式有解，只需 a^2-4a 大于 $|x+1|-|x-2|$ 的最小值即可．由线性差的结论可知，$|x+1|-|x-2|$ 的最小值为 $-|-1-2|=-3$，故 $a^2-4a>-3$，解得 $a<1$ 或 $a>3$.

11.（E）

【详细解析】

用一个过圆柱底面直径的平面垂直去截几何体，所得截面(下半部分)如图所示．设大球的半径为 R，实心小球的半径为 r，根据题意，可得 $CG=CF+GF=\sqrt{2}r+r+R=\sqrt{2}R$，解得

$$r=(3-2\sqrt{2})R=3-2\sqrt{2}.$$

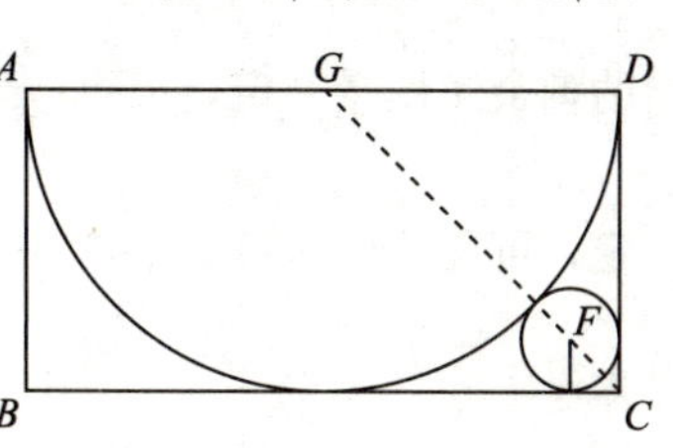

12.（C）

【详细解析】

由于 $\sqrt{5}-2$ 是方程 $x^2+ax+b=0$ 的一个根，代入得 $(\sqrt{5}-2)^2+a(\sqrt{5}-2)+b=0$，即

$$(a-4)\sqrt{5}+b-2a+9=0.$$

因为 a，b 均为有理数，根据结论“已知 m，n 为有理数，λ 为无理数，若有 $m+n\lambda=0$，则 $m=0$，$n=0$”，可得 $\begin{cases}a-4=0,\\ b-2a+9=0,\end{cases}$ 解得 $\begin{cases}a=4,\\ b=-1.\end{cases}$

故 $a^b=4^{-1}=\dfrac{1}{4}$.

13. **(D)**

【详细解析】

设四边形 $BCEG$ 的面积为 x，则多边形 $ABCDEFG$ 的面积为 $x+2$，原长方形的面积为 $2x+2$，故有 $x+2=\dfrac{3}{5}(2x+2)$，解得 $x=4$，所以原长方形的面积为 $2x+2=10$ 平方厘米．

14. **(B)**

【详细解析】

掷色子问题为古典概型问题，一般使用穷举法．

解不等式 $\log_x(2y-1)>1$，可得 $\log_x(2y-1)>\log_x x$. 由于 x 为抛掷的点数，且位于对数的底数位置，故 $x>1$，所以该对数函数是增函数，由不等式可得 $2y-1>x$.

当 $x=2$ 时，$y=2$，3，4，5，6，共 5 种；

当 $x=3$ 时，$y=3$，4，5，6，共 4 种；

当 $x=4$ 时，$y=3$，4，5，6，共 4 种；

当 $x=5$ 时，$y=4$，5，6，共 3 种；

当 $x=6$ 时，$y=4$，5，6，共 3 种．

综上所述，满足不等式成立的有 19 种情况，总的情况有 36 种，故所求概率为 $\dfrac{19}{36}$.

15. **(C)**

【详细解析】

方法一：设原计划每天完成 a 米，用 x 天完成，由于新的施工方案效率提高 50%，则每天完成 $\dfrac{3}{2}a$ 米．

第一种施工方案，由施工 4 天后的剩余工作量一定，可得 $(x-4)a=\dfrac{3}{2}a(x-5)$，解得 $x=7$.

第二种施工方案，由总工作量一定，可得 $7a=200+\dfrac{3}{2}a\left(7-2-\dfrac{200}{a}\right)$，解得 $a=200$.

故原计划每天完成 200 米，用 7 天完工．

方法二：比例分析．

新方案效率提高 50%，故旧、新方案的效率比为 2∶3，相同工程量旧、新方案所花费时间比为 3∶2.

情况 1：由工程提前 1 天完成可知，对于剩余工程量，旧方案还需 3 天完成，新方案只需 2 天完成，故原计划需要 7 天完成．

情况 2：由工程提前 2 天完成可知，对于剩余工程量，旧方案还需 6 天完成，新方案只需 4 天完成，原计划施工 7 天，故已施工的 200 米为旧方案一天的工作量．

综上，原计划每天完成 200 米，用 7 天完工．

二、条件充分性判断

16.（C）

【详细解析】

条件(1)与条件(2)都不知道 2022 年底的产值情况，故单独均不充分．

两个条件联立，可以求出 2022 年底的产值为 225 万，因此年平均增长率为$\sqrt{\frac{225}{100}}-1=50\%$，因此可以确定 A 公司未撤资．两个条件联立充分．

17.（B）

【详细解析】

条件(1)：两直线垂直，且斜率存在，故斜率之积为-1，即$-\frac{a}{b}\cdot(-3)=-1\Rightarrow\frac{a}{b}=-\frac{1}{3}$，无法得出结论，条件(1)不充分．

条件(2)：原方程可化简为$m(x+y-2)+(-x-2y+5)=0$，可得当$\begin{cases}x+y-2=0,\\-x-2y+5=0\end{cases}$时等式恒成立，解得$\begin{cases}x=-1,\\y=3,\end{cases}$即该直线恒过点$(-1,3)$，则$ab=-3$，条件(2)充分．

18.（E）

【详细解析】

条件(1)：甲、乙选一侧，即C_2^1；再从除丙外的 3 人中选一人与甲、乙同侧，并全排列，即$C_3^1A_3^3$；剩下的人全排列，即A_3^3．所以共有$C_2^1C_3^1A_3^3A_3^3=216$(种)坐法，条件(1)不充分．

条件(2)：丙不坐在两端，则只能位于中间位置，即C_2^1；甲、乙相邻，故肯定不和丙同侧．从甲、乙外的三人选两人与丙同侧，即A_3^2；剩下一人与甲、乙在同侧，且甲、乙相邻，即$A_2^2A_2^2$．所以共有$C_2^1A_3^2A_2^2A_2^2=48$(种)坐法，故条件(2)不充分．

两个条件联立后，等价于条件(2)，故两个条件联立也不充分．

19.（E）

【详细解析】

条件(1)：若删去首项或末项，则得到的数列既成等差数列又成等比数列，此时为不为零的常数列，即$d=0$，$a_1\neq0$，故$a_1\neq d$，故条件(1)不充分．

条件(2)显然不充分．故考虑联立两个条件．

因为$d\neq0$，故不可能删首项或末项；若删去a_2，则有$a_3^2=a_1a_4$，即$(a_1+2d)^2=a_1(a_1+3d)$，解得$a_1=-4d$；若删去a_3，则有$a_2^2=a_1a_4$，即$(a_1+d)^2=a_1(a_1+3d)$，解得$a_1=d$．

故 $a_1=-4d$ 或 $a_1=d$，有两种情况，联立也不充分．

【秒杀技巧】

特殊数列法．令 a_1，a_2，a_3，a_4 分别为 4，3，2，1，满足条件(2)，删掉 $a_2=3$ 后满足条件(1)，但显然 $a_1\neq d$，故两个条件联立起来不充分．

20.（A）

【详细解析】

设这批工艺品使用了 x 千克的材料甲和 y 千克的材料乙．

条件(1)：由题意可得 $\begin{cases}3x+5y<40,\\x+y=10,\end{cases}$ 解得 $\begin{cases}x>5,\\y<5,\end{cases}$ 则 $x>y$，条件(1)充分．

条件(2)：$x+y=10$，$y>4$，无法确定 $x>y$，条件(2)不充分．

21.（A）

【详细解析】

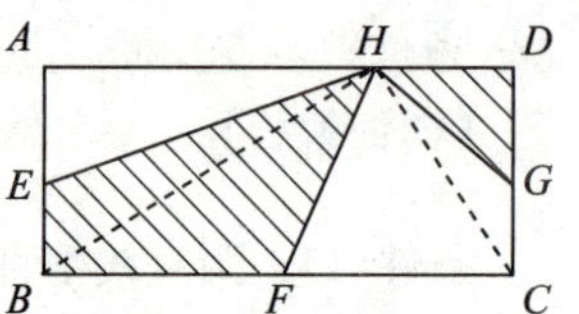

连接 HC、HB，如图所示．

因为 E，F，G 分别为边 AB，BC，CD 的中点，所以

$$S_{\triangle HEB}=\frac{1}{2}S_{\triangle HAB}，S_{\triangle HBF}=\frac{1}{2}S_{\triangle HBC}，S_{\triangle HGD}=\frac{1}{2}S_{\triangle HCD}，$$

故

$$\begin{aligned}S_{阴影}&=S_{\triangle HEB}+S_{\triangle HBF}+S_{\triangle HGD}=\frac{1}{2}S_{\triangle HAB}+\frac{1}{2}S_{\triangle HBC}+\frac{1}{2}S_{\triangle HCD}\\&=\frac{1}{2}(S_{\triangle HAB}+S_{\triangle HBC}+S_{\triangle HCD})\\&=\frac{1}{2}S_{矩形ABCD}.\end{aligned}$$

条件(1)：已知矩形 $ABCD$ 的面积，阴影部分的面积是矩形面积的一半，故条件(1)充分．

条件(2)：阴影部分的面积大小和 H 点的位置无关，故条件(2)不充分．

22.（A）

【详细解析】

条件(1)：分为如下三种情况讨论．

①当 $x<-\frac{1}{2}$ 时，左式 $=-2x-1+2-x>4$，解得 $x<-1$；

②当 $-\frac{1}{2}\leqslant x\leqslant 2$ 时，左式 $=2x+1+2-x>4$，解得 $x>1$，所以 $1<x\leqslant 2$；

③当 $x>2$ 时，左式 $=2x+1+x-2>4$，解得 $x>\frac{5}{3}$，所以 $x>2$.

综上可得，$x<-1$ 或 $x>1$，条件(1)充分．

条件(2)：不等式成立必须保证 $\log_2 x$ 有意义，即定义域需满足 $x>0$，所以 x 取不到 $(-\infty，-1)$，故条件(2)不充分．

【易错警示】

本题问的是“解集为…”，故计算结果和$(-\infty,-1)\cup(1,+\infty)$必须完全一致才充分．

23.（A）

【详细解析】

条件(1)：穷举可知，区域X内的整数点有$(1,1)$，$(1,2)$，$(1,3)$，$(2,1)$，$(2,2)$，$(2,3)$，$(3,1)$，$(3,2)$，$(3,3)$，共9个点，则点P落在区域X内的概率为$\frac{9}{6^2}=0.25$，故条件(1)充分．

条件(2)：区域X内符合条件的整数点只有$(1,1)$，则所求概率为$\frac{1}{6^2}=\frac{1}{36}$，故条件(2)不充分．

24.（C）

【详细解析】

条件(1)：举反例，令$a=b=1$，$c=0$，满足条件，但无法推出结论，不充分．

条件(2)：举反例，令$a=b=2$，$c=1$，满足条件，但无法推出结论，不充分．

考虑联立两个条件，设a最大，则$a>0$，$b+c=2-a$，$bc=\frac{4}{a}$，可将b，c看作是方程$x^2+(a-2)x+\frac{4}{a}=0$的两个根，此时根的判别式$\Delta\geqslant0$，即$(a-2)^2-\frac{16}{a}\geqslant0$，因为$a>0$，故不等式可整理为$a(a-2)^2-16\geqslant0$，易知，$a=4$是方程$a(a-2)^2-16=0$的一个根，故$a-4$是左式的一个一次因式，利用竖除法可将左式因式分解为$(a^2+4)(a-4)$，故

$$(a-2)^2-\frac{16}{a}\geqslant0\Rightarrow(a^2+4)(a-4)\geqslant0\Rightarrow a\geqslant4.$$

则三个数中最大数的最小值是4，故另外两个一定是负的，由此可得

$$|a|+|b|+|c|=a-b-c=a-(b+c)=a-(2-a)=2a-2\geqslant6.$$

因此最小值为6，条件(1)和条件(2)联立起来充分．

25.（C）

【详细解析】

条件(1)：举反例．当a，b，c都为负数时，不等式$\frac{1}{a}+\frac{1}{b}+\frac{1}{c}>0$不成立，条件(1)不充分．

条件(2)：举反例．当a，b，c都为0时，$\frac{1}{a}+\frac{1}{b}+\frac{1}{c}$不存在，条件(2)不充分．

方法一：将两个条件联立，可得

$$2\left(\frac{1}{a}+\frac{1}{b}+\frac{1}{c}\right)=\left(\frac{1}{a}+\frac{1}{b}\right)+\left(\frac{1}{a}+\frac{1}{c}\right)+\left(\frac{1}{b}+\frac{1}{c}\right)=\frac{a+b}{ab}+\frac{a+c}{ac}+\frac{b+c}{bc},$$

根据$a+b+c=0$可知，上式$=\frac{-c}{ab}+\frac{-b}{ac}+\frac{-a}{bc}=\frac{-(a^2+b^2+c^2)}{abc}$.

因为$abc<0$，所以$\frac{-(a^2+b^2+c^2)}{abc}>0$，即$\frac{1}{a}+\frac{1}{b}+\frac{1}{c}>0$成立．

故联立两个条件充分．

方法二：联立两个条件，易知 a，b，c 两正一负，则令 $a>b>0>c$. 此时有

$$\frac{1}{a}+\frac{1}{b}+\frac{1}{c}=\frac{1}{a}+\frac{1}{b}-\frac{1}{a+b}=\frac{b(a+b)+a(a+b)-ab}{ab(a+b)}=\frac{a^2+b^2+ab}{ab(a+b)}>0,$$

故不等式恒成立，两个条件联立充分.

三、逻辑推理

26.（C）

【模型识别】

题干出现多个假言命题，且这些假言命题中没有重复元素，故此题为假言无串联模型。

【详细解析】

第 1 步：画箭头。

①照搬原版桥段∨简单换成中式文化→¬ 观众认可。

②观众共鸣→深入理解原版故事内核∧本土化表达。

第 2 步：逆否。

③观众认可→¬ 照搬原版桥段∧¬ 简单换成中式文化。

④¬ 深入理解原版故事内核∨¬ 本土化表达→¬ 观众共鸣。

第 3 步：找答案。

(A)项，¬ 观众共鸣→¬ 深入理解原版故事内核，根据箭头指向原则，由④可知，“¬ 观众共鸣”后无箭头指向，故此项可真可假。

(B)项，¬ 照搬原版桥段→简单换成中式文化，题干论证并不涉及“¬ 照搬原版桥段”与“简单换成中式文化”二者之间的关系，故此项可真可假。

(C)项，观众认可→¬ 照搬原版桥段，由条件③可知，此项一定为真。

(D)项，¬ 观众共鸣→¬ 深入理解原版故事内核∨¬ 本土化表达，根据箭头指向原则，由④可知，“¬ 观众共鸣”后无箭头指向，故此项可真可假。

(E)项，理解原版故事内核∧本土化表达→观众共鸣，根据箭头指向原则，由②可知，“深入理解原版故事内核∧本土化表达”后无箭头指向，故此项可真可假。

27.（B）

【论证结构】

题干：人类逐渐演化形成较小的牙齿和脸型，以及更弱的咀嚼肌和咬力(现象)。因此研究者推测，工具的使用减弱了咀嚼的力量，从而导致人类脸型的变化(原因)。

【模型识别】

题干先描述了一种现象，然后分析了这种现象的原因，故此题为现象原因模型。

【选项详解】

(A)项，支持题干，此项说明灵长类动物咀嚼时间长，脸型大，肯定了题干的因果关系。

(B)项，削弱题干，此项说明是食物类型的变化导致了人类脸型的变化，另有他因。

(C)项，支持题干，此项说明确实是石器的使用导致了咀嚼能力的下降。

(D)项，无关选项，题干没有涉及“其他变化的可能”。(干扰项·转移论题)

(E)项，支持题干，此项说明确实是工具的使用改变了咀嚼结构，从而引起了脸型的变化。

28. (D)

【模型识别】

本题存在“人”与“专业”的一一匹配关系，故为两组元素的定量匹配模型。

【详细解析】

第 1 步：事实/问题优先看。

题干中无确定事实。

第 2 步：重复元素是关键。

观察已知条件，发现条件(1)和条件(3)中均涉及“小孙”(重复元素)，故优先分析。

由条件(1)可知：小孙不是历史专业，又由条件(3)可知：小孙不是哲学专业，小钱不是哲学专业。

再观察与“哲学专业”相关的条件，即条件(2)，由条件(2)可知：哲学专业没赢过棋。

再观察与“输赢”相关的条件，即条件(4)，由条件(4)可知：小赵赢了棋；结合“哲学专业没赢过棋”可知：小赵不是哲学专业。

综上，小孙、小钱、小赵均不是哲学专业，故小李是哲学专业。

由“小李是哲学专业”结合“哲学专业的只和中文专业的下过围棋”以及“小李、小赵下围棋”可得：小赵是中文专业。

综上，可得下表：

成员	哲学	中文	历史	英语
小赵	×	√	×	×
小钱	×	×	√	×
小孙	×	×	×	√
小李	√	×	×	×

故(D)项正确。

29. (D)

【模型识别】

已知条件是由假言命题组成，且选项均为事实。故此题为假言事实模型。常用串联找矛盾法或二难推理法解题。

【详细解析】

第 1 步：将题干符号化。

①南山志愿者最少。

②小邓南山∨小丁南山→小吴北苑。

③小孔东江∨小邓东江∨小丁东江→北苑只有小洪。

第 2 步：串联找矛盾。

由“安排在南山小区的志愿者最少”结合“每个小区安排 1 至 2 人”可知：南山安排 1 人；东江和北苑均安排 2 人。

由“北苑均安排 2 人”可知，“在北苑小区服务的只有小洪”为假，故条件(3)后件为假，根据口诀“否后必否前”可得：¬ 小孔东江∧¬ 小邓东江∧¬ 小丁东江。

由“东江安排 2 人”结合“¬ 小孔东江∧¬ 小邓东江∧¬ 小丁东江”，可得：小吴、小洪均安排在东江。

由“小吴安排在东江”结合“每人只在一个小区服务”可知，条件(2)后件为假，根据口诀“否后必否前”可得：¬ 小邓南山∧¬ 小丁南山。

小邓不在东江，不在南山，故小邓安排在北苑，同理小丁也安排在北苑。

综上，安排在东江的是：小吴、小洪；安排在北苑的是：小邓、小丁；安排在南山的是：小孔。

故(D)项正确。

30.(A)

【模型识别】

题干已知“三个预测中只有一真”，首先找矛盾关系；若没有矛盾，则为“一真无矛盾”模型，找下反对关系或推理关系。

【详细解析】

题干：

①¬ 山南队前 2∧¬ 江北队前 2。

②河西队第 1→海东队第 2，等价于：¬ 河西队第 1∨海东队第 2。

③¬ 山南队前 2→江北队前 2，等价于：山南队前 2∨江北队前 2。

第 1 步：分析题干中是否有矛盾。

题干中预测①和预测③互为矛盾关系。

第 2 步：推真假。

根据题干“只有一项是正确”可知：预测②为假。

第 3 步：推出结论。

由“¬ 河西队第 1∨海东队第 2”为假可知：河西队第 1∧¬ 海东队第 2，为真。

故(A)项正确。

31.(B)

【论证结构】

题干：某便利店新进了一批个性商品，三个月之后，店长发现：和之前没有引进个性商品时相比，店里的总销售额大幅提升(现象)。所以店长认为销售额增加的主要原因是引进了这些个性商品(原因)。

【模型识别】

题干先描述了一种现象，然后分析了这种现象的原因，故此题为现象原因模型。

【选项详解】

(A)项，不能支持，这些个性化商品的销量和销售额都很有限，说明总销售额大幅提升与个性化商品没有太大的联系。

(B)项，支持题干，此项说明该店铺的消费主力是年轻人，而年轻人会购买新鲜事物，肯定了题干的因果关系。

(C)项，削弱题干，此项说明可能是由于“对货品摆放进行了重新规划和调整”才造成了总销售额大幅提升，另有他因。

(D)项，削弱题干，此项说明可能是由于“增加了常规商品的品牌和种类”才造成了总销售额大幅提升，另有他因。

(E)项，无关选项，题干不涉及个性的商品能否吸引消费者的眼球，吸引并不代表购买。(干扰项・转移论题)

32. (B)

【题干信息】

①美国食品和药物管理局(FDA)在市场中引入了新的治疗药剂。

②新治疗药剂在提高美国人的健康水平方面起了非常关键的作用。

③那些在学校、政府研究团体内的人的职责是从事长期的研究，以图发现新的治疗药剂，并对它们进行临床验证。

④使实验室里的新发现比较容易地转移到市场上是 FDA 的作用和职责。

⑤能有助于治疗病人→新的、重要的治疗方法进行了转移，逆否等价于：¬ 新的、重要的治疗方法进行了转移→¬ 能有助于治疗病人。

【选项详解】

(A)项，“负责转移”和“确保受控”不是一个概念，不能推出。

(B)项，是题干⑤的逆否命题，可以推出。

(C)项，题干没有涉及药物的长期测试，不能推出。

(D)项，题干不涉及药剂的质量，不能推出。

(E)项，根据箭头指向原则，不能由题干⑤推出。

33. (B)

【模型识别】

题干中的条件由假言命题和事实构成，故此题为事实假言模型。“从事实出发做串联”即可秒杀。

【详细解析】

题干：

①钾→钙。

②¬ 硫→¬ 镁。

③钙 ∀ 硫。

从事实出发，已知“补充镁元素”，即：镁。

由“镁”可知，条件②后件为假，根据口诀“否后必否前”可得：硫。

由“硫”结合了“③钙∨硫”可得：¬ 钙。

由“¬ 钙”可知，条件①后件为假，根据口诀“否后必否前”可得：¬ 钾。

综上，一定需要补充的是镁元素、硫元素，且不需要补充钙元素和钾元素。

故(B)项正确。

34. (C)

【论证结构】

题干：该海滩旅游胜地通过实施在海底设置通电电缆而不是设置渔网的措施(措施)，可以既保持海滩旅游业的发展，又能解决那些环境保护人员所关心的问题(目的)。

【模型识别】

“在海底设置通电电缆”可视为是一种措施，“保持海滩旅游业的发展、解决环境保护人员关心的问题”可视为是一种目的，故此题为措施目的模型。

【选项详解】

(A)项，不能削弱，此项只能说明那些没有鲨鱼出没的区域不必采取题干中的措施，但无法说明有鲨鱼出没的海域的情况。

(B)项，不能削弱，“轻微的损害”也是损害。

(C)项，削弱题干，此项说明旅游者不会到设置通电电缆的地方游玩，措施达不到“保证海滩旅游业的发展”的目的。

(D)项，不能削弱，是否是“唯一”措施和其所起的作用无关。

(E)项，不能削弱，题干中措施的目的是驱逐鲨鱼，不是别的鱼类。

35. (D)

【模型识别】

本题存在“时间”和“科室”的一一匹配关系，故为两组元素的定量匹配模型。

【详细解析】

第 1 步：事实/问题优先看。

根据条件(1)可知，内科的核酸检测安排在周三。

第 2 步：重复元素是关键。

观察已知条件，发现条件(2)和条件(4)中均涉及“儿科”(重复元素)，故分析条件(2)和条件(4)。

由条件(2)和条件(4)可知，外科和中药科都在儿科之前，结合“内科安排在周三”，可得：儿科只能在周四或者周五。

由条件(3)结合“内科安排在周三”可知，放射科也只能在周四或者周五。

综上，周一周二安排外科和中药科，周三安排内科，周四周五安排儿科和放射科。

故(A)、(B)、(C)、(E)项均有可能正确。(D)项一定为假。

36. (C)

【论证结构】

题干：普里兰当地 30 多岁未婚男性的人数是当地 30 多岁未婚女性人数的 10 倍，除非他们多数

与普里兰以外的女性结婚，否则除去一小部分外，大多数还会是独身。

【模型识别】

此题没有明显的命题模型，直接分析选项。

【选项详解】

(A)项，不必假设，由于未婚男性的数量远大于未婚女性的数量，因此即使女性不离开普里兰，男性大多数还是找不到伴侣。

(B)项，不必假设，由于未婚男性的数量远大于未婚女性的数量，因此即使女性不趋向于独身，男性大多数还是找不到伴侣。

(C)项，必须假设，如果当地男性愿意与相差几岁的女性结婚的话，他们无须和普里兰以外的女性结婚，就可以不用独身。

(D)项，不必假设，由于未婚男性的数量远大于未婚女性的数量，那么无论男性是否富足，都可能找不到伴侣。

(E)项，无关选项，题干不涉及离婚率的问题。

37. (C)

【模型识别】

本题存在“人”与“工作”的一一匹配关系，故为两组元素的定量匹配模型。

【详细解析】

将题干信息符号化：

①¬ 乙写宣传资料 ∧¬ 乙写发言稿。

②¬ 甲写宣传资料 ∧¬ 甲录制短视频。

③¬ 丁写发言稿 ∧¬ 丁录制短视频。

④¬ 丙录制短视频 ∧¬ 丙写宣传资料。

⑤¬ 甲写发言稿→¬ 丁写宣传资料。

观察已知条件，由¬ 乙写宣传资料、¬ 甲写宣传资料、¬ 丙写宣传资料，可得：丁写宣传资料。

由“丁写宣传资料”可知，条件⑤后件为假，根据口诀“否后必否前”可得：甲写发言稿。

此时，还剩乙、丙两人，一个人负责收集素材，一个人负责录制短视频。由条件④可知，丙不负责录制短视频，故丙负责收集素材，乙负责录制短视频。故(C)项正确。

38. (B)

【论证结构】

科学家：结果发现，女性对脑神经连接开始“修剪”的时间普遍早于男性(论据)。因此研究人员认为，女性的大脑相比男性大脑更高效(论点)。

【模型识别】

题干通过实验得出的结果，来预测女性大脑比男性更高效的结论，故此题为预测结果模型。

【选项详解】

(A)项，支持题干，此项说明同龄女孩确实比同龄男孩有更好的理解能力和语言能力，举例说明

题干的预测是正确的。

(B)项，无关选项，题干不涉及“出错”造成的结果。

(C)项，支持题干，此项说明女孩可以同时处理多项工作，而男孩不行，举例说明题干的预测是正确的。

(D)项，支持题干，此项说明“脑神经连接‘修剪’”可以帮助提升各种认知活动效率，而女孩的“修剪”早于男孩，因此可以说明题干的预测是正确的。

(E)项，支持题干，此项说明“修剪”的时间越早，大脑整体的效率也更高，因此更早“修剪”的女生确实可以比男生更高效。

39.（D）

【模型识别】

题干由数量关系(8 选 4)和假言构成，故此题为数量假言模型。

【详细解析】

题干：

①蝴蝶兰→蜀葵∧郁金香。

②杜鹃∨蜀葵→蝴蝶兰。

③¬ 蝴蝶兰∨¬ 杜鹃∨¬ 郁金香∨¬ 鸢尾→¬ 彩叶草∧¬ 月季∧¬ 海棠。

第 1 步：数量关系优先算。

本题的数量关系很简单，8 选 4，不需要另外计算。

第 2 步：假言命题做串联。

由条件②、①串联可得：④杜鹃∨蜀葵→蝴蝶兰→蜀葵∧郁金香。

第 3 步：易出矛盾和二难。

由条件③的逆否命题：彩叶草∨月季∨海棠→蝴蝶兰∧杜鹃∧郁金香∧鸢尾；则若选择彩叶草、月季、海棠的任意一个，都需要同时选择蝴蝶兰、杜鹃、郁金香和鸢尾，此时至少选择 5 种花，与题干条件“8 种花中选择其中的 4 种”矛盾，故彩叶草、月季、海棠三种花均不能选择。

因此，需要从蝴蝶兰、杜鹃、郁金香、鸢尾、蜀葵 5 种花选择 4 种，因此“杜鹃∨蜀葵”一定为真。

由“杜鹃∨蜀葵”为真，可知条件④的前件为真，根据口诀“肯前必肯后”可得：蝴蝶兰、蜀葵和郁金香。故(D)项正确。

40.（B）

【题干现象】

待解释的现象：新的空调管理系统可以降低用电量，但是该系统推出几年以来，购买的单位并不多。

【选项详解】

(A)项，不能解释，员工的环保意识和机器本身的节省并不是一回事，并且，如果大家的环保意

识很强的话，更应该购买节能的空调，故此项无法解释题干。

(B)项，此项说明新的空调管理系统虽然可以节能省电，但是需要安排专门的人员进行操作才能保证设备正常运转，维护成本太高，得不偿失，可以解释题干。

(C)项，不能解释，此项只能说明空调平均能耗降低，但降低了多少并不确定，如果没有“降低30%左右”，那么企业应该还是会采购新的空调管理系统。

(D)项，不能解释，如果空调管理系统受到了很多家庭用户的追捧，那说明这种新的系统确实有很不错的效果，企业更应该去采购这种系统，加剧了题干的矛盾。

(E)项，不能解释，此项试图通过说明节省电费的费用占公司总费用的占比较少来解释企业不使用新系统的原因，但是此项实际在肯定新的空调管理系统确实可以节省电费，加剧了题干的矛盾。

41. (B)

【模型识别】

题干出现多个假言判断，而且这些假言判断中没有重复元素，故此题为假言无串联模型。

【详细解析】

第 1 步：画箭头。

①提交全体住户投票表决→至少 10%的住户在提议上签字。

②这些宠物爱好者的提议大多数住户投票否决了。

第 2 步：逆否。

③¬ 至少 10%的住户在提议上签字→¬ 提交全体住户投票表决。

第 3 步：找答案。

由题干条件“提议大多数住户投票否决了”，说明已经提交了投票表决。

由“提交全体住户投票表决”可知，条件①前件为真，根据口诀“肯前必肯后”可得：至少 10%的住户在提议上签字，故在宠物爱好者的提议上签字的住户不少于 10%。故(B)项正确。

42. (B)

【论证结构】

题干：这种洗碗机将有出口欧美市场的前景(论点)，因为西方国家的单亲家庭越来越多，而这种体积小、价格低的洗碗机最适合于低收入家庭(论据)。

【模型识别】

锁定关键词“将”，可知此题为预测结果模型。

【详细解析】

Ⅰ项，无关选项，题干不涉及国内市场。

Ⅱ项，削弱题干，此项说明由于单亲家庭并不一定是收入低的家庭，因此洗碗机价格低的优势可能在单亲家庭中无法体现，结果预测不正确。

Ⅲ项，无关选项，题干不涉及“双亲家庭”。

故(B)项正确。

43. (C)

【模型识别】

题干由三个性质命题构成的前提和一个性质命题的结论组成，要求“以下哪项相关断定是上述论证所假设的”，故此题为隐含三段论模型。

【详细解析】

第 1 步：将题干中的前提符号化。

①¬ 法定机构正式批准→¬ 允许上市。

②法定机构正式批准→耗费 200 万美元→有专利，等价于：¬ 有专利→¬ 耗费 200 万美元→¬ 法定机构正式批准。

③中草药→¬ 有专利。

第 2 步：如果有多个前提，将前提串联。

由③、②和①串联可得：④中草药→¬ 有专利→¬ 耗费 200 万美元→¬ 法定机构正式批准→¬ 允许上市。

第 3 步：将题干中的结论符号化。

结论：⑤不可能建议用中草药。

第 4 步：补充从前提到结论的箭头，从而得到结论。

易知，补充前提：⑥¬ 允许上市→不可能建议用中草药。

即可串联得：中草药→¬ 有专利→¬ 耗费 200 万美元→¬ 法定机构正式批准→¬ 允许上市→不可能建议用中草药。

从而得：中草药→不可能建议用中草药，即题干的结论。

补充的前提⑥等价于：除非中草药作为一种药物合法出售，否则执照医生不可能建议用中草药治病。故(C)项正确。

44. (E)

【论证结构】

题干：

他人的观点：中草药的药用价值仍然受到严重质疑，因此，美国医生所开的药物处方中都不包含中草药。

真正的原因：中草药没有专利，不允许上市。

【详细解析】

对于“美国医生不开中草药”这种行为的原因，有人认为是中草药的药用价值受到质疑。而题干通过论证给出了新的解释，否定了其他人的观点。故题干在质疑他人的观点时使用的方法为：另有他因，即提出新的解释，故(E)项正确。

45. (E)

【模型识别】

此题题干中出现相邻关系，显然为相邻与不相邻模型。

【详细解析】

将题干已知信息填入下表：

1	2	3	4	5	6	7
赵		孙				

由“赵在 1 号座位”可知，条件(3)“最左边的那个座位不能是空的”一定为真。

由条件(1)“赵和钱之间的距离与孙和李之间的距离相同”结合“赵和孙分别在 1 号和 3 号座位”可知：赵和钱之间的距离不能是 1 人或 4 人及以上。故赵和钱的位置存在三种情况，展开分类讨论即可。

情况一：若赵和钱相邻，则孙和李也相邻，如下表：

1	2	3	4	5	6	7
赵	钱	孙	李			

此时，座位 5、6、7 均没有人，结合条件(2)可知，周和吴可坐在 5、6 或 6、7。故空座一定在 5 或 7。

情况二：若赵和钱间隔 2 人，则孙和李也间隔 2 人，如下表：

1	2	3	4	5	6	7
赵		孙	钱		李	

此时，座位 2、5、7 均不相邻，条件(2)无法满足，故排除。

情况三：若赵和钱间隔 3 人，则孙和李也间隔 3 人，如下表：

1	2	3	4	5	6	7
赵		孙		钱		李

此时，座位 2、4、6 均不相邻，条件(2)无法满足，故排除。

综上，空座一定在 5 或 7，故(E)项正确。

46.（B）

【模型识别】

由于(A)、(C)、(D)项均为事实，而(B)、(E)项为假言，故此题为<u>选项事实假言模型</u>。无需对题干进行串联，而是优先看(B)、(E)项。

【详细解析】

将题干信息形式化：

①¬ 丁东川市。

②¬ 甲京州市。

③丙东川市 ∨ 丙绿藤市。

④乙江东市 ∨ 乙绿藤市。

假设(B)项的前件“甲一定不去东川市”为真，即：¬ 甲东川市。

由“¬ 甲东川市”结合条件①可得：只能是丙或者乙去东川市。

又由④可知，乙江东市∨乙绿藤市，故乙一定不去东川市，因此丙去东川市。

则若(B)项前件为真，可以推出其后件，故(B)项正确。

47. (A)

【论证结构】

题干：研究发现，长期保持乐观心态的被试者与心态悲观的被试者在死亡率上并没有差异(论据)。研究者据此认为，心态乐观与否与健康没有关系(论点)。

【模型识别】

题干没有明显的命题模型，故直接分析选项。

【选项详解】

(A)项，削弱题干，此项说明心态悲观的人比乐观的人更多地患有慢性疾病，虽然尚未严重到致命的程度，但说明还是影响了身体健康，提出反面论据。

(B)项，无关选项，题干探讨的是心态与健康的关系，而此项讨论的是患病之后的治疗态度。(干扰项・转移论题)

(C)项，无关选项，此项说明乐观者对身体健康的关注度不高，会使得一些致命性疾病不能尽早发现，但不能明确说明心态与健康之间是否存在关联；此外，此项也没有涉及悲观者的健康状况。

(D)项，无关选项，题干没有涉及性别与人际关系，更没有涉及人际关系对健康的影响。(干扰项・转移论题)

(E)项，无关选项，题干没有涉及幸福感。(干扰项・转移论题)

48. (B)

【模型识别】

题干已知条件均由假言命题组成，而选项为事实。故此题为假言事实模型。常用串联找矛盾法或二难推理法解题。

【详细解析】

第 1 步：将题干符号化。

①¬ 黄豆芽炖粉条星期二→把子肉星期一。

②¬ 黄焖鸡星期六→炒合菜星期二∨风味茄子星期二。

③¬ 把子肉星期一→糖醋里脊星期四。

④糖醋里脊星期四∨红烧鲅鱼星期四→黄焖鸡星期日。

第 2 步：串联。

由条件③、④、②、①串联可得：¬ 把子肉星期一→糖醋里脊星期四→黄焖鸡星期日→¬ 黄焖鸡星期六→炒合菜星期二∨风味茄子星期二→¬ 黄豆芽炖粉条星期二→把子肉星期一。

由“¬ 把子肉星期一”出发推出了矛盾，故“¬ 把子肉星期一”为假，则“把子肉星期一”为真。

故(B)项正确。

49.（D）

【模型识别】

题干条件均为假言命题，此项的提问又补充新的事实，故此题为事实假言模型。“从事实出发做串联”即可秒杀。

【详细解析】

从事实出发，由“黄豆芽炖粉条在星期二打折出售，炒合菜在星期五打折出售”可知，条件②后件为假，根据口诀“否后必否前”可得：黄焖鸡在星期六打折出售。

由“黄焖鸡在星期六”为真可知，“黄焖鸡在星期日”为假，故条件④后件为假，根据口诀“否后必否前”可得：$\neg$ 糖醋里脊星期四 $\wedge \neg$ 红烧鲅鱼星期四。

因此，把子肉、黄豆芽炖粉条、炒合菜、黄焖鸡、红烧鲅鱼、糖醋里脊均不在星期四打折出售，故风味茄子星期四打折出售，(D)项正确。

50.（C）

【论证结构】

题干：气候变暖背景下，非热带地区生长季开始时间提前的趋势明显。科学家研究发现，生长季提前将会促进冷湿地区树木生长，却不利于气候较干燥地区树木生长。

【模型识别】

锁定关键词“将会”，可知此题为预测结果模型。

【选项详解】

(A)项，无关选项，题干论证的是“气候变暖背景下”，生长季提前对于树木生长的影响，而此项论证的是“不同气候条件下”，生长季提前对树木生长产生影响，二者论证的背景并不一致。

(B)项，无关选项，题干不涉及生长季提前对树木径向生长产生的影响。(干扰项·转移论题)

(C)项，支持题干，此项说明在气候较干燥地区，生长季提前增加了水分胁迫或霜冻风险，确实不利于气候较干燥地区树木生长。

(D)项，无关选项，题干不涉及生长季提前对温度的影响。(干扰项·转移论题)

(E)项，削弱题干，此项说明生长季提前不会对冷湿地区树木的生长带来好的影响，否定了题干论点中“生长季提前促进冷湿地区树木生长”的观点。

51.（E）

【论证结构】

题干：贵妇不仅身着丝绸衣物，戴着精美玉镯和金指环，而且随葬有许多精美的漆器(现象)。因此，记者得出结论：两千多年前西汉贵妇很爱美(原因)。

【模型识别】

题干先描述了一种现象，然后分析了产生这种现象的原因，故此题为现象原因模型。

【选项详解】

(A)项，无关选项，题干不涉及该贵妇墓是否被盗。

(B)项，无关选项，题干由饰物推断墓主人“爱美”，与墓主人是否是“美女”无关。

(C)项，不能削弱题干，虽然墓主人的衣服朽化不见，但通过遗物痕迹进行衣着的推断是考古的常用手法，因此不能通过直观的表现推断衣服过去的样式。

(D)项，支持题干，此项排除了可能是由墓主的后人放进去衣物和饰品的可能性，排除他因。

(E)项，削弱题干，此项指出贵妇衣着佩戴华丽并非因为爱美，而是为了彰显尊贵的地位，有力地削弱了记者的结论，另有他因。

52.(D)

【模型识别】

题干中出现三个性质命题，这三个性质命题中存在重复元素，故此题为性质串联模型。

【详细解析】

第1步：画箭头。

①有的慷慨的父母→好父母。

②有的自私自利的父母→好父母。

③好父母→好听众。

第2步：串联。

由题干信息①、③串联可得：④有的慷慨的父母→好父母→好听众。

由题干信息②、③串联可得：⑤有的自私自利的父母→好父母→好听众。

第3步：逆否，但要注意带“有的”的词项不逆否。

由③逆否可得：⑥¬ 好听众→¬ 好父母。

第4步：根据“箭头指向原则”和“‘有的’互换原则”找答案。

根据“有的”互换原则，可知：(D)项，有的好听众→自私自利的父母，为真。

53.(C)

【论证结构】

题干：科学家提出富碳农业的理念，将人类活动特别是工业生产中产生的二氧化碳捕集后，以高于大气中二氧化碳含量几倍的浓度，释放在密闭的人造气候小区域中，利用相关科学技术，创造一个高效率的光合作用环境，从而极大提高农林作物的产量(论据)。科学家认为富碳农业将成为解决气候变暖问题的重要途径(论点)。

【模型识别】

锁定“科学家提出富碳农业的理念”，可知此题为措施目的模型。

【选项详解】

(A)项，无关选项，题干论证的是富碳农业能否成为解决气候变暖问题的重要途径，与富碳农业是否需要占用土地无关。(干扰项·转移论题)

(B)项，削弱题干，此项说明富碳农业的实施存在很大的难度，措施不可行。

(C)项，支持题干，此项说明富碳农业实施的成本较低，肯定了措施的可行性。

(D)项，无关选项，题干论证的是富碳农业能否成为解决气候变暖问题的重要途径，与富碳农业是否能解决土地短缺问题无关。(干扰项·转移论题)

(E)项，削弱题干，此项说明富碳农业的实施存在很大的难度，措施不可行。

54.（B）

【模型识别】

本题的已知条件相当复杂，而题干的问题中出现了特殊信息“总积分最高”，故可从此特殊信息出发解题。

【详细解析】

由条件(1)可知，大河队输场为0。

由条件(3)可知，大山队与大河队没有打成平局。

大河队输过0场并且至多平局2场，故大河队比分最少为：1+1+3=5(分)。

结合条件(2)可知，大河队总积分一定比剩余三支球队的比分高，故大河队的比分最高，(B)项正确。

55.（E）

【详细解析】

由条件(2)结合题干的积分规则“每赢一场比赛记3分，每平一场比赛记1分，每输一场比赛记0分”可知：

①积分为4分的球队应胜一场，平一场，负一场。

②积分为3分的球队可以平三场，也可以胜一场、负两场。若某个球队平三场，则该球队与所有球队的比赛均为平局，又由条件(3)可知，大山队没有打过平局，故此情况不能成立。所以积分为3分的球队的比赛情况只能为胜一场，负两场。

③积分为1分的球队应平一场，负两场。

结合条件(3)和上述分析可知，大山队总积分为3分。

结合条件(5)和“大河队的比分最高”，来自山西的球队总积分为4分。

结合题干新补充条件“大海队不是最后一名”和上述分析可知，大海队不是1分，不是3分，不是最高分，故大海队来自山西，总积分为4分。

由“大海队来自山西”结合条件(4)、(6)可知，大山队不来自山西，不来自山东，也不来自河北。故大山队来自河南，总积分为3分。因此，大江队总积分为1分，平一场，负两场。

以上信息整理成下表：

球队	省份	总积分	胜负情况
大海队	山西	4	胜1平1负1
大山队	河南	3	胜1负2
大江队		1	平1负2
大河队			

根据上表可知，共胜2场，平2场，负5场，故剩余的大河队应当胜3场。

因此大河队总积分为9分，胜3场。

又由条件(3)和条件(4)可知，只有大山队和来自山东的球队没有平局，而大山队来自河南，故大河队来自山东，剩余的大江队来自河北。

将本题的推理结果整理如下：

球队	省份	总积分	胜负情况
大海队	山西	4	胜1平1负1
大山队	河南	3	胜1负2
大江队	河北	1	平1负2
大河队	山东	9	胜3

故(E)项正确。

四、写作

56. 论证有效性分析

【谬误分析】

①碳税未必会让“原本生意兴隆的航空公司失去竞争优势甚至破产”。

②大众汽车仅仅是个例，未必能代表全球汽车行业的情况。

③给养牛业征收高额碳税，不一定会限制养牛业的发展。

④每生产100克植物蛋白仅排放0.4千克温室气体，无法说明生产植物蛋白给环境带来的负担远低于生产动物蛋白。因为产生温室气体仅仅是生产过程对环境影响的一个方面。

⑤各国政府未必会把征收牛肉碳税的收入补贴给植物蛋白行业。

⑥欧美国家企业向植物蛋白行业发展，不代表我国的企业也应该朝这个行业发展。

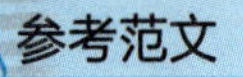

参考范文

碳税会彻底改变产业发展吗?

吕建刚

上述材料中，某网友认为“碳税会彻底改变全球各产业发展”，然而其论证过程中存在诸多谬误，分析如下：

第一，碳税未必会让“原本生意兴隆的航空公司失去竞争优势甚至破产”。谁飞得越多谁交税越多的方式，恰恰说明交税多的航空公司也是生意更好的航空公司。而且，航空公司经营受多方面的影响，碳税仅仅是影响因素之一，而不是决定性因素。

第二，大众汽车的例子，未必能说明“电动汽车将在全球范围内快速淘汰燃油汽车”。首先，大众汽车仅仅是个例，未必具有普遍的代表性。而且，电动汽车发展的限制因素较多，例如电动汽车价格相对较高、电池续航里程较短等，这些限制因素未必能在短时间内解决。

第三，每生产100克植物蛋白仅排放0.4千克温室气体，无法说明生产植物蛋白给环境带来的负担远低于生产动物蛋白。因为产生温室气体仅仅是生产过程对环境影响的一个方面。

第四，各国政府未必会把征收牛肉碳税的收入补贴给植物蛋白行业。政府的财政支出涉及面较广，例如教育、医疗、交通等产业均需要投入，未必会将碳税收入直接补贴给植物蛋白行业。

第五，欧美国家企业向植物蛋白行业发展，不代表我国的企业也应该朝这个行业发展。我国的市场情况、企业发展状况等未必与材料中的欧美企业相似，二者不能简单类比。

综上所述，材料中网友的论证存在多处不当，“碳税会彻底改变全球各产业”的观点还需要更有力的证明。

（全文共 558 字）

57. 论说文

参考范文

重视口碑方为正道

吕建刚　江徕

某菜刀品牌在面对客户维权时却态度傲娇，引来了消费者的连环维权，使品牌的声誉受到了极大的损失。这告诉我们，店大不可欺客，重视口碑方为正道。

重视口碑是信息时代的必然要求。信息逐渐透明化是互联网时代的特征之一。在这个时代，企业的一举一动都暴露在聚光灯下。尤其是近年来，微博、微信公众号等自媒体蓬勃发展，企业一次不好的行为就可能引爆全网。不注重口碑会对企业产生巨大的负面影响，某菜刀品牌的用户维权事件就证明了这一点。

而良好的口碑有助于强化企业的品牌效应。心理学上有一种理论，叫“光环效应”，它说的是如果人们对某个事物的某个方面评价较高，那么就很容易对这一事物的其他方面也做出较高评价。“光环效应”的存在会让消费者自然而然地将企业的口碑与质量优良、服务真诚等联系起来，这有利于提高消费者对品牌的忠诚度，强化企业的品牌效应。

当然，短视心理的存在让企业打造口碑面临一些困难。一方面，想要维持好的口碑需要投入人力、物力、财力；另一方面，口碑建设的好坏一般对企业的短期利润没有太大影响。因此，很多管理者更加注重生产、销售等直接让企业产生效益的工作，而忽视了长期口碑的打造。一些品牌的营销费用远高于研发费用，就是此理。

但其实，管理者应该懂得，良好的口碑可以带来更低的成本。这是因为，比起绚丽夺目的广告，消费者更愿意相信来自身边人的真实反馈。只要消费体验好、使用感受佳，消费者自然愿意向他人推荐。比起千万营销，这种消费者偏好是长期的，从长远来看，不失为一种成本更低、收益更大的方法。

为此，打造企业口碑，需要做到以下两个方面：

一是建立注重口碑的企业文化；二是企业应该在公司内部进行培训和宣传，让管理者和员工都意识到良好口碑对于企业发展的重要性，让注重口碑成为企业成员的自发行为。

总之，“用户的口碑是企业的金杯”。重视口碑方为正道。

（全文共 753 字）

全国硕士研究生招生考试
管理类综合能力试题 4 答案详解

一、问题求解

1.（C）

【详细解析】

根据题意，博士生是硕士生的$\frac{3}{7}$，则硕士生是博士生的$\frac{7}{3}$，那么硕、博一共有 $2\,100\times\left(1+\frac{7}{3}\right)$名.

又因为本科生占全部学生的$\frac{3}{4}$，则硕、博共占全部学生的 $1-\frac{3}{4}=\frac{1}{4}$，故该校共有学生

$$2\,100\times\left(1+\frac{7}{3}\right)\div\frac{1}{4}=28\,000(\text{名}).$$

2.（D）

【详细解析】

方法一：特值法.

甲、乙单独抽水分别需要 20 小时和 12 小时，不妨设水井内原水量为 60 个单位，则甲、乙每小时抽水量分别为 3 个单位和 5 个单位.

设每小时渗水 x 个单位. 有渗水时，9 小时将水抽完，因此抽水量＝原井内水量＋渗水量，可列式 $60+9x=9\times(3+5)$，解得 $x=\frac{4}{3}$，每小时渗水$\frac{4}{3}$个单位. 因此若甲单独抽水 n 小时可将水抽完，则 $60+\frac{4}{3}n=3n$，解得 $n=36$，故甲单独抽完需要 36 小时.

方法二：把水井内原来的水量看作是 1，根据题意可知，甲的效率＋乙的效率－每小时渗水量＝$\frac{1}{9}$，其中乙的效率＝$\frac{1}{12}$，则甲的效率－每小时渗水量＝$\frac{1}{9}-\frac{1}{12}=\frac{1}{36}$. 故有渗水的情况下，甲抽水机单独抽完需要 36 小时.

3.（A）

【详细解析】

当指数函数的底数小于 1 时，其函数图像在定义域内单调递减.

故由$\left(\frac{5}{6}\right)^{|x+2|}>\left(\frac{5}{6}\right)^{|2x-1|}$，可得$|x+2|<|2x-1|$，两边平方得 $3x^2-8x-3>0$，解得 $x>3$ 或 $x<-\frac{1}{3}$.

4. (B)

【详细解析】

根据等差数列的通项公式，可得

$$\begin{cases}a_m=a_1+(m-1)d=\dfrac{1}{n},\\ a_n=a_1+(n-1)d=\dfrac{1}{m},\end{cases}$$

解得 $d=\dfrac{1}{mn}$，$a_1=\dfrac{1}{mn}$，故由等差数列前 n 项和公式得

$$a_1+a_2+\cdots+a_{mn}=S_{mn}=mna_1+\frac{mn(mn-1)}{2}d=\frac{1}{2}(mn+1).$$

【秒杀技巧】

令 $m=1$，$n=2$，则有 $a_1=\dfrac{1}{2}$，$a_2=1$，故有 $a_1+a_2+\cdots+a_{mn}=S_2=\dfrac{1}{2}+1=\dfrac{3}{2}$. 验证各选项可知选(B)项.

5. (B)

【详细解析】

设 $EH=x$，$EF=y$，因为$\triangle EBH$ 和$\triangle AEF$ 为等腰直角三角形，所以 $EB=\sqrt{2}x$，$AE=\dfrac{\sqrt{2}}{2}y$，

$AB=EB+AE=4=\sqrt{2}x+\dfrac{\sqrt{2}}{2}y\geqslant 2\sqrt{\sqrt{2}x\cdot\dfrac{\sqrt{2}}{2}y}=2\sqrt{xy}$，即$2\sqrt{xy}\leqslant 4$，故 $xy\leqslant 4$，当且仅当 $x=\sqrt{2}$，$y=2\sqrt{2}$时等号成立，故绿地面积的最大值为 4.

6. (E)

【详细解析】

不考虑 0 是否在首位时，0、1、4、5 先排三个位置，有 A_4^3 种排法，2、3 去插四个空，有 A_4^2 种排法，故共有 $A_4^3A_4^2=288$(种)排法；

0 在首位时，1、4、5 先排 0 后面的两个位置，有 A_3^2 种排法，2、3 去插 0 后面的三个空，有A_3^2种排法，故共有 $A_3^2A_3^2=36$(种)排法.

综上所述，满足题意的五位数共有 $288-36=252$(个).

7. (D)

【详细解析】

α，β 是方程 $x^2+mx+n=0$ 的两根，由韦达定理得$\begin{cases}\alpha+\beta=-m,\\ \alpha\beta=n.\end{cases}$

$\alpha+1$，$\beta+1$ 是方程 $x^2-mx-n=0$ 的两根，由韦达定理得$\begin{cases}(\alpha+1)+(\beta+1)=m,\\ (\alpha+1)\cdot(\beta+1)=-n.\end{cases}$

联立可得$\begin{cases}-m+2=m,\\ n-m+1=-n,\end{cases}$解得$\begin{cases}m=1,\\ n=0,\end{cases}$故 $m+n=1$.

8.（B）

【详细解析】

根据题意，可知另一个因式是一次因式，且由首尾项检验法可知，该一次因式的一次项系数是 a，常数项是 c，故该一次因式为 $ax+c$，即 $ax^3+bx^2-c=(x^2+2x-1)(ax+c)$，将右端式子展开，整理得 $ax^3+bx^2-c=ax^3+(2a+c)x^2+(2c-a)x-c$.

对应项相等，则有 $\begin{cases}2a+c=b,\\2c-a=0,\end{cases}$ 整理得 $2b=5a$，即 $\dfrac{b}{a}=\dfrac{5}{2}$.

9.（B）

【详细解析】

设正方形 A，B，C，D 的边长分别为 x 厘米、y 厘米、z 厘米、w 厘米．

在三个直角三角形中，根据勾股定理，得

$$x^2+y^2+z^2+w^2=7^2=49,$$

其中 x^2，y^2，z^2，w^2 恰好分别是正方形 A，B，C，D 的面积．

故正方形 A，B，C，D 的面积和为 49 平方厘米．

10.（E）

【详细解析】

水的体积为 $40\times30\times10=12\ 000$(立方厘米)，放入铁块后，铁块顶面仍高于水面，故此时水所占的底面积呈"回"字形，相比开始减少了 $20\times20=400$(平方厘米)，为 $40\times30-400=800$(平方厘米)，故此时水面高 $12\ 000\div800=15$(厘米).

11.（A）

【详细解析】

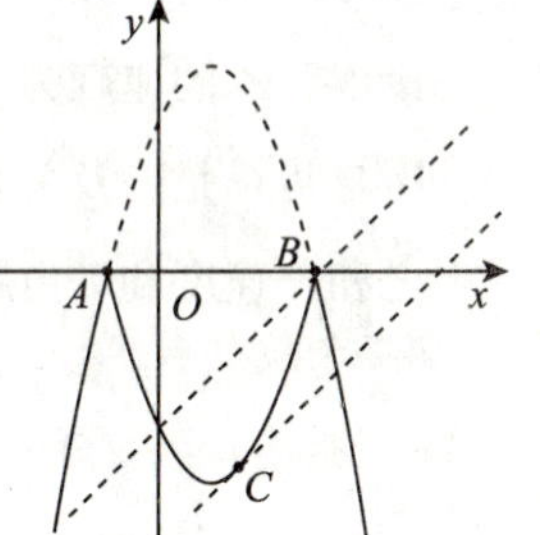

由 $y=-x^2+2x+3$ 知，当 $y=0$ 时，解得 $x_1=-1$，$x_2=3$，故 $A(-1,0)$，$B(3,0)$. 当 $-1\leqslant x\leqslant3$ 时，新函数图像与 $y=-x^2+2x+3$ 关于 x 轴对称，故横坐标相等，纵坐标互为相反数，即 $y=x^2-2x-3$.

将函数 $y=x$ 的图像向下平移至过点 B 时，恰与新函数图像有 3 个交点，将点 B 坐标代入直线 $y=x+b$ 中，有 $0=3+b$，即 $b=-3$.

继续向下平移 $y=x$ 的图像至过点 C 时，直线与抛物线相切，此时，也恰与新函数图像有 3 个交点．联立 $\begin{cases}y=x+b,\\y=x^2-2x-3,\end{cases}$ 整理得 $x^2-3x-3-b=0$，由相切可知，方程仅有一个根，故 $\Delta=(-3)^2-4\times1\times(-3-b)=0$，解得 $b=-\dfrac{21}{4}$.

综上所述，当直线 $y=x+b$ 与新函数的图像恰有 3 个公共点时，b 的值为 -3 或 $-\dfrac{21}{4}$.

12. (D)

【详细解析】

由图可知，直线与圆 C 相切于点(2，1)，即圆 C 过点(2，1)，又因为圆 C 过点(2，15)，所以圆 C 的圆心在直线 $y=8$ 上，设圆心坐标为$(a,8)$.

由图可知，切线的斜率为-1，则圆心与切点连线的斜率是 1，即$\frac{8-1}{a-2}=1$，解得 $a=9$，故圆 C 的半径为$\sqrt{(9-2)^2+(8-1)^2}=7\sqrt{2}$.

13. (E)

【详细解析】

设齐王的上、中、下三匹马为 A，B，C，田忌的上、中、下三匹马为 a，b，c.

田忌的派马方式有 $A_3^3=6$(种)，其中能获胜的派马方式只有 Ac，Ba，Cb 一种，故田忌获胜的概率为$\frac{1}{6}$.

14. (B)

【详细解析】

设 $b_n=2n+1$，是首项为 3、公差为 2 的等差数列；$c_n=(-1)^{n+1}$，是首项为$(-1)^2$、公比为-1 的等比数列，则 $a_n=\frac{1}{4}(b_n+c_n)$. 由等差数列、等比数列求和公式，可得

$$S_{101}=\frac{1}{4}\times[3+5+7+\cdots+(2\times101+1)+(-1)^2+(-1)^3+\cdots+(-1)^{102}]=\frac{10\ 404}{4}=2\ 601.$$

15. (B)

【详细解析】

设甲、乙的速度为 $v_人$，货车长度为 s，速度为 $v_车$.

甲与货车是追及关系：追及时间＝追及距离÷速度差；乙与货车是相遇关系：相遇时间＝距离之和÷速度和. 由题干得

$$\begin{cases}\dfrac{s}{v_车-v_人}=\dfrac{4}{60},\\[2ex]\dfrac{s}{v_车+v_人}=\dfrac{3}{60},\end{cases}$$

解得 $v_车=7v_人$.

当货车与甲相遇时，甲、乙之间的距离等于货车与乙之间的距离. 3 分钟后货车与乙相遇，故货车与乙的距离为 $3(v_车+v_人)$，则甲、乙两人相遇所需时间为

$$\frac{3(v_车+v_人)}{2v_人}=\frac{3\times8v_人}{2v_人}=12(\text{分钟}).$$

二、条件充分性判断

16.（C）

【详细解析】

显然两个条件单独均不充分，故考虑联立．

方法一：设初始酒精溶液容积为 x 毫升．根据题意，有

$$\frac{50\%x+100}{x+300+100}=40\%,$$

解得 $x=600$，即初始酒精溶液容积为 600 毫升．

方法二：十字交叉法．

先加入 100 毫升纯酒精，再加入 300 毫升水，即共加入了 400 毫升浓度为 25%的酒精溶液．

初始：	50%		15%	3
		40%		：
加入：	25%		10%	2

则初始溶液与加入溶液的容积比例为 3∶2，故初始溶液的容积为 $400\times\frac{3}{2}=600$（毫升）．故两个条件联立充分．

17.（D）

【详细解析】

条件(1)：由等差数列 $\{a_n\}$ 前 n 项和 S_n 的特征，可设 $S_n=An^2+Bn(A\neq0)$．图像近似为过原点的一元二次函数的图像，由于 $S_{20}=S_{40}$，可得对称轴为 $n=30$，所以 $S_{60}=S_0=0$．条件(1)充分．

条件(2)：等价于条件(1)，故条件(2)充分．

18.（B）

【详细解析】

在 O 点周围要形成密铺，即几块地砖中以 O 为顶点的内角总和应为 360 度，如下图所示．

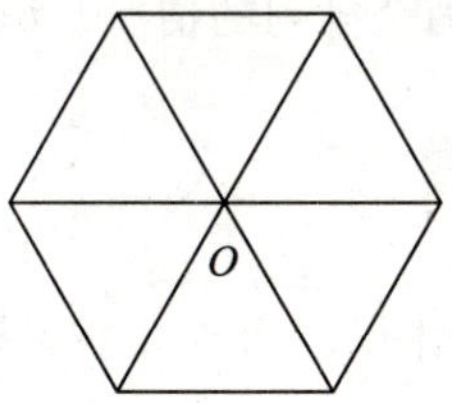

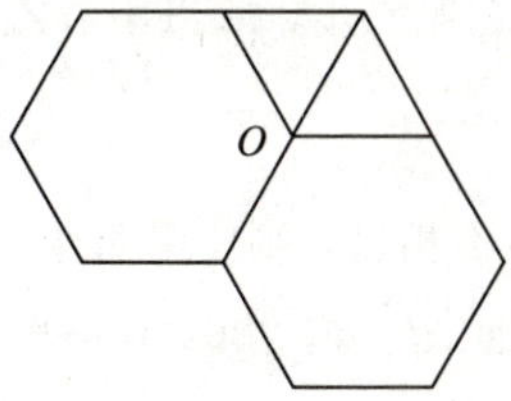

正三角形、正方形、正五边形、正六边形的一个内角分别为 60°、90°、108°、120°．

因为正五边形的内角为 108°，其尾数是 8，而 60、90、120、360 的尾数都是 0，所以正五边形不能和其他图形凑出 360°，故不考虑．

条件(1)：设用 x 个正三角形和 y 个正方形，则 $60x+90y=360$，解得 $x=3$，$y=2$，即可以选择正三角形和正方形在点 O 周围形成密铺；

设用 a 个正三角形和 b 个正六边形，则 $60a+120b=360$，解得 $a=2$，$b=2$ 或 $a=4$，$b=1$，即可

以选择正三角形和正六边形在点 O 周围形成密铺．

因此，当 $n=2$ 时，无法确定所选地砖的形状，条件(1)不充分．

条件(2)：当 $n=3$ 时，即有三种形状的地砖，这三种地砖只能是正三角形、正方形和正六边形．设用 x 个正三角形、y 个正方形、z 个正六边形进行密铺，则 $60x+90y+120z=360$，解得 $x=1$，$y=2$，$z=1$，即可以在点 O 周围形成密铺．条件(2)充分．

19. (E)

【详细解析】

男生平均每人捐了 $\frac{3}{4}\times9+\frac{1}{4}\times5=8$(本)，女生平均每人捐了 $\frac{9+7}{2}=8$(本)，说明全校学生平均每人捐了 8 本书．若想求得书本总数量，需知全校学生总数，然而条件(1)和条件(2)均得不出全校学生总数，故两个条件都不充分．联立也不充分．

20. (B)

【详细解析】

条件(1)：联立 $\begin{cases}y=x+2,\\y=kx+4,\end{cases}$ 两直线交点的横坐标为 $x=\frac{2}{1-k}$.

当 x 为整数时，k 的可能取值为 -1，0，$\frac{1}{2}$，$\frac{2}{3}$，…，2，3，此时，交点纵坐标 y 的取值也为整数，故满足两条直线的交点为整点的 k 的取值有多种，条件(1)不充分．

条件(2)：要求 x，y 均为整数，故 $(|x|-1)^2+(|y|-1)^2=0$. 由非负性可得，$|x|-1=0$，$|y|-1=0$，即 $|x|=1$，$|y|=1$，因此满足条件的情况共有四种，为(1，1)，(−1，1)，(1，−1)，(−1，−1)，即整点的个数 $m=4$，条件(2)充分．

21. (D)

【详细解析】

条件(1)：甲、乙、丙顺序固定，则使用消序法．

第一步，10 个人全排列；第二步，除以甲、乙、丙全排列的情况，消序，得 $\frac{A_{10}^{10}}{A_3^3}=604\ 800$(种)，故条件(1)充分．

条件(2)：任意 2 名女生不相邻，则使用插空法．

第一步，男生全排列，即 A_6^6；第二步，6 个男生之间产生了 7 个空，把 4 个女生插进其中 4 个空中，即 A_7^4. 由乘法原理，得不同的排法有 $A_6^6A_7^4=604\ 800$(种)，因此条件(2)充分．

22. (A)

【详细解析】

三枚硬币随机分给三个小朋友，每枚硬币有三种分法，总共有 3^3 种分法．

正难则反．讨论甲只有 5 毛钱和没有钱的情况．

条件(1)：

①甲只有1个5毛钱，剩下两个1元钱各有两种分法，为2^2种，共有$2^2=4$(种)分法．

②甲没有钱，三个硬币分给乙和丙，各有两种分法，为2^3种，共有$2^3=8$(种)分法．

故甲至少有1元钱的概率为$1-\frac{4+8}{3^3}=\frac{5}{9}$，条件(1)充分．

条件(2)：

①甲只有1个5毛钱，从两个5毛硬币中选一个给甲，为C_2^1种；剩下的一个1元硬币和一个5毛硬币各有两种分法，为2^2种，共有$C_2^1\times 2^2=8$(种)分法．

②甲没有钱，三个硬币分给乙和丙，各有两种分法，为2^3种，共有$2^3=8$(种)分法．

故甲至少有1元钱的概率为$1-\frac{8+8}{3^3}=\frac{11}{27}$，条件(2)不充分．

23. (D)

【详细解析】

条件(1)：由三角不等式得$|a|-|c|\leqslant|a+c|<b$，即$|a|-|c|<b$，故$|a|<b+|c|$，即$|a|<|b|+|c|$，条件(1)充分．

条件(2)：因为$|a|+|c|<|b|$，故必有$|a|<|b|$，则$|a|<|b|+|c|$，条件(2)充分．

24. (C)

【详细解析】

条件(1)和条件(2)显然单独都不充分，故考虑联立．

从每盒中抽取1个次品螺母的概率均为$\frac{1}{10}$，设“从3盒中各抽取1个，恰有1个是次品”为事件A，则

$$P(A)=C_3^1\times\left(\frac{1}{10}\right)\times\left(\frac{9}{10}\right)^2=0.243.$$

故条件(1)和条件(2)联立起来充分．

25. (C)

【详细解析】

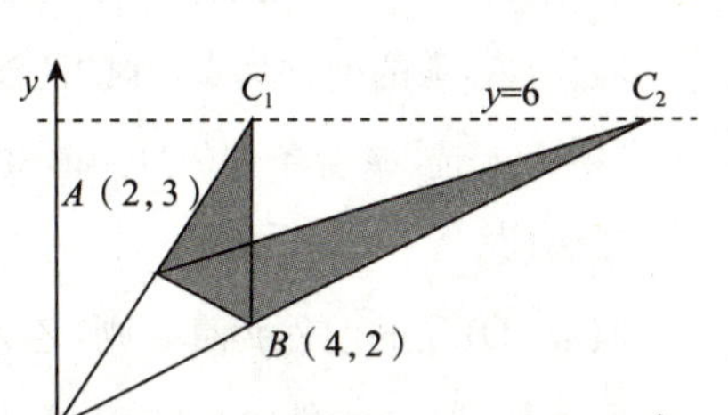

根据题意作图，令$z=\frac{y}{x}$，则z是O，P连线的斜率．当$z=\frac{3}{2}$时，O，A，P共线，此时OA与直线$y=6$的交点为$C_1(4,6)$，点P在AC_1上；当$z=\frac{1}{2}$时，此时O，B，P共线，此时OB与直线$y=6$的交点为$C_2(12,6)$，点P在BC_2上．

因此若要保证$\frac{y}{x}$最大值为$\frac{3}{2}$，最小值为$\frac{1}{2}$，则必有点$C(m,6)$在C_1、C_2之间，故$4\leqslant m\leqslant 12$．

因此，条件(1)和条件(2)单独均不充分，联立充分．

三、逻辑推理

26.（C）

【论证结构】

题干中的问题是“专家的论述依赖于哪条假设”，故直接定位“专家的论述”。

专家：已经发现的最早的鸟类的化石比最古老的已知的多罗米奥索斯的化石早几千万年。因此，古生物学家的声称是错误的。

【模型识别】

专家的观点，即：已经发现的最早的鸟类的化石比最古老的已知的多罗米奥索斯的化石早几千万年，所以鸟类不是叫做多罗米奥索斯的恐龙的后裔。

根据相关性，锁定“化石的年代”和“物种的年代”的关系，可秒选(C)项。

【选项详解】

(A)项，不必假设，“具有相似的特征”是古生物学家的论据，与恐龙专家的观点无关。

(B)项，不必假设，题干的论证不涉及多罗米奥索斯和鸟类是否会有共同的祖先。（干扰项·转移论题）

(C)项，必须假设，搭桥法，建立“化石的年代”和“物种的年代”的关系。否则就无法通过化石的年代断定物种起源的先后(取非法)。

(D)项，假设过度，能够判断化石的年代即可，不必假设“知识完整”。

(E)项，不必假设，多罗米奥索斯与鸟类的相似性是古生物学家的论据，与恐龙专家的观点无关。

27.（D）

【模型识别】

观察选项，发现5个选项及题干的已知信息中，均由事实和假言构成。故此题既可视为事实假言模型，也可视为选项事实假言模型。优先代入含假言的选项进行验证。

【详细解析】

(A)项和(D)项为假言选项，故优先分析这两个选项。

假设(A)项的前件为真，则“乙没入选”为真。由“乙没入选”结合条件(1)可知，甲不入选。再由“甲不入选”结合条件(5)可知，戊不入选。可见，由(A)项的前件推出(A)项的后件为假，故(A)项为假。

假设(D)项的前件为真，则“乙入选”为真。由“乙入选”结合条件(3)可知，丙不入选。再由“丙不入选”结合条件(4)可知，丁入选。可见，由(D)项的前件推出(D)项的后件为真，故(D)项为真。

28.（B）

【论证结构】

题干使用对比实验：

每周吃两次、每次吃约 150 克蘑菇的老年人：血浆中麦角硫因的含量高；

每周吃蘑菇少于一次的老年人：血浆中麦角硫因的含量低；

故：食用蘑菇将有助于降低老年人患轻度认知障碍的风险。

【模型识别】

题干由两组对比的实验，得出一个因果关系，故此题为求异法模型。

此外，此题由“实验里血浆中麦角硫因的含量差异”，得出关于“老年人认知障碍风险高低差异”的结论，论据和论点中的核心概念不一致，故此题也为拆桥搭桥模型。

【选项详解】

(A)项，研究人员的推测中的对象是“老年人”，此项的对象是“年轻人”；此外，“轻度认知障碍”和“心脏病”并非同一概念。(干扰项・偷换论证对象、转移论题)

(B)项，搭桥法，此项说明血浆中麦角硫因水平低导致老年人患轻度认知障碍，老年人多使用蘑菇，其血浆中麦角硫因含量增高，从而会降低其患轻度认知障碍的风险，直接指出因果相关，支持研究人员的推测。

(C)项，题干论证不涉及老年人主要食用的蘑菇类型。(干扰项・转移论题)

(D)项，题干论证不涉及“茶水”是否能降低患轻度认知障碍的风险。(干扰项・转移论题)

(E)项，老年疾病专家的观点未必就一定正确。(干扰项・诉诸权威)

29. (B)

【模型识别】

题干五人的发言均为选言命题或联言命题。根据选项内容可知，本题为确定这五个判断的真假情况，故此题考察的是双判断问题。

【详细解析】

题干：

李冰：①莲湖公园 ∨ 文星广场。

张蕾：②¬ 乐购 ∨ ¬ 莲湖公园 ∨ ¬ 文星广场。

柳楠：③¬ 乐购 ∧ ¬ 文星广场。

夏雨：④乐购 ∧ 莲湖公园 ∧ 文星广场。

王兰：⑤不举行。

(A)、(D)项，若⑤为真，则①为假，即：李冰和王兰的意见不能同时符合决定，故这两项均排除。

(B)项，若实际情况为“¬ 乐购 ∧ ¬ 文星广场 ∧ 莲湖公园”，三人的意见可以同时为真，故此项正确。

(C)、(E)项，③和④为反对关系，至少有一假，即：柳楠和夏雨的意见不能同时符合决定，故这两项均排除。

30. (C)

【题干现象】

待解释的现象：通常能源消耗增长和经济增长幅度相差不超过 15%，但是，2021 年 W 省的两者增长幅度相差超过了 15%。

【选项详解】

(A)项，可以解释，说明实际经济增长率高于12.7%。

(B)项，可以解释，说明经济增长率偏低是因为某些民营企业未被统计进去，而实际的经济增长率高于这个数字。

(C)项，若新企业有90%属于低能消耗企业，那么就应该在更低的能耗促进经济增长，从而使得经济增长率与能源消耗之间幅度差增大，故此项不能解释。

(D)项，可以解释，说明经济增长率偏低，是因为能源价格上涨。

(E)项，可以解释，指出经济增长率偏低只是因为政府的投资活动而带来的暂时性现象。

31. (C)

【模型识别】

题干中出现匹配关系(8个人4门课程)，但具体匹配数量并不确定，故此题为不定量匹配模型。

【详细解析】

第1步：数量匹配先计算。

已知“8个人选择4门课程”。

由(1)可知，有一门课程仅有甲、乙、丙、戊4人选择，则其余4人：丁、己、庚、辛必须选择其余3门不同的课程。

第2步：事实/重复元素是关键。

由(2)“戊、庚、辛三人选择两门课程”并结合(1)可知，庚、辛选择同一门课程。

因此，丁、己两人分别选择另外两门课程。

故(C)项正确。

32. (B)

【论证结构】

题干：①一份报告显示，截至3月份的一年内，中国内地买家成为购买美国房产的第二大外国买家群体，交易额达90亿美元，仅次于加拿大。②这比上一年73亿美元的交易额高出23%，比前年48亿美元的交易额高出88%(论据)。有人据此认为，中国有越来越多的富人正在把财产转移到境外(论点)。

【模型识别】

此题为数量模型：总金额＝平均每人转移资产的金额×转移资产的总人数。

【选项详解】

(A)项，无关选项，此项说明了为什么有中国人在美国购房，但未涉及这些人是否“越来越多”。

(B)项，削弱题干，此项说明成交额上升无法得出人数“越来越多”。

(C)项，无关选项，题干的论证不涉及“国内炒房”的现象。(干扰项・转移论题)

(D)项，美国房地产市场风险的较小，有增值空间；而中国内地买家数量多，说明确实存在转移

财产的情况，支持题干。

(E)项，此项中国人确实存在转移财产到境外的情况，支持题干。

33. (D)

【模型识别】

题干由多个有重复元素的假言命题和选言命题(可转化为选言)组成，提问方式为“以下哪项不可能为真”，故本题为串联矛盾模型。

【详细解析】

第 1 步：画箭头。

①妙笔生花→猴子观海。

②禅心向天∨神来一笔，等价于：¬ 禅心向天→神来一笔。

③¬ 美人梳妆∨¬ 神来一笔，等价于：美人梳妆→¬ 神来一笔。

④猴子观海→美人梳妆。

第 2 步：做串联。

由①、④、③、②串联可得：妙笔生花→猴子观海→美人梳妆→¬ 神来一笔→禅心向天。

第 3 步：找矛盾。

(D)项，妙笔生花∧¬ 禅心向天，与“妙笔生花→禅心向天”矛盾，故不可能为真。

其余选项均可能为真。

34. (E)

【模型识别】

题干中条件(1)、(2)、(3)均为假言命题，问题补充了一个事实，故此题为事实假言模型。“从事实出发做串联”即可秒杀。

【详细解析】

从事实出发，由“丁坐在 B 座”可知，条件(2)后件为假，根据口诀“否后必否前”，可得：戊坐在 C 座。

由“戊坐在 C 座”可知，条件(3)后件为假，根据口诀“否后必否前”，可得：乙坐在 E 座。

由“乙坐在 E 座”可知，条件(1)前件为真，根据口诀“肯前必肯后”，可得：丙坐在 A 座。

故(E)项正确。

35. (B)

【模型识别】

甲、乙、丙、丁四人每人都做了三个判断，且已知每个人的判断两真一假，故此题为一人多判断模型。

【详细解析】

每个人的判断整理如下：

甲：¬ 甲深圳，¬ 乙深圳，丙杭州。

乙：乙深圳，丙杭州，¬ 丁上海。

丙：¬ 甲深圳，丙西安，丁上海。

丁：¬ 丙上海，¬ 丁上海，甲西安。

由于每个人来自一个地方，故乙的第二句话“丙杭州”与丙的第二句话“丙西安”至少一假。

乙的第三句话“¬ 丁上海”与丙的第三句话“丁上海”一定一真一假。

此时乙丙的话中至少两假。由于每个人只有一句假话，则乙丙两人共有两句假话，故乙丙剩下的话均为真。

即：乙深圳，¬ 甲深圳。

由“乙深圳”可知：甲的第二句话为假，故甲的第一句和第三句话均为真。即：¬ 甲深圳，丙杭州。

由“丙杭州”可知：丙的第二句话为假，故丙的第一句和第三句话均为真。即：¬ 甲深圳，丁上海。

由“丁上海”可知：丁的第二句话为假，故丁的第一句和第三句话均为真。即：¬ 丙上海，甲西安。

综上所述，甲来自西安，乙来自深圳，丙来自杭州，丁来自上海。

故(B)项正确。

36. (B)

【模型识别】

已知条件由假言命题组成，选项均为事实。故此题为假言事实模型。

【详细解析】

第 1 步：将题干符号化。

①¬ 丙昆明→¬ 甲南昌 ∧¬ 丙南昌。

②甲西安→甲南昌，等价于：¬ 甲南昌→¬ 甲西安。

③¬ 成都 ∨¬ 昆明。

④戊成都 ∨ 己成都→丙成都。

第 2 步：串联找矛盾。

由④、①、②串联可得：⑤戊成都 ∨ 己成都→丙成都→¬ 丙昆明→¬ 甲南昌→¬ 甲西安→甲成都 ∧ 甲昆明。

与条件③矛盾，故“戊成都 ∨ 己成都”为假，“¬ 丙昆明”为假，“¬ 甲南昌”为假。即“¬ 戊成都 ∧¬ 己成都”为真，“丙昆明”为真，“甲南昌”为真。

由“丙昆明”和条件③可知：¬ 丙成都。

则丙、戊、己三人均不选择成都，结合“每个地方只有三个人选择”，可知甲、乙、丁三人均选择成都。

故甲选择南昌和成都。(B)项正确。

37.（D）

【模型识别】

本题中的已知条件由数量关系(7 选 3)和假言命题组成，故此题为数量假言模型。本题的问法为“补充以下哪项，则三位巡查组长可以确定”，故考虑选项代入法。

【详细解析】

(A)、(B)项均为数量限制条件，显然无法确定具体人选。

(C)项，甲、己均不当选，无法根据其余条件判定选人情况，故排除。

(D)项，乙、戊均不当选，由条件(4)可知，庚不当选，此时三位博士研究生中已有两人不当选，结合“博士研究生中至少一人当选”可知：己一定当选。此时博士研究生中只有一人当选，则硕士研究生中需有两人当选。

由“己当选”可知，条件(2)的后件为假，根据口诀“否后必否前”可知：甲不当选。此时硕士研究生中已有甲、乙两人不当选，故其余丙、丁二人均需当选。

故可以确定三位巡查组长。

(E)项，共选三人，显然硕士研究生无法和博士研究生数量相同。

38.（D）

【论证结构】

轮扁：我的制作车轮的一些高超的技术，无法用语言传达给儿子。因此，古人已经死了，他们所不能言传的精华也跟着消失了，那么桓公所读的就是古人的糟粕了。

【模型识别】

论据中的对象是“高超的技术”，论点中的对象是“不能言传的精华”，即：

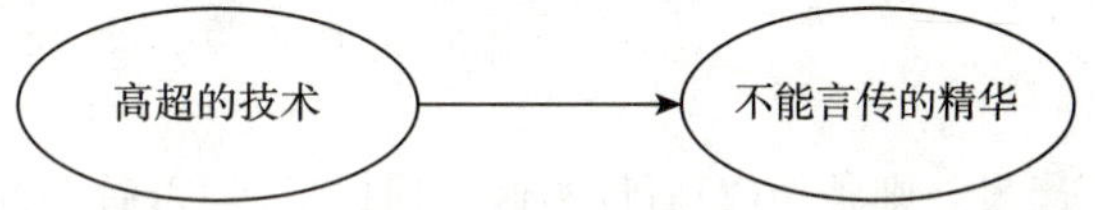

故此题为类比论证模型。只有(D)项涉及二者的联系，故可迅速选择(D)项。

【选项详解】

(A)项，无关选项，题干的论证不涉及“其他值得阅读的内容”。

(B)项，无关选项，题干的论证不涉及“读书的作用”。

(C)项，复述了轮扁的理由，但不是其假设。

(D)项，必须假设，轮扁用的是类比论证，他用制作车轮的技术类比到桓公所读的书，所以，必须假定这两者能够做类比，即，除了高超的技术外，其他精华也是不能言传的。故本项必须假设。

(E)项，轮扁的论述只假设精华无法言传，而不假设无法言传的都是精华，故此项不必假设。

39.（A）

【论证结构】

节能空调与目前正在使用的传统空调拥有同样的功能，但是所需的电量仅是传统空调的一半。与此同时，这种节能空调的寿命也会比传统空调要长，因此，当传统空调坏掉时换上新的节能

空调(措施)可以大大降低 Tower Light 公司的金钱成本(目的)。

【模型识别】

锁定关键词“可以”，可知此题为措施目的模型。

【选项详解】

(A)项，支持题干，说明节能空调的价格与传统空调相当，则更换新空调后可以降低总体成本。

(B)项，无关选项，题干的论证不涉及是否扩充办公区域。

(C)项，无关选项，题干的论证主体是“Tower Light 公司”，即使用空调的公司，而此项的论证主体是“生产节能空调的公司”。(干扰项·偷换论证对象)

(D)项，无关选项，题干的论证不涉及“关空调的号召”。

(E)项，削弱题干，此项说明换节能空调会使该公司总成本提高。

40.(B)

【模型识别】

本题中的已知条件由数量关系(7 进 4)和假言命题组成，故此题为数量假言模型。本题的提问方式为“以下哪项可能为真”，可使用选项排除法。

【详细解析】

根据题干信息(4)，排除(A)项。

根据题干信息(1)，排除(C)项。

根据题干信息(2)，排除(D)项。

根据题干信息(3)，排除(E)项。

(B)项不与题干信息矛盾，故为真。

41.(B)

【详细解析】

从本题所给事实“选乙”出发，则条件(2)后件为假，根据口诀“否后必否前”可知：不选丙。

此后无法进行串联，故考虑选项代入法。

代入(A)项：“选甲”无法与题干其他条件进行串联，故无法确定入选的四个村。

代入(B)项：“选丁”，则条件(3)的前件为真，条件(4)的后件为假，根据口诀“肯前必肯后，否后必否前”可知：不选庚，不选戊。

结合条件(5)可知：选己。由“7 个村中选取 4 个村”可知：一定选甲。故能确定入选的村为：甲、乙、丁、己。

代入(C)项：“选己”，则由条件(5)可知：不选庚。此后无法进行串联，故无法确定入选的四个村。

代入(D)项：“选庚”，则条件(3)后件为假，根据口诀“否后必否前”可知：不选丁。结合条件(5)可知，不选己。此时，根据题干信息，不选丁不选己不选丙，7 选 4 中有三位不选择，那么剩余四位都入选。

但根据(C)项的分析，当选己时，不能确定 4 个要调研的村，故此项排除。

代入(E)项：“选戊”，则条件(4)前件为真，根据口诀“肯前必肯后”可知：不选丁。此后无法进行串联，故无法确定入选的四个村。

42. (B)

【论证结构】

公元 250 年至 800 年，玛雅地区的降水量相对较高，此后玛雅文明开始衰落(现象)。从 820 年左右起，在连续 95 年的时间里，该地区开始经历断断续续的干旱。许多专家由此认为，9 世纪的气候变化或许正是玛雅文明消亡的原因(原因)。

【模型识别】

题干描述了一种现象，然后分析了这种现象的原因，故此题为现象原因模型。

【选项详解】

(A)项，不能支持，使用木材减少是玛雅文明消亡的结果，并非其原因。

(B)项，可以支持，此项补充与农作物有关的论据，直接指出气候与玛雅人的生存关系密切，进而说明气候确实是导致玛雅文明消亡的原因，支持力度强。

(C)项，可以支持，城市衰落的时间与干旱发生的时间重合，说明可能是干旱导致衰落。

注意：(B)项直接建立了气候问题与玛雅人生存的关系，故(B)的支持力度更强。

(D)项，不能支持，此项的时间与题干中的 9 世纪不一致。此外，“石雕和其他建造活动减少”并不能说明文明消亡。

(E)项，另有他因，说明可能是大规模地震而非气候变化导致玛雅文明消亡，削弱题干。

43. (D)

【模型识别】

题干中的条件由假言命题和事实构成，故此题为事实假言模型。“从事实出发做串联”即可秒杀。

【详细解析】

题干：

①¬ 丙妙笔生花→甲猴子观海 ∨ 甲妙笔生花。

②¬ 丙阳关三叠→乙美人梳妆。

③¬ 丁仙人晒靴→¬ 甲妙笔生花。

④戊美人梳妆 ∨ 丁美人梳妆。

⑤乙去猴子观海。

从事实出发，由“乙去猴子观海”可知，条件②后件为假，根据口诀“否后必否前”可得：丙阳关三叠。

由“丙阳关三叠”可知，条件①前件为真，根据口诀“肯前必肯后”可得：甲猴子观海 ∨ 甲妙笔生花；再结合“乙去猴子观海”可得：甲妙笔生花。

由“甲妙笔生花”可知，条件③后件为假，根据口诀“否后必否前”可得：丁仙人晒靴。

由“丁仙人晒靴”结合④可知，戊去美人梳妆。

故(D)项正确。

44. (D)

【论证结构】

锁定关键词“由此可以推测”，可知此前是论据，此后是论点。

题干：书写者的性格和心理特性是不同的，由此可以推测，研究人的笔迹可以分析书写者的性格特点和心理状态。

【模型识别】

论据中"书写者"与论点中"笔迹"明显不同，故本题为拆桥搭桥模型。

只有(D)项和(E)项涉及"书写者"和"笔迹"的关系，故重点分析这两项。

【选项详解】

(D)项，搭桥法，直接说明人的笔迹与人的性格相关，说明可能确实可以通过笔迹判断人的心理状态，支持题干。

(E)项，此项虽然建立了人与笔迹之间的关系，但是无法说明对于判断心理状态的帮助，故支持力度不如(D)项。

(A)项，此项只涉及笔迹，无法说明笔迹与人、笔迹与心理状态的关系，故不能支持。

(B)项，无关选项，题干的论证不涉及笔迹鉴定的方法。

(C)项，无关选项，题干的论证不涉及笔迹分析的用途。

45. (A)

【模型识别】

此题要求在方阵中填入相应的词，显然是数独模型。

【详细解析】

观察方阵发现，第三行中的已知信息最多，故先填第三行。

第三行缺少氢、氮、磷。而第六列有氢，结合粗线框内不能重复原则，可知第三行第六列只能是氮。

因为第一列有磷，故第三行的磷只能出现在位置②，则剩余第三行第一列为氢。

第六列有氢，再结合粗线框内不能重复原则，可知①为氢，则第四行第六列的元素为硫。

左下角粗线条围成的范围内需要有氮元素，根据"每行每列元素不能重复"原则，可知第六行第三列为氮，即③为氮。

此时第四行缺少碳、氧、氮，第二列已经出现了氮、氧，故第四行第二列只能是碳。第三列已经出现了氮，故第四行第三列只能是氧，即④为氧。

故①、②、③、④应填入的元素依次为：氢、磷、氮、氧，(A)项正确。

46. (E)

【论证结构】

题干：今天看到的秦兵马俑没有马鞍或者没有马镫，这样士兵在马背上就待不住，也使不上劲 —证明→ 当时的骑兵没法在马上打仗 —证明→ 许多骑马打仗的镜头不符合历史的真实情况。

【模型识别】

论据中的论证对象是"秦兵马俑"，论点中的论证对象是"当时的骑兵"，二者明显不一致，故本题为拆桥搭桥模型。

【选项详解】

(A)项，无关选项，马镫实际发明的时期是否可以考察与该论证无关。

(B)项，支持题干中的论点“当时的骑兵没法在马上打仗”，无法说明秦兵马俑的情况与当时真实情况之间的关系，故不是隐含假设。

(C)项，无关选项，题干没有涉及唐代的情况。

(D)项，不必假设，此项强调了马镫对于骑马打仗的重要性，但是无法说明没有马镫就无法打仗。

(E)项，搭桥法，必须假设，否则就不能由秦兵马俑的情况证明现在骑马打仗的镜头不符合历史的真实情况。

47. (B)

【模型识别】

题干中的已知条件均为假言命题，选项均为事实，故此题为假言事实模型。

【详细解析】

第 1 步：将题干符号化。

①┐ 赵 2→钱 1。

②┐ 李 6→郑 2 ∨ 周 2。

③┐ 钱 1→孙 4。

④孙 4 ∨ 吴 4→李 7。

第 2 步：串联。

因为“每人只播音一次，并且每天仅安排一人播音”，则由③、④、②、①串联可得：┐ 钱 1→孙 4→李 7→┐ 李 6→郑 2 ∨ 周 2→┐ 赵 2→钱 1。

即：┐ 钱 1→钱 1。

故由“┐ 钱 1”出发推出了矛盾，因此“┐ 钱 1”为假，“钱 1”为真。

第 3 步：推出答案。

故(B)项正确。

48. (D)

【模型识别】

题干信息(1)、(2)、(3)、(4)均为假言命题，本题新补充了事实，故本题为事实假言模型。“从事实出发做串联”即可秒杀。

【详细解析】

本题补充新事实：⑤赵星期二播音，郑星期五播音。

由上题分析还知：⑥钱星期一播音。

从事实出发，由“赵星期二播音”可知，②的后件为假，根据口诀“否后必否前”，可得：李星期六播音。

由“李星期六播音”可知，④的后件为假，根据口诀“否后必否前”，可得：┐ 孙 4 ∧ ┐ 吴 4。

再根据“7人每人只播音一次，并且每天仅安排一人播音”可知，周星期四播音。

故(D)项正确。

49. (B)

【论证结构】

锁定关键词“由此”，可知此前是论据，此后是论点。

题干：血液胆固醇水平低使人患其他致命类型的中风(即脑溢血，由大脑的动脉血管破裂而引起)的危险性在增大 $\xrightarrow{\text{预测}}$ 西方饮食比非西方饮食能更好地防止脑溢血。

【模型识别】

锁定关键词“能更好地”，可知此题是预测结果模型。

【选项详解】

(A)项，不必假设，题干意在论证两种饮食方式在防止脑溢血方面的比较，并非是对健康水平方面的比较。

(B)项，建立论据与论点的联系，说明采用西方饮食方式的人血液胆固醇水平可能高于采用非西方饮食方式的人，从而降低患脑溢血的风险。故必须假设。

(C)项，支持题干，说明高的血液胆固醇水平有好处，但不必假设。

(D)项，无关选项，题干的论证不涉及两种中风类型的危险性的比较。

(E)项，无关选项，题干的论证不涉及血压高低对于患脑溢血危险性的比较。

50. (B)

【论证结构】

题干已知下列信息：

①被命名为“郑氏晓廷龙”的小恐龙是始祖鸟的“亲戚”，与生存在侏罗纪晚期的始祖鸟亲缘关系非常近。

②始祖鸟并非鸟类，而是原始恐爪龙类。

③始祖鸟是迅猛龙的祖先，而不是鸟类的祖先。

【模型识别】

本题无明显模型，故直接分析选项。

【选项详解】

(A)项，说明始祖鸟是鸟类，削弱题干信息②。

(B)项，说明始祖鸟是恐龙，不是鸟，强化题干信息②。

(C)项，说明有可能始祖鸟是某一类恐龙的祖先，这种恐龙最终进化成了鸟，从而说明始祖鸟是鸟的祖先，削弱题干信息③。

(D)项，对始祖鸟的认识与题干的推测矛盾。注意此项削弱力度不大，因为这种认识可能是错误的。

(E)项，说明始祖鸟可能是鸟类的祖先，削弱题干信息③。

51. (B)

【模型识别】

题干中的已知条件由假言命题和选言命题(选言可转化为假言)组成，选项均为事实，故此题为假言事实模型。

【详细解析】

第 1 步：将题干符号化。

①长清→市中∧槐荫。

②¬ 市中∨¬ 槐荫，等价于：槐荫→¬ 市中。

③¬ 槐荫∨¬ 历下→长清∧天桥。

第 2 步：串联找矛盾。

由①、②串联可得：长清→市中∧槐荫→¬ 市中。

则由“长清”出发推出了矛盾，故“长清”为假，“¬ 长清”为真。

第 3 步：推出答案。

由“¬ 长清”为真，可知条件③的后件为假，根据口诀“否后必否前”可知：槐荫∧历下。

由“槐荫”为真，可知条件②的等价命题的前件为真，根据口诀“肯前必肯后”可知：¬ 市中。

故“¬ 长清∧¬ 市中”为真，则其矛盾命题“长清∨市中”为假，(B)项正确。

52. (A)

【模型识别】

题干中同队的人之间说真话，不同队的人之间说假话，类似于真城假城模型。一般使用假设法。

【详细解析】

观察第三句和第四句话，发现这两句话对于乙身份的判断相反。此外，第一句话也涉及乙的身份，故考虑从这三句话出发。

假设第一句话为真，则甲乙同队，且均为女排队员。

则第三句话中对乙身份的判断为假，故丙丁不同队；第五句话中对甲身份的判断为假，故甲戊不同队，则戊为女足队员。

则第四句话中对戊身份的判断为假，故丁戊不同队，则丁为女排队员。

则第三句话中对丁身份的判断为假，故丙丁不同队，则丙为女足队员。

则第二句话中对丙身份的判断为假，故乙丙不同队，则乙为女排队员。

上述情况未推出矛盾，故可以成立。

假设第一句话为假，则甲乙不同队，乙为女足队员，甲为女排队员。

则第五句话中对甲身份的判断为假，故甲戊不同队，则戊为女足队员。

其余推理过程同上，能推出乙为女排队员，与假设情况矛盾，故该假设不成立。

综上，甲说真话，女排队员为甲、乙、丁；女足队员为丙、戊。

53. (E)

【论证结构】

题干：1988 年北美的干旱(现象)可能是由太平洋赤道附近温度的大范围改变引起的(原因)，因

此，它不能证明就长期而言全球发生变暖趋势的假说。

即题干认为：既然 1988 年北美的干旱原因是“太平洋赤道附近温度的大范围改变”，那么它的原因就不是“全球变暖”。

【模型识别】

题干描述了一种现象，然后分析了这种现象的原因，故此题为现象原因模型。

【选项详解】

(A)项，题干的论证对象是“1988 年北美的干旱”，此项的论证对象为“1988 年以前的干旱”。(干扰项·偷换论证对象)

(B)项，无关选项，题干的论证仅涉及未来的变暖趋势，不涉及过去的情况。

(C)项，无关选项，排放污染物引起全球转暖的快慢与 1988 年美国干旱发生的原因无关。

(D)项，无关选项，二氧化碳含量的增加与 1988 年美国干旱发生的原因无关。

(E)项，此项建立两个原因之间的因果关系，说明这种温度的大范围改变正是由“全球变暖”所致的，因此，很好地削弱了题干。

54. (E)

【模型识别】

题干中的已知条件由假言命题和选言命题(选言命题可转化为假言命题)组成，选项均为事实，故此题为假言事实模型。

【详细解析】

第 1 步：将题干符号化。

①小雷黄 ∨ 小花黄→小芳橙。

②小明黄→小花青 ∧ 小雷青 ∧ 小刚青。

③黄 ∨ 红，等价于：¬ 黄→红，即¬ 红→黄。

④小明红→¬ 小芳橙。

⑤小刚、小明和小芳至少有两人绿→¬ 小明黄。

第 2 步：串联。

由③可得：⑥¬ 小明黄→小明红。此时，由重复元素“小明红”，可进行串联。

串联⑥、④、①可得：¬ 小明黄→小明红→¬ 小芳橙→¬ 小雷黄 ∧ ¬ 小花黄；由“¬ 小雷黄 ∧ ¬ 小花黄”结合“每种颜色的礼物均有三人收到”可得：小明、小刚、小芳均收到黄色礼物。

即：¬ 小明黄→小明黄。故由“¬ 小明黄”出发推出了矛盾，则“¬ 小明黄”为假，“小明黄”为真。

第 3 步：推出答案。

由“小明黄”结合“小明和小刚收到的礼物颜色均不相同”可知，小刚未收到黄色礼物；再结合条件③可知，小刚收到红色礼物。

由“小明黄”为真可知，条件②前件为真，根据口诀“肯前必肯后”可得：小花、小雷、小刚均收到青色礼物。

又由“小明黄”为真可知，条件⑤后件为假，根据口诀“否后必后前”可得：小刚、小明和小芳至

多有1人收到绿色礼物；再结合“每种颜色的礼物均有三人收到”可得：小雷、小花均收到绿色礼物。故(E)项正确。

55. (D)

【秒杀思路】

此题出现“5人”与“5种颜色的礼物”之间的匹配，已知“每种颜色的礼物均有三人收到”，故具体的匹配数量并不确定，故此题为<u>不定量匹配模型</u>。

【详细解析】

本题补充新的数量关系：⑦小雷和小花收的礼物数量不相同。

根据上题分析可得下表：

颜色	红	橙	黄	绿	青
小明	×		√		×
小雷				√	√
小刚	√		×		√
小芳					×
小花				√	√

第1步：数量关系优先算。

由“每种颜色的礼物均有三人收到”可知，五人收到的礼物总数为15。

再由“小明和小刚收到的礼物颜色均不相同”及“每位小朋友收到2～4种颜色的礼物”可知，小明、小刚收到礼物数量有如下两种情况：

情况1：一人收到2种礼物，一人收到3种礼物；两人共计收到5种礼物。此时，小雷、小芳、小花三人收到的礼物总数为10。

情况2：两人均只收到2种礼物，两人共计收到4种礼物。小雷、小芳、小花三人收到的礼物总数为11。

第2步：事实重复是关键。

情况1：

结合“每位小朋友收到2～4种颜色的礼物”可知，小雷、小芳、小花三人收到的礼物数量为3、3、4或者2、4、4。

由“小明和小刚收到的礼物颜色均不相同”可知，小明、小刚两人收到的5种礼物恰为红、橙、黄、绿、青各一件，故两人中有一人收到绿色礼物。再结合上表可知，小芳不收到绿色礼物。因此，小芳礼物数量至多为3。

若小芳收到的礼物数量为2，则小雷与小芳收到的礼物数量均为4，与⑦矛盾。结合“每位小朋友收到2～4种颜色的礼物”可得：小芳礼物数量为3。

再结合上表可知，小芳收到红、橙、黄3种颜色的礼物。

若为情况2：

结合“每位小朋友收到2～4种颜色的礼物”可知，小雷、小芳、小花三人收到的礼物数量只能为3、4、4。

再结合“⑦小雷和小花收的礼物数量不相同”可知，小雷、小花两人收到的礼物数量为3、4，因此，小芳收到的礼物数量为4。

再结合上表可知，小芳收到红、橙、黄、绿4种颜色的礼物。

综上所述，两种情况下，小芳均会收到橙色礼物，故(D)项正确。

56. 论证有效性分析

【谬误分析】

①针对北京市城镇人口的调查，未必有普遍的代表性。

②冠心病、癌症仅仅是影响人类健康的两种疾病，仅由这两种病的情况，难以说明已婚人群的健康情况。

③两人结成婚姻伴侣，彼此的压力和焦虑未必会得到疏解。

④夫妻双方未必能促进彼此养成良好的生活习惯。

⑤“妻子的压力难以疏解，影响了妻子的健康”，与前文“已婚者更健康”的观点自相矛盾。

⑥中日韩三个国家的情况，未必能说明“糟糕的婚姻更容易影响到女性的健康”。

参考范文

已婚者会更健康吗?

吕建刚　娜爷

上述材料通过一系列论证试图得出“已婚者会更健康”的观点，然而其论证过程中存在诸多谬误和漏洞，以致影响了说服力。分析如下：

首先，针对北京市城镇人口的调查，未必有普遍的代表性。北京作为一线城市，难以代表二、三线城市的情况，城镇人口的情况也难以代表农村人口的情况。故材料有以偏概全的嫌疑。

其次，与已婚人群相比，未婚者患冠心病的概率高20%、患癌症的概率高6%，无法说明“已婚人士的健康情况更好”。因为冠心病、癌症仅是人类的两种疾病，在不了解其他疾病数据的情况下，难以说明已婚人士的健康情况更好。

再次，两人结成婚姻伴侣，彼此的压力和焦虑未必会得到疏解。结婚之后，夫妻双方可能会面临养老、育儿等多种新的压力，这些压力可能会影响人类的健康。夫妻双方也未必能促进对方养成良好的生活习惯。

而且，“妻子的压力难以疏解，影响了妻子的健康”，与前文“已婚者更健康”的观点自相矛盾。

最后，材料通过“中日韩三个国家的情况”来验证“糟糕的婚姻更容易影响到女性的健康”的观点，有以偏概全之嫌。这是因为，中日韩三个国家的情况可能是特例，未必能代表其他国家的情况。而且，“遇上糟糕婚姻的女性，有23%的概率会出现健康问题，比未婚女性还高5个百分点”与前文自相矛盾。

综上所述，由于材料的论证存在上述多处不当，“已婚者会更健康”的观点难以让人信服。

（全文共550字）

57. 论说文

参考范文

既要“有为”，也要“不为”

吕建刚　江徕

如材料所言，商海茫茫大雾，暗礁无处不在。企业想要乘风破浪，致远行稳，既要做到“有为”，也要“不为”。

企业致远需“有为”。一个企业由小到大、由弱到强需要有目标的引领、战略的规划、文化的加持，而“有为”本质上就是帮助企业的管理者进行以上的设计，以提高收入、降低成本，打造品牌，形成口碑，提升核心竞争力，从而帮助企业这棵大树保持基业长青。

企业行稳要“不为”。这是因为，对于任何一个企业来讲，其人力、物力、财力以及其他资源，都具备稀缺性。如何将这些有限的资源用到刀刃上，产生最好的效果，就需要企业家理性的思考。而且，几乎所有决策都是在信息不对称、信息不完整的情况下做出的，这就要求企业家不能好高骛远，否则可能承担难以估量的后果。因此，“无为”对企业来讲也很关键。

因此，管理者应该清楚，“有为”跟“不为”并非是矛盾的，两者相辅相成，共同引领着企业健康发展。那么，如何把握“有为”与“不为”以提升管理水平呢？我认为，做好以下两点非常重要。

第一，制定科学目标。管理者在设定经营目标时，应对内外经营环境做出系统科学的评估和预测，使目标的设置可以保持适度的灵活。不管是由于市场环境变化，还是企业自身原因，当设置的目标实在完成不了时，可以针对实际情况进行适度调整。

第二，合理投入资源。任何目标的实现，都依赖于资源的投入。投入少了，起不到效果；投入太多，易造成浪费。可见，科学的资源投入十分重要。一方面，要做好投资预算，该投多少钱，什么时候投，要心中有数；另一方面，要做好人力资源规划，用多少人，什么时候用人，要一清二楚。

总之，君子有所为有所不为，企业管理也是如此，既要“有为”，也要“不为”。

（全文共686字）

全国硕士研究生招生考试
管理类综合能力试题 5 答案详解

一、问题求解

1.（B）

【详细解析】

根据题意，这位顾客第一次所购买商品的价值是 16 000 元，赠送的购物券金额为

$$16\ 000\div100\times20=3\ 200(\text{元})；$$

用 3 200 元购物券继续购物，赠送的购物券金额为 $3\ 200\div100\times20=640$(元)；用 640 元购物券中的 600 元继续购物，赠送的购物券金额为 $600\div100\times20=120$(元)，此时剩余 160 元；再用 160 元购物券中的 100 元继续购物，赠送的购物券金额为 20 元，此时剩余 80 元，无法继续赠送购物券．因而用 16 000 元购买的商品的原价值是 $16\ 000+3\ 200+600+100+80=19\ 980$(元)，则用 16 000 元购回的商品相当于原价的 $\frac{16\ 000}{19\ 980}\times100\%\approx80\%$.

2.（D）

【详细解析】

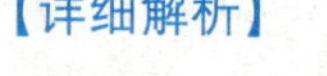

三棱柱的底是 $\triangle ABC$，高是 AA_1.

因为水的体积是三棱柱体积的 $\frac{1}{2}$，水的高和三棱柱的高相等，则水所占据的底面积是三棱柱的底面积的 $\frac{1}{2}$，如图所示，阴影部分的面积是 $\triangle ABC$ 面积的 $\frac{1}{2}$，故 $\triangle CDE$ 的面积也是 $\triangle ABC$ 面积的一半．

根据相似关系，$\triangle CDE\backsim\triangle CAB$，则 $\frac{S_{\triangle CDE}}{S_{\triangle CAB}}=\left(\frac{CD}{CA}\right)^2=\frac{1}{2}$.

故 $\frac{CD}{CA}=\frac{\sqrt{2}}{2}$，$\frac{AD}{CD}=\frac{2-\sqrt{2}}{\sqrt{2}}=\sqrt{2}-1$.

3.（B）

【详细解析】

根据题意，得

$$S_{偶}-S_{奇}=a_2+a_4+a_6+a_8+a_{10}-(a_1+a_3+a_5+a_7+a_9)=5d=55-45=10,$$

解得 $d=2$. 所以 $a_9-a_3=6d=12$.

4.（A）

【详细解析】

$\triangle AKB$ 的底为 AB，即两根之差的绝对值，$AB=|x_1-x_2|=\sqrt{(x_1+x_2)^2-4x_1x_2}$．由韦达定理可知，$x_1+x_2=-b$，$x_1x_2=c$，则 $AB=\sqrt{b^2-4c}$．

$\triangle AKB$ 的高为顶点纵坐标的绝对值，$h=|y_K|=\left|\frac{4c-b^2}{4}\right|$．则由题干得

$$S_{\triangle AKB}=\frac{1}{2}AB\cdot h=\frac{1}{2}\sqrt{b^2-4c}\cdot\left|\frac{4c-b^2}{4}\right|=1,$$

化简，得 $b^2-4c=4$.

5.（B）

【详细解析】

如图所示，C 为 AB 的中点，第一次相遇点为 E 点，且甲比乙多走了 $2\times120=240$（米），则第一次相遇时间 $t_1=\frac{路程差}{速度差}=\frac{240}{20}=12$（分钟），故 EB 的长为 $12\times60=720$（米）.

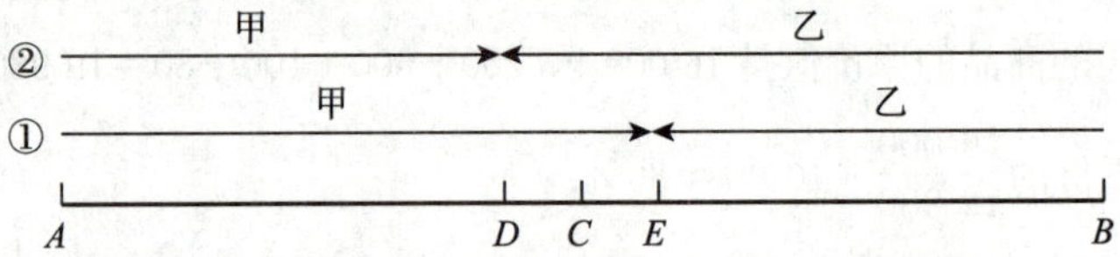

第二次相遇点为 D 点，乙从 B 到 E 用时 12 分钟，从 E 到 D 用时 $240\div60=4$（分钟），故第二次相遇时间 $t_2=12+4=16$（分钟）. 又因为 $AD=EB=720$ 米，故甲从 A 到 D 用时 $720\div80=9$（分钟），因此，甲在途中停留了 $16-9=7$（分钟）.

6.（D）

【详细解析】

方法一：可分为三种情况．

①1 套便装和 3 套正装，有 $C_5^1C_4^3=20$（种）；

②2 套便装和 2 套正装，有 $C_5^2C_4^2=60$（种）；

③3 套便装和 1 套正装，有 $C_5^3C_4^1=40$（种）.

分类使用加法原理，共有 $20+60+40=120$（种）选法．

方法二：正难则反．

任选 4 套携带，共有 C_9^4 种选法；全部携带正装或便装，有 $C_5^4+C_4^4=6$（种）选法．

故符合题意的选法共有 $C_9^4-6=120$（种）.

7.（B）

【详细解析】

先画出 $f(x)$ 的图像，然后把位于 x 轴下方的部分翻转到 x 轴上方，即可得到 $|f(x)|$ 的图像，

如下图所示.

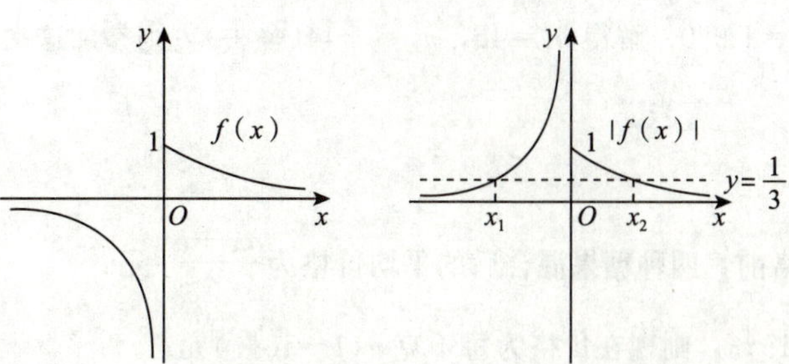

观察图像，$|f(x)|\geqslant\frac{1}{3}$的解集，即为区间$[x_1, x_2]$.

当$x<0$时，$|f(x_1)|=\left|\frac{1}{x_1}\right|=\frac{1}{3}$，解得$x_1=-3$；

当$x>0$时，$|f(x_2)|=\left|\left(\frac{1}{3}\right)^{x_2}\right|=\frac{1}{3}$，解得$x_2=1$.

所以，$|f(x)|\geqslant\frac{1}{3}$的解集为$[-3, 1]$.

8.（C）

【详细解析】

根据题意可知，一天中乘客人数不超过24人的概率为$P=0.1+0.15+0.25+0.2=0.7$.

根据正难则反原则，3天乘客人数均不超过24人的概率为$P=0.7^3=0.343$，则3天中至多有2天乘客人数不超过24人的概率为$1-P=0.657$.

9.（C）

【详细解析】

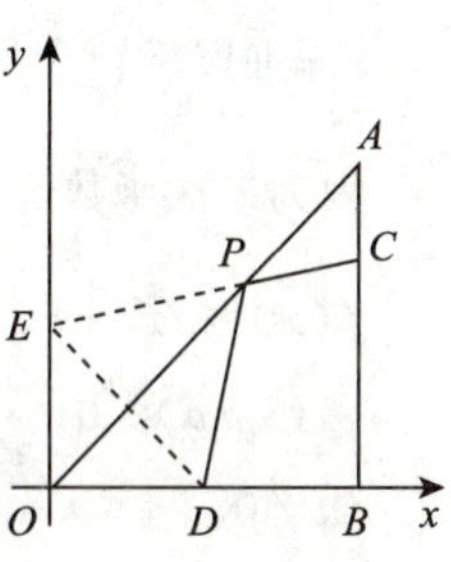

已知$A(4, 4)$，所以$AB=OB=4$，$\angle AOB=45°$. 因为$\frac{AC}{CB}=\frac{1}{3}$，点$D$为$OB$中点，所以$BC=3$，$OD=BD=2$，$D(2, 0)$，$C(4, 3)$.

四边形$PDBC$中，BC与BD的长度已知，故要使周长最小，则须$DP+CP$最小. 作点D关于直线OA的对称点E，易知E点坐标为$E(0, 2)$. 连接EC交OA于点P，即为所求，如图所示.

易知OA所在直线的解析式为$y=x$，设直线EC的解析式为$\frac{y-3}{x-4}=\frac{2-3}{0-4}$，

整理得$y=\frac{1}{4}x+2$.

联立直线OA和EC的方程$\begin{cases}y=x,\\ y=\frac{1}{4}x+2,\end{cases}$解得$\begin{cases}x=\frac{8}{3},\\ y=\frac{8}{3},\end{cases}$故$P\left(\frac{8}{3}, \frac{8}{3}\right)$.

10.（C）

【详细解析】

假设有n名选手，则共有$C_n^2=\frac{n(n-1)}{2}$场比赛，由于每场比赛两名选手共得2分，则全部选手

的得分总数为 $n(n-1)$. 相邻两个自然数乘积的末位数字只能是 0，2，6，因此得分总数只能是 1 980，故 $n(n-1)=1\,980$，解得 $n_1=45$，$n_2=-44$(舍去)，则参加这次比赛的选手有 45 名.

11. (D)

【详细解析】

根据题意，调整价格前，两种糖果混合后的平均价格为$\frac{ax+by}{x+y}$元.

甲种糖果单价下降 15%，则现在价格为每千克 $a(1-15\%)$元；

乙种糖果单价上涨 20%，则现在价格为每千克 $b(1+20\%)$元.

故此时按原比例混合后糖果的平均价格为$\frac{a(1-15\%)x+b(1+20\%)y}{x+y}$元.

因为按原比例混合的糖果单价恰好不变，故

$$\frac{ax+by}{x+y}=\frac{a(1-15\%)x+b(1+20\%)y}{x+y}\Rightarrow\frac{x}{y}=\frac{4b}{3a}.$$

12. (A)

【详细解析】

S_n 取得最小值的条件为 $d>0$，$a_1<0$，由题中 $a_3{}^2=a_{13}{}^2$，可知 $a_3=-a_{13}$. 由等差数列中项公式可得，$a_8=\frac{a_3+a_{13}}{2}=0$.

最值一定在 a_n 变号时取得，令 $a_n=0$，当 n 为整数时，$S_n=S_{n-1}$ 均为最值. 本题 $a_8=0$，故 $S_7=S_8$均为最值，所以，当 n 的取值为 7 或 8 时，S_n 取得最小值.

13. (E)

【详细解析】

因为二次函数经过点(1，3)和(−1，3)，故对称轴为 $x=\frac{1+(-1)}{2}=0$，即 $b=0$，故二次函数为 $f(x)=ax^2+c$，$a+c=3\Rightarrow c=3-a$，又因为二次函数有零点，故 $\Delta=b^2-4ac\geqslant0\Rightarrow ac\leqslant0$，则 $\begin{cases}a(3-a)\leqslant0,\\a\neq0,\end{cases}$解得 $a<0$ 或 $a\geqslant3$.

故 $M=\max\{|a|,|b|,|c|\}=\max\{|a|,0,|3-a|\}$.

画出 $y=|a|$，$y=|3-a|$，$y=0$ 的函数图像如图所示，当 $a<0$ 或 $a\geqslant3$ 时，$M=\max\{|a|,0,|3-a|\}$为加粗部分的图像，观察图像可知，当 $a=3$ 时，$M_{\min}=3$.

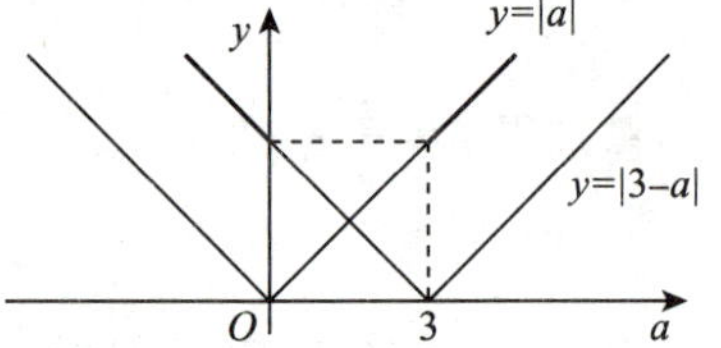

14. (A)

【详细解析】

方法一：两位老师每人从 8 人中选 4 人，共有 $C_8^4C_8^4=4\,900$(种).

恰有 3 人参加竞赛，则先从 8 人中选 3 人，然后一位老师从剩下的 5 人中选 1 人，另一位老师再从剩下的 4 人中选一人，共有 $C_8^3C_5^1C_4^1=1\,120$(种).

故恰有 3 人参加竞赛的概率为$\frac{1\ 120}{4\ 900}=\frac{8}{35}$.

方法二：两位老师每人从 8 人中选 4 人，共有 $C_8^4C_8^4$ 种选法；

恰有 3 人参加竞赛，则先让一位老师进行选择，为 C_8^4，另一位老师从被选出的 4 人中选 3 人，再从未被第一位老师选择的 4 人中选 1 人，为 $C_4^3C_4^1$. 共有 $C_8^4C_4^3C_4^1$ 种选法.

故恰有 3 人参加竞赛的概率为$\frac{C_8^4C_4^3C_4^1}{C_8^4C_8^4}=\frac{C_4^3C_4^1}{C_8^4}=\frac{8}{35}$.

15.（A）

【详细解析】

设供热站应建在离社区 x 千米处，自然消费为 $y_1=\frac{k_1}{x}$万元，供热费为 $y_2=k_2x$ 万元.

由题意得，当 $x=20$ 时，$y_1=0.5$，$y_2=8$，所以 $k_1=xy_1=10$，$k_2=\frac{y_2}{x}=\frac{2}{5}$，即 $y_1=\frac{10}{x}$，$y_2=\frac{2}{5}x$，两项费用之和 $y_1+y_2=\frac{10}{x}+\frac{2x}{5}\geqslant 2\sqrt{\frac{10}{x}\cdot\frac{2x}{5}}=4$.

当且仅当$\frac{10}{x}=\frac{2x}{5}$，即 $x=5$ 时等号成立，所以要使这两项费用之和最小，供热站应建在离社区 5 千米处.

二、条件充分性判断

16.（E）

【详细解析】

设购买糖果和玩具的数量分别为 x 个、y 个，单价分别为 a 元、b 元，则

条件(1)：$\begin{cases}x+y=50,\\ by-ax=100,\end{cases}$无法确定 x 的值，条件(1)不充分.

条件(2)：$\begin{cases}2a=b,\\ by-ax=100,\end{cases}$无法确定 x 的值，条件(2)不充分.

联立两个条件，$\begin{cases}x+y=50,\\ 2a=b,\\ by-ax=100,\end{cases}$ 3 个方程，4 个未知数，不能确定 x 的值，故联立也不充分.

17.（C）

【详细解析】

首先应满足除数大于余数，即 $a>5$.

条件(1)：100 除以 a 的余数是 5，故 95 能被 a 整除. $95=5\times19=1\times95$，故 $a=19$ 或 95. 条件(1)不充分.

条件(2)：138 除以 a 的余数是 5，故 133 能被 a 整除. $133=7\times19=1\times133$，故 $a=7$、19 或 133，条件(2)不充分.

联立两个条件，可得 $a=19$，故 a 的值能确定，两个条件联立充分.

18.（D）

【详细解析】

由$\sqrt{(x-5)^2}=|x-5|=5-x$，可得$x-5\leqslant 0$，即$x\leqslant 5$.

条件(1)：根据绝对值的几何意义，解得$0<x<3$，在$x\leqslant 5$范围内，故条件(1)充分.

条件(2)：首先可以确定$x\neq 0$，因此$|x|>0$，则有$-x^3>0$，解得$x<0$，在$x\leqslant 5$范围内，故条件(2)也充分.

19.（B）

【详细解析】

10斤水果含水量为90%，则水果里含水(溶剂)9斤，含果干(溶质)1斤.

条件(1)：水蒸发了1斤，剩余8斤，则含水量为$\frac{8}{8+1}=\frac{8}{9}\approx 0.889=88.9\%$，条件(1)不充分.

条件(2)：水蒸发了2斤，剩余7斤，则含水量为$\frac{7}{7+1}=\frac{7}{8}=0.875=87.5\%$，条件(2)充分.

20.（A）

【详细解析】

条件(1)：左右两边同乘xy，得$xy+2x+y=6\Rightarrow(x+1)(y+2)=8$，$x$，$y$均为正整数，则可解得$x=1$，$y=2$，条件(1)充分.

条件(2)：左右两边同乘xy，得$xy+x+2y=3\Rightarrow(x+2)(y+1)=5$，由于5为质数，$x$，$y$均为正整数，故无解，条件(2)不充分.

21.（D）

【详细解析】

条件(1)：因为$EF//BC$，所以$\triangle AEF\backsim\triangle ABC$，$EF$将高$AD$截成2∶3的上下两段，故相似比为$\frac{AO}{AD}=\frac{2}{2+3}=\frac{2}{5}$，所以$\frac{EF}{BC}=\frac{EF}{15}=\frac{2}{5}$，解得$EF=6$，即正方形的边长为6，条件(1)充分.

条件(2)：设正方形的边长为x，则$OD=EF=x$，$AO=10-x$.

因为$\triangle AEF\backsim\triangle ABC$，故$\frac{AO}{AD}=\frac{EF}{BC}$，即$\frac{10-x}{10}=\frac{x}{15}$，解得$x=6$，条件(2)充分.

22.（A）

【详细解析】

条件(1)：因为a，x，b，$2x$成等差数列，故$\begin{cases}a+2x=b+x①,\\a+b=2x②,\end{cases}$由式①得$x=b-a$，代入式②中，得$b=3a$，故$\frac{a}{b}=\frac{1}{3}$，条件(1)充分.

条件(2)：因为a，x，b，x^2成等比数列，故$\begin{cases}ax^2=bx③,\\ab=x^2④\end{cases}$由式③得$x=\frac{b}{a}$，代入式④中，得$b=a^3$，故无法确定$\frac{a}{b}$的值，条件(2)不充分.

23.（A）

【详细解析】

条件(1)：从纸箱中不放回地随机取 9 次，共有 A_9^9 种情况；将 4 个偶数球捆绑在一起，和剩余 5 个球全排列，共有 A_6^6 种情况；4 个偶数球再内部排列，共有 A_4^4 种情况．

故所有偶数球被连续取出的概率为 $\frac{A_6^6A_4^4}{A_9^9}=\frac{1}{21}$. 条件(1)充分．

条件(2)：纸箱中共有 9 个球，其中偶数球有 4 个，故每次取出一个球为偶数的概率为 $\frac{4}{9}$. 偶数的次数大于奇数，有两种情况：

①3 次都是偶数，概率为 $\left(\frac{4}{9}\right)^3$；

②3 次中 2 次是偶数，1 次是奇数，概率为 $C_3^2\times\left(\frac{4}{9}\right)^2\times\frac{5}{9}$.

故所求概率为 $C_3^2\times\left(\frac{4}{9}\right)^2\times\frac{5}{9}+\left(\frac{4}{9}\right)^3=\frac{304}{729}$. 条件(2)不充分．

24.（B）

【详细解析】

条件(1)：根据题意，该篮球队比赛情况为第一、二场输，第三、四、五场胜，否则将提前结束比赛，因此概率为 $P=\left(\frac{2}{3}\right)^2\times\left(\frac{1}{3}\right)^3=\frac{4}{243}$，所以条件(1)不充分．

条件(2)：根据题意，连胜三场有三种情况：①前三场连胜；②第一场输，第二、三、四场连胜；③第一、二场输，后三场连胜，则概率为

$$P=\left(\frac{1}{3}\right)^3+\frac{2}{3}\times\left(\frac{1}{3}\right)^3+\left(\frac{2}{3}\right)^2\times\left(\frac{1}{3}\right)^3=\frac{19}{243},$$

所以条件(2)充分．

25.（E）

【详细解析】

两个条件单独显然不成立，联立两个条件．

设一班、二班、三班的平均成绩为 a、b、c，三个班的男生人数为 $8k_1$、$5k_1$、$4k_1$，女生人数为 $7k_2$、$6k_2$、$3k_2$.

则该校会计专业的平均成绩为

$$\frac{a(8k_1+7k_2)+b(5k_1+6k_2)+c(4k_1+3k_2)}{(8k_1+7k_2)+(5k_1+6k_2)+(4k_1+3k_2)}=\frac{(8a+5b+4c)k_1+(7a+6b+3c)k_2}{17k_1+16k_2},$$

方程中 k_1、k_2 的大小和数量关系未知，故无法确定平均成绩，因此联立不充分．

三、逻辑推理

26.（C）

【模型识别】

题干出现多个假言命题，而且这些假言命题中没有重复元素，故此题为假言无串联模型。

【详细解析】

第 1 步：画箭头。

①确保粮食供给 ∧ 保障肉类、蔬菜、水果、水产品等各类食物有效供给→树立“大食物观”。

②落实好“大食物观”→持之以恒，久久为功。

第 2 步：逆否。

③¬ 树立“大食物观”→¬ 确保粮食供给 ∨ ¬ 保障肉类、蔬菜、水果、水产品等各类食物有效供给。

④¬ 持之以恒，久久为功→¬ 落实好“大食物观”。

第 3 步：找答案。

(A)项，保障肉类、蔬菜、水果、水产品等各类食物有效供给→树立“大食物观”，由①可知，此项可真可假。

(B)项，能够持之以恒地研究饮食结构观念的转变，发展和积累食品技术→落实好“大食物观”，题干中不涉及“研究饮食结构观念的转变，发展和积累食品技术”，故此项可真可假。

(C)项，确保粮食供给 ∧ 保障肉类、蔬菜、水果、水产品等各类食物有效供给→树立“大食物观”，等价于①，此项为真。

(D)项，¬ 树立“大食物观”→¬ 确保粮食供给，由③可知，此项可真可假。

(E)项，持之以恒，久久为功→落实好“大食物观”，根据箭头指向原则，由②可知，此项可真可假。

故正确答案为(C)项。

27. (C)

【论证结构】

锁定关键词“因此”，可知此前为论据，此后为论点。

题干：SIRT1 基因会随年龄增长而弱化，它指导合成的蛋白质也逐渐减少。因此，该基因会导致中年发福。

【模型识别】

论据中“蛋白质减少”和论点中“中年发福”明显不一致，故本题为拆桥搭桥模型。

【选项详解】

(A)项，此项可以说明 SIRT1 基因与体重之间存在联系，但无法建立蛋白质减少与中年发福之间的关系，故不必假设。

(B)项，此项说明年龄与 SIRT1 基因突变的概率呈正相关，而 SIRT1 基因突变会影响蛋白质合成的功能；但无法建立蛋白质减少与中年发福之间的关系，故不必假设。

(C)项，搭桥法，直接建立蛋白质与体重之间的关系，必须假设。

(D)项，此项可以说明 SIRT1 基因与蛋白质之间存在联系，但无法建立蛋白质减少与中年发福之间的关系，故不必假设。

(E)项，题干的论证不涉及“SIRT2 基因”，故不必假设。

28.（C）

【模型识别】

本题中的已知条件由数量关系(4 人选 6 门课)和假言命题组成，故此题为数量假言模型。

【详细解析】

第 1 步：数量关系优先算。

题中出现 4 人选择 6 门课程，每人至少选择一门课程，每门课程只有一个人选择，故数量关系可以是 6=2+2+1+1，也可以是 6=3+1+1+1。

第 2 步：假言命题做串联。

观察条件(4)发现，丙不只选择微观货币银行学→乙选择宏观货币银行学∧乙选择微观货币银行学，此时微观货币银行学有两人选择，与“每门课程只有一个人选择”矛盾，故“丙不只选择微观货币银行学”不能成立，则可知：丙只选择微观货币银行学。

即条件(2)的前件为真，根据口诀“肯前必肯后”可知：丁仅选择宏观货币银行学和货币银行学。

此时无法确定甲乙的选课情况，考虑根据条件(3)对乙的选课情况进行讨论。

①乙选择两门课程。

则乙一定选择大数据会计，并且在国际金融学及高级财务管理中选择一门课程。

此时甲可能选择国际金融学或者高级财务管理。

②乙选择一门课程。此时甲、乙、丙均选择一门课程，则丁需要选择三门课程，与“丁仅选择宏观货币银行学和货币银行学”矛盾，故此情况不能成立。

综上，甲可能选择国际金融学或者高级财务管理，故(C)项正确。

29.（B）

【论证结构】

题干：与坐在墙旁的人相比，位置靠窗的员工工作效率更高，精力更集中，座位面对整个房间，且视线范围内的办公桌相对较少的员工更加专注和高效(现象)。研究人员认为，办公室布局会影响员工的工作专注力和工作效率(原因)。

【模型识别】

题干先描述了一种现象，然后分析了这种现象的原因，故此题为现象原因模型。

【选项详解】

(A)、(C)、(D)、(E)项，支持题干，说明位置和办公环境确实会影响员工的工作状态。

(B)项，因果倒置，说明不是位置影响员工工作状态，而是能力强的员工有更多选择权，削弱题干中的因果关系。

30.（D）

【模型识别】

题干已知“四个断定中仅有一句为真”，故为真假话问题，优先找矛盾关系。如果题干中没有矛盾，则根据“只有一真”，可以找下反对关系和推理关系。

【详细解析】

题干有以下断定：

甲：$\neg$ 甲。

乙：乙→甲，等价于：$\neg$ 乙 ∨ 甲。

丙：乙→$\neg$ 丙，等价于$\neg$ 乙 ∨ $\neg$ 丙。

丁：有人犯罪 ∧ $\neg$ 丁。

第 1 步：找矛盾。

题干中无明显矛盾关系。

第 2 步，找反对关系。

甲和乙的断定为下反对关系，至少一真；再结合“只有一真”可知，丙和丁的断定均为假。

第 3 步，推出结论。

由丙的断定为假可知：乙、丙均犯罪。

结合丁的断定为假可知：丁犯罪。

此时无法判断甲乙断定的真假情况，故无法判断甲的犯罪情况。

故(D)项正确。

31. (B)

【论证结构】

锁定关键词“研究者提出”，可知此前是论据，此后是论点。

题干：研究者测试了志愿者辨别对比度(阴影的细微差别)和颜色的能力，发现与非吸烟者相比，过量吸烟者辨别对比度和颜色的能力明显降低，或多或少有色盲或色弱的表现，红绿色和蓝黄色视觉存在缺陷。研究者提出，吸烟会损害视觉功能。

【模型识别】

论据中的对象是“志愿者”，论点是一个普遍性的结论，故此题为归纳论证模型。

此外，本题的调查认为不同的视觉能力是两组对象不同的吸烟情况造成的，故也可以看作求异法模型。

【选项详解】

(A)项，不能支持，题干中的志愿者年龄处于 25～45 岁，他们小学时的视力情况未必能代表目前的视力情况。

(B)项，说明志愿者的视力能够代表正常人的视力，即样本具有代表性，支持题干。

(C)项，不能支持，视网膜黄斑变性对视力的影响并不明确。

(D)项，削弱题干，此项说明两组对象除了吸烟情况以外，还有年龄方面的差异，故未必是因为吸烟情况的差异导致视力能力的差异。

(E)项，仅凭专家的观点无法说明加强题干论证。(干扰项・诉诸权威)

32. (D)

【模型识别】

题干由数量关系(5 位研究员去 4 个城市)和假言命题构成，故此题为数量假言模型。

【详细解析】

第 1 步：数量关系优先算。

根据“每人只去一个城市，每个城市至少去一人”可知：4 个城市去的人数一定是：2+1+1+1。

①甲京州 ∨ 乙京州→丁汉东 ∧ ¬ 戊汉东。

②乙京州 ∨ 丁汉东→戊汉东 ∧ ¬ 甲东川。

③¬ 丁汉东 ∨ ¬ 戊汉东→甲京州。

第 2 步：假言命题做串联。

由①、②串联可知：甲京州 ∨ 乙京州→丁汉东 ∧ ¬ 戊汉东→戊汉东 ∧ ¬ 甲东川。

同时推出了“¬ 戊汉东”和“戊汉东”，二者矛盾，故“甲京州 ∨ 乙京州”为假，则“¬ 甲京州 ∧ ¬ 乙京州”为真。

由“¬ 甲京州”可知，条件③后件为假，根据口诀“否后必否前”可知：丁汉东 ∧ 戊汉东。

则有两人考察的城市为汉东，其余京州、绿藤、东川各有一人考察。

“丁汉东 ∧ 戊汉东”结合“¬ 甲京州 ∧ ¬ 乙京州”，可知：丙京州。

由“丁汉东”可知条件②前件为真，根据口诀“肯前必肯后”可得：¬ 甲东川。故甲只能去绿藤。

综上，五人的考察城市分别为：甲绿藤，乙东川，丙京州，丁汉东，戊汉东。

故(D)项正确。

33.（C）

【论证结构】

结果证实，这种喷雾可以在果蔬表面形成保护性纤维涂层，将果蔬的保质期延长 7 天(论据)。研究人员认为，这种喷雾有望成为食物保鲜的重要材料(论点)。

【模型识别】

锁定关键词“有望成为”，故此题为预测结果模型。

【选项详解】

(A)项，无关选项，题干讨论的是“食物保鲜”，并不涉及“是否容易降解”。(干扰项・转移论题)

(B)项，无关选项，题干不涉及榨汁剩下的胡萝卜渣中纤维素的含量。(干扰项・无关新比较)

(C)项，支持题干，由于胡萝卜渣中提取的原纤化纤维素纳米纤维的性能不会影响受到原料新鲜程度的影响，说明“这种喷雾有望成为食物保鲜的重要材料”这一结果预测正确。

(D)项，无关选项，题干不涉及胡萝卜渣中提取的原纤化纤维素纳米纤维的具体工艺。

(E)项，无关选项，题干不涉及该种方法的成本是否很低，如果方法实用性强，即使成本不低，也可能成为食物保鲜的重要材料。

34.（A）

【论证结构】

题干：永久型赛马场的休闲用骑乘设施每年都要拆卸一次，供独立顾问们进行安全检查。流动型赛马场每个月迁移一次，所以可以在长达几年的时间里逃过安全检查及独立检查。因此，在流动型赛马场骑马比在永久型赛马场骑马更加危险。

【模型识别】

论据中“可以逃过检查”和论点中“更加危险”明显不一致，故本题为拆桥搭桥模型。

【选项详解】

(A)项，说明流动型赛马场的安全检查比永久型赛马场更频繁，即：“可以逃过检查”不等价于“更危险”，拆桥法，削弱题干。

(B)项，流动型赛马场用于安全方面的资金少，支持题干。

(C)项，流动型赛马场没有必要在意安全方面的信誉，支持题干。

(D)项，流动型赛马场可能会错过设备回收通知，从而带来安全隐患，支持题干。

(E)项，忽视操作指南可能会对骑乘设备造成损害，增加流动型赛马场的危险性，故此项支持题干。

35.（E）

【模型识别】

题干中的已知条件由假言命题组成，选项均为事实。故此题为假言事实模型。

【详细解析】

第1步：将题干符号化。

①甲、丙、壬中至少一人选择“南山大学”→辛、庚、甲3人均选择“西京大学”。

②甲、丁中至少有一人选择“西京大学”或者“北清大学”→选择“南山大学”的是乙、丙、戊、己。

第2步：串联找矛盾。

观察已知条件，发现条件②的后件和条件①的前件均有“甲选择西京大学”，故考虑通过甲的情况实现串联。

假设甲选择“南山大学”，则条件①前件为真，根据口诀“肯前必肯后”可知：辛、庚、甲3人均选择“西京大学”。结合题干“每位人才只能选择一所大学”可知，与“甲选择南山大学”矛盾，故甲不选择“南山大学”。

则甲选择“西京大学”或“北清大学”，故条件②前件为真，根据口诀“肯前必肯后”可知：选择“南山大学”的是乙、丙、戊、己。

丙选择“南山大学”，则条件①前件为真，根据口诀“肯前必肯后”可知：辛、庚、甲3人均选择“西京大学”。

综上，选择“南山大学”的是：乙、丙、戊、己；选择“西京大学”的是：辛、庚、甲。

此时剩余两名人才丁、壬，结合“每所大学至少有两名人才选择”可知：丁、壬选择“北清大学”。故(E)项为假。

36.（B）

【模型识别】

题干中出现多个假言命题，而且这些假言命题中没有重复元素，故此题为假言无串联模型。

【详细解析】

第1步：画箭头。

①行业市场主体吸纳就业能力下降→青年群体面临的就业压力增加∧出现人岗匹配度不高等问题。

②为高校毕业生等青年群体创造更多就业机会→各地区各部门推出相关政策措施。

第 2 步：逆否。

③¬（青年群体面临的就业压力增加 ∧ 出现人岗匹配度不高等问题）→¬ 行业市场主体吸纳就业能力下降。

等价于：¬ 青年群体面临的就业压力增加 ∨ ¬ 出现人岗匹配度不高等问题→¬ 行业市场主体吸纳就业能力下降。

④¬ 各地区各部门推出相关政策措施→¬ 为高校毕业生等青年群体创造更多就业机会。

第 3 步：找答案。

(A)项，各地区各部门推出相关政策措施→为高校毕业生等青年群体创造更多就业机会。由②可知，“各地区各部门推出相关政策措施”后无箭头指向，故此项可真可假。

(B)项，¬ 出现人岗匹配度不高等问题→行业市场主体吸纳就业能力下降，由③可知，此项为真。

(C)项，青年群体面临的就业压力增加→行业市场主体吸纳就业能力下降，由①可知，“青年群体面临的就业压力增加”后无箭头指向，故此项可真可假。

(D)项，为高校毕业生等青年群体创造更多就业机会→¬ 行业市场主体吸纳就业能力下降。由①、②可知，二者之间无法进行串联，故此项可真可假。

(E)项，题干不涉及“解决青年就业压力问题”，故此项可真可假。

37. (A)

【模型识别】

题干由事实和假言命题构成，故此题为事实假言模型。“从事实出发做串联”即可秒杀。

【详细解析】

题干有以下判断：

①部分地区最高气温达到 40℃以上→停止户外露天作业。

②部分地区最高气温达到 40℃以上→气象局发布高温预警 ∨ 有关部门和单位按照职责采取防暑降温应急措施。

③没有停止户外露天作业。

从事实出发，由③可知，①的后件为假，根据口诀“否后必否前”可知：并非部分地区最高气温达到 40℃以上。故Ⅰ一定为真。

此后无法利用题干所给条件进行串联，故Ⅱ和Ⅲ均未必为真。

38. (D)

【题干现象】

待解释的现象：去年全国居民消费物价指数(CPI)仅上涨 1.8%，属于“温和型”上涨，但是老百姓觉得涨幅一点也不“温和”。

【选项详解】

(A)项，可以解释，指出了 CPI 统计范围及标准有问题。

(B)项，可以解释，解释了老百姓的感受与统计数据不同的原因。

(C)项，可以解释，解释了为什么老百姓感觉物价涨幅大。

(D)项，不能解释，因为“高收入群体”只是一小部分，代表不了老百姓。

(E)项，可以解释，解释为什么 CPI 涨幅并不高。

39. (C)

【模型识别】

此题已知“从 6 人中选出若干人”，故此题为选多模型。

【详细解析】

题干有以下判断：

①丙∀丁。

②甲∨乙。

③甲∀丁。

④乙↔丙。

⑤甲、戊、己中恰有两人被录用。

观察发现，五个条件中有三个涉及“甲”，故由“甲”出发展开讨论。

情况一：当甲被录用时，由条件③可知：丁未被录用。

结合条件①可知：丙被录用。再结合条件④可知：乙被录用。

再由条件⑤可知：戊、己中录取一人。

故该情况下，录用甲、乙、丙及戊/己中的一人。共录用 4 人。

情况二：当甲不被录用时，由条件②、③可知：乙、丁均被录用。

结合条件④可知：丙被录用。再结合条件①可知：丁不被录用。

推出矛盾，故此情况不能成立。

综上，共录用 4 人，(C)项正确。

40. (B)

【模型识别】

题干中出现三个性质命题，这三个性质命题中存在重复元素，故此题为性质串联模型。

【详细解析】

第 1 步，画箭头。

①有的环保主义者→热爱旅游。

②环保企业代表→支持减少风景区开发，等价于：¬ 支持减少风景区开发→¬ 环保企业代表。

③热爱旅游→反对减少风景区开发。

第 2 步：从“有的”开始做串联。

由①、③、②串联可得：④有的环保主义者→热爱旅游→反对减少风景区开发(即：¬ 支持减少

风景区开发)→¬ 环保企业代表。

第 3 步：逆否，但要注意带“有的”的项不逆否。

由④逆否可得：⑤环保企业代表→支持减少风景区开发(即：¬ 反对减少风景区开发)→¬ 热爱旅游。

第 4 步：根据“箭头指向原则”和“‘有的’互换原则”找答案。

(A)项，由④可知，有的环保主义者反对减少风景区开发，根据口诀“下真上不定”可知，此项可真可假。

(B)项，由⑤可知，此项为真。

(C)项，题干的论证不涉及“加大风景区开发”，故此项可真可假。

(D)项，由④可知，有的环保主义者不支持减少风景区开发，与此项为下反对关系，一真另不定，故此项可真可假。

(E)项，由⑤可知，环保企业代表都不热爱旅游，与此项矛盾，故此项为假。

41. (E)

【模型识别】

本题中的已知条件由数量关系(3 人买 6 类商品)和假言命题组成，故此题为数量假言模型。

【详细解析】

题干有以下断定：

①糕点→茶叶。

②钱宜购买→赵嘉购买。

③¬ 孙斌购买日用品→钱宜购买日用品。

④钱宜购买调味品→钱宜购买日用品。

⑤只有一个人购买日用品，且这个人没有购买水果。

由条件②和⑤可知：钱宜不购买日用品。

则条件③、④的后件均为假，根据口诀“否后必否前”可知：孙斌购买日用品，钱宜不购买调味品。“孙斌购买日用品”结合条件⑤可知：孙斌不购买水果。

“只有一个人购买水果”结合条件②可知：钱宜不购买水果。

故购买水果的只能是赵嘉。即(E)项正确。

42. (D)

【详细解析】

由上题分析可得下表：

商品	茶叶	水果	糕点	调味品	日用品	饮品
赵嘉					×	
钱宜				×	×	
孙斌		×			√	

若钱宜不购买茶叶，则由条件①结合“否后必否前”可知：钱宜不购买糕点。此时钱宜无法购买三种商品，故钱宜购买茶叶。

结合条件②可知：赵嘉也购买茶叶。故(D)项正确。

43. (B)

【模型识别】

题干出现多个假言命题，而且这些假言命题中没有重复元素，故此题为假言无串联模型。

【详细解析】

第 1 步：画箭头。

①有高血脂困扰→少吃含饱和脂肪酸的食物。

②¬ 每天来自反式脂肪酸的能量不超过食物总能量的 1%→摄入太多反式脂肪酸。

第 2 步：逆否。

③¬ 少吃含饱和脂肪酸的食物→¬ 有高血脂困扰。

④¬ 摄入太多反式脂肪酸→每天来自反式脂肪酸的能量不超过食物总能量的 1%。

第 3 步：找答案。

(A)项，少吃含饱和脂肪酸的食物→免除高血脂困扰，由①可知，“少吃含饱和脂肪酸的食物”后无箭头指向，故此项可真可假。

(B)项，¬ 摄入太多反式脂肪酸→每天来自反式脂肪酸的能量不超过食物总能量的 1%，由④可知，此项为真。

(C)项，摄入太多反式脂肪酸→每天来自反式脂肪酸的能量一定超过食物总能量的 1%，由②可知，“摄入太多反式脂肪酸”后无箭头指向，故此项可真可假。

(D)项，有高血脂困扰→¬ 摄入太多反式脂肪酸，题干不涉及二者之间的关系，故此项可真可假。

(E)项，题干不涉及“其他类型的反式脂肪酸”。

44. (D)

【论证结构】

题干：研究人员发现与对照组相比，数字干预疗法减轻了患者的抑郁症状(论据)。因此，研究人员认为日常浏览电脑和智能手机等智能产品可以减轻抑郁症状(论点)。

【模型识别】

题干的论据是“数字干预疗法”，论点是“日常浏览电脑和智能手机”，二者不同。故此题为拆桥搭桥模型。

【选项详解】

(A)项，无关选项，题干不涉及实验参与者的年龄和性别比例问题。

(B)项，无关选项，题干的论证对象是“抑郁症”，而此项的论证对象是“心理健康”，二者并非同一论证对象。(干扰项 · 偷换论证对象)

(C)项，无关选项，题干不涉及数字干预疗法与面对面的心理疗法效果的对比。(干扰项 · 无关新比较)

(D)项，削弱题干，此项说明日常浏览智能产品不等同于数字干预疗法，拆桥法。

(E)项，无关选项，题干不涉及这种方法对于老年人的作用。

45. (A)

【模型识别】

本题中的已知条件由数量关系(9 选 5)和假言命题组成，故此题为数量假言模型。本题的提问方式为“以下哪项可以被共同选用”，故考虑选项排除法。

【详细解析】

题干有以下论断：

①涉及 9 种原料，包括 3 种棉 X、Y、Z，3 种麻 L、M、N，以及 3 种毛 U、V、W。

②每一种可行的方案都恰好包括其中的 5 种原料。

③选用两种棉→¬ 另一种棉。

④有且只有一种麻被选用。

⑤¬ N→¬ X。

⑥W→¬ X。

⑦M∧U→¬ Y。

⑧V→Z∧L。

(A)项，若此项为真，选用 Y、V、L，则与题干信息均不矛盾，故可能被选用。

(B)项，若此项为真，根据⑧可知，选用的材料为 Y、M、V、Z、L，则与④矛盾，不能被选用。

(C)项，若此项为真，根据⑤可知，选用 Y、X、M、N，则与④矛盾，不能被选用。

(D)项，若此项为真，根据⑤可知，选用 Y、X、L、N，则与④矛盾，不能被选用。

故(A)项正确。

46. (D)

【选项详解】

本题的提问方式为“以下哪项可以被共同选用”，故考虑选项排除法。

(A)项，若选项为真，根据⑤可知，选用 X、L、U、N，则与④矛盾，因此不能被选用。

(B)项，与⑥矛盾，不能被选用。

(C)项，若选项为真，根据⑧可知，选用 Y、M、V、Z、L，则与④矛盾，因此不能被选用。

(D)项，若选项为真，根据⑧可知，选用 Y、W、V、Z、L，与题干不矛盾，可以被选用。

故(D)项正确。

47. (B)

【论证结构】

题干：为了应对北方夏季的一场罕见干旱，某市对居民用水量严格限制。不过，该市目前的水库蓄水量与 8 年前该市干旱期间的蓄水量持平(论点)。既然当时居民用水量并未受到限制，那么现在也不应该受到限制(论点)。

【模型识别】

题干的论据是“过去与现在蓄水量持平”，论点是“过去与现在均未受到限制”，二者不同。故此题为拆桥搭桥模型。

【选项详解】

(A)项，无关选项，是否建造新的水库均不影响是否应该限制用水，因为水库不代表蓄水量。

(B)项，削弱题干，此项说明目前的人口数量比 8 年前有极大的增长，因此居民用水量会比 8 年前有极大的增长，即：说明目前的情况与 8 年前的情况有所不同，因此在水库储水量相同的情况下，居民用水量应该受到限制，切断了题干论点和论据的联系。

(C)项，无关选项，题干不涉及居民用水量的多少。(干扰项·无关新比较)

(D)项，无关选项，题干不涉及对居民用水量的限制时长的问题。

(E)项，无关选项，居民节约用水的意识逐渐增强是否对用水量产生了影响并不确定。

48. (C)

【论证结构】

①按照我国城市当前水消费量来计算，如果每吨水增收 5 分钱的水费，则每年可增加 25 亿元收入。

②每吨水增收 5 分钱的水费的举措可以减少消费者对水的需求，养成节约用水的良好习惯，从而保护我国非常短缺的水资源。

要使题干①成立，必须假设：实施“每吨水增收 5 分钱的水费”的举措后，我国的水消费总量不变。

要使题干②成立，必须假设：实施“每吨水增收 5 分钱的水费”的举措后，我国的水消费总量会因此减少。

题干论证所必须的两个假设互为矛盾关系。

【选项详解】

题干犯了自相矛盾的逻辑错误，故(C)项评价准确。

(A)、(B)、(D)、(E)项均未能指出题干论证中存在的错误。

49. (D)

【模型识别】

题干中条件(1)、(2)、(3)均为假言命题，条件(4)为事实，故此题为事实假言模型。“从事实出发做串联”即可秒杀。

【详细解析】

从事实出发，“乙不去京东”，结合条件(3)可知，戊去字节跳动。

由题干条件“每位学生只去一个公司，并且每个公司的社招只有一个人参加”可知，丙不去字节跳动，结合条件(2)可知，丁不去荣耀。

故(D)项为真。

50.（E）

【详细解析】

从本题新补充的事实出发，“丙去小米”结合“每位学生只去一个公司”可知：丙不去京东。

再由条件(4)可知：乙、丙、丁均不去京东。

再结合上题分析“戊去字节跳动”可知，戊不去京东。故甲去京东。(E)项为真。

51.（C）

【论证结构】

题干使用对比实验：

第一个大棚施加肥料甲：产出 1 200 公斤茄子；

第二个大棚不施加肥料甲：产出 900 公斤茄子；

故：肥料甲导致了第一个大棚有较高的茄子产量。

【模型识别】

本题由两组对比的实验，得出一个因果关系，故此题为求异法模型。

【选项详解】

(A)项，肥料甲渗入第二个大棚，会导致实验缺乏对比性，但是“少量”一词削弱力度较弱。

(B)项，排除他因，排除是茄子苗品种不同造成实验结果不同，支持题干。

(C)项，另有他因，可以削弱，说明还可能是土质和日照量的不同导致了两个大棚的茄子产量的差异。

(D)项，无关选项，题干的论证不涉及“肥料乙”。

(E)项，如果过期肥料都起到了作用，那么不过期的肥料可能作用更大，不能削弱题干。

52.（C）

【模型识别】

已知条件由假言命题组成，题干中的结论可以视为补充的事实条件，故本题可看作事实假言模型。“从事实出发做串联”即可秒杀。

【详细解析】

从事实出发，要得到“老罗来自山东”的结论，结合条件(2)可知，需补充“小马不来自山东”。

要得到“小马不来自山东”，结合条件(1)可知，需补充“小王来自北京”。

要得到“小王来自北京”，结合条件(3)可知，需补充“小张来自上海”。

要得到“小张来自上海”，结合条件(4)可知，需补充“老吕来自深圳”。

故(C)项正确。

53.（C）

【论证结构】

每天吃鸡蛋的人比起那些基本不吃鸡蛋的人，患心血管疾病的风险降低 11%，患心血管疾病的死亡风险降低 18%，尤其是出血性中风风险降低了 26%，相应的死亡风险则降低了 28%。考虑

到脑中风是我国居民第一大死因，研究者提出，每天吃一个鸡蛋(措施)有利于心血管健康(目的)。

【模型识别】

锁定关键词“有利于”，可知此题为措施目的模型。

【选项详解】

(A)项，不能支持，题干的论证不涉及“吃鸡蛋对于整体死亡率的作用”。(干扰项·转移论题)

(B)项，不能支持，鸡蛋中所含营养元素丰富，不能说明其对心血管健康的作用。

(C)项，措施能达到目的，此项给出具体原因(即卵磷脂对于血管的好处)，说明吃鸡蛋确实有利于心血管健康。

(D)项，削弱题干，可能是吃维生素并非吃鸡蛋对心血管有利。

(E)项，无关选项，题干的论证不涉及“增加人体肌肉”。

54. (A)

【模型识别】

已知条件由假言命题组成，选项均为事实。故此题为假言事实模型。

【详细解析】

第 1 步：将题干符号化。

①乙安永 ∨ 丙安永→乙普华永道 ∧ 丙普华永道。

②丁安永→丙德勤 ∧ 丁德勤 ∧ 戊德勤。

③甲、乙和丙 3 人中至少有 2 人投递了普华永道→甲毕马威 ∧ 乙毕马威 ∧ 丙毕马威。

第 2 步：找矛盾。

若条件③前件为真，则根据口诀“肯前必肯后”可知：甲毕马威 ∧ 乙毕马威 ∧ 丙毕马威，与“甲和乙投递的公司都不相同”矛盾，故条件③前件为假，即甲、乙和丙 3 人中最多有 1 人投递了普华永道。结合“每个公司都有 3 人投递简历”可知：丁、戊均投递普华永道。

则条件①后件为假，根据口诀“否后必否前”可知：乙、丙均未投递安永。

结合“每个公司都有 3 人投递简历”可知：甲、丁、戊均投递安永。

由“丁投递安永”可知，条件②前件为真，根据口诀“肯前必肯后”可知：丙、丁、戊均投递德勤。

结合“每个公司都有 3 人投递简历”可知：甲没有投递德勤。

故(A)项正确。

55. (C)

【模型识别】

本题中的已知条件由数量关系(5 人投递 12 份简历，且丁戊投递简历数不相同)和假言命题组成，故此题为数量假言模型。

【详细解析】

根据上题的分析，整理投递关系如下表：

公司	毕马威	安永	普华永道	德勤
甲		√		×
乙		×		×
丙		×		√
丁		√	√	√
戊		√	√	√

由上表可知，丁、戊已经各投递三家公司，若他们投递的公司数不同，则只能是一人投递三家，另一人投递四家。即丁、戊中有且仅有一人投递毕马威。

结合“甲和乙投递的公司都不相同”可知，甲、乙最多有一人投递毕马威。

再结合“每个公司都有 3 人投递简历”可知：丙一定投递毕马威。

故(C)项为真。

四、写作

56. 论证有效性分析

【谬误分析】

①错误率降低4%左右，不能说微不足道。对于某些特定岗位或特定工作，4%的误差率变化可能就会引起质变。

②熬夜未必是因为工作，还可能存在其他原因。

③打盹可以让脑子短暂休息，这也是有意义的。而且，不排除打盹有其他作用的可能性。

④打盹与喝咖啡、红牛的功能不一样。前者是为了休息，而后者是为了让人精神，不能进行简单比较。

⑤打盹使“内脏得到一定的休养”与“打盹并没有用”自相矛盾。

⑥打盹的作用不如子时和丑时的睡眠，不能说明“打盹并没有用”。

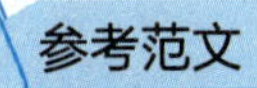
参考范文

打盹的作用不大吗?

江徕

上述材料通过一系列论证试图得出“打盹的作用不大”的观点，然而其论证过程中存在诸多谬误和漏洞，以致影响了文章的说服力。现分析如下：

首先，材料由“4%的实验结果微不足道”得出“熬夜的人根本没必要浪费几十分钟时间去打盹”，存在不妥。因为在现实生活中，需要通宵熬夜的人所从事的工作，比如外科医生、警察或长途车司机等，即便只是降低4%的错误率，也可能意味着挽救了更多的生命、避免更多的意外。

其次，材料认为“熬夜不就是因为工作吗”，过于绝对。在平时的生活中，有很多需要熬夜的场合。而且，“打盹除了让脑子暂时休息、回过神来，并无他用”，过于绝对。短暂的打

眠可能改善机体整体的情绪，仅仅因为这一点，就有可能改善个人的工作表现。

再次，打盹与喝咖啡、红牛的功能不一样。打盹虽然时间较短，但也可以让大脑进行短暂的休息，而咖啡、红牛等饮料只是在短时间内让人精神亢奋，但并不能产生让大脑休息的作用。因此，这二者不能进行简单比较。

最后，材料一方面指出“白天打盹使内脏得到了一定休养”，另一方面又指出“打盹并没有用”，二者存在自相矛盾的逻辑错误。而且，打盹的作用不如了时和丑时的睡眠，不能说明“打盹并没有用”。

综上所述，由于材料的论证存在上述多处不当，“打盹的作用不大”的观点难以让人信服。

（全文共 528 字）

57. 论说文

参考范文

要亡羊补牢，更要未雨绸缪

吕建刚

《战国策》有云：“亡羊而补牢，未为迟也。”《诗经》则说：“迨天之未阴雨，彻彼桑土，绸缪牖户。”我认为，要亡羊补牢，更要未雨绸缪。

亡羊补牢，未为迟也。我们知道，无论采取多么好的防范措施，都难免有疏漏之处。此时，及时发现疏漏、加以弥补，可以防止出现更大的损失。但是，有些问题一旦出现则代价过重，因此，仅靠亡羊补牢则过于被动。

未雨绸缪，更加可贵。

首先，未雨绸缪可以防止出现重大危机。“祸患常积于忽危。”任何危机的发生都有一个从产生隐患、酝酿发展，再到偶然发生的过程，也都有一个从量变到质变、从微疵到大错的过程，所以，未雨绸缪往往能控制住一些可能发生的恶性后果。无论是“挑战者”号航天飞机的失事，还是巴黎圣母院的大火，还是黎巴嫩的爆炸，如果能多留意、多预防，就可能不会酿成悲剧。

未雨绸缪可以减少治理成本。的确，未雨绸缪是在事前就要采取防范措施，这需要付出一定的时间、精力、金钱。在一些人眼里，这样做的成本有点高。但实际上，与这些成本相比，未雨绸缪所能避免的损失巨大。以黎巴嫩的爆炸为例，这一场爆炸造成至少 190 人死亡，6 000 多人受伤，30 万人无家可归，直接经济损失超过 100 亿美元。而且，爆炸后的救援、重建等工作的成本也都十分巨大。综合来看，未雨绸缪的治理成本要远远低于事后弥补。

可见，要亡羊补牢，更要未雨绸缪。具体来说，要做好以下两点。

首先，要建立预防机制。危机预防工作要有责任人、监督人，责任明确，监督到位，才有利于执行。

其次，要建立复盘机制。如果危机发生，相关责任人要深刻反思是哪个环节出了问题，即刻补救。

总之，要做好亡羊补牢，更要重视未雨绸缪。只有这样，才能防范危机，化解风险。

（全文共 682 字）

全国硕士研究生招生考试
管理类综合能力试题 6 答案详解

一、问题求解

1.（A）

【详细解析】

设原有工人数为 x，现在完成这项工程需要 n 天，因为每人每天的工作效率相同，故设每人每天工作效率为 1. 根据题意，可得

$$\begin{cases}(x+8)\times10\times1=(x+3)\times20\times1,\\(x+8)\times10\times1=(x+2)\times n\times1,\end{cases}$$

解得 $x=2$，$n=25$. 故现在完成这项工程需要 25 天.

2.（A）

【详细解析】

要使损耗的钢管最少，应该使锯的次数最少，而且 1 米长的钢管不要有剩余.

设 38 毫米、90 毫米的钢管分别有 x 段、y 段，则一共需要锯 $x+y-1$ 次，由题意得

$$38x+90y+(x+y-1)=1\,000\Rightarrow y=11-\frac{3}{7}x,$$

由于 x，y 都是正整数，故 $\begin{cases}x=7,\\y=8\end{cases}$ 或 $\begin{cases}x=14,\\y=5\end{cases}$ 或 $\begin{cases}x=21,\\y=2.\end{cases}$

要使锯的次数最少，则 $x+y$ 最小，应取 $\begin{cases}x=7,\\y=8,\end{cases}$ 故一共锯成 15 段时，损耗的钢管最少.

3.（D）

【详细解析】

$$(a+b)^2+(b+c)^2+(a+c)^2=2(a^2+b^2+c^2)+2(ab+bc+ac)\geqslant0.$$

因为 $a^2+b^2+c^2-(ab+bc+ac)=\frac{1}{2}[(a-b)^2+(b-c)^2+(a-c)^2]\geqslant0$，故

$$2(ab+bc+ac)\leqslant2(a^2+b^2+c^2).$$

可得 $(a+b)^2+(b+c)^2+(a+c)^2\leqslant4(a^2+b^2+c^2)=400.$

4.（B）

【详细解析】

图中原铁皮的长 24.84 分米，就是油桶的底面周长加上底面直径.

设油桶的底面半径为 r 分米，高为 h 分米，则 $2\times3.14\times r+2r=24.84$，解得 $r=3$，故油桶的高为 $h=4r=12$ 分米，容积为

$$\pi r^2h=3.14\times3^2\times12=339.12(\text{升}).$$

5.（D）

【详细解析】

已知这组数据中 5 个数字的方差为 2，所以这组数据为 5 个连续的自然数.

由平均数为 10，可知这组数据由小到大排列依次为 8，9，10，11，12，则 $|x-y|=4$.

6.（C）

【详细解析】

二次函数 $y=x^2-2mx$，其对称轴为 $x=-\frac{-2m}{2}=m$. 根据对称轴的位置分情况讨论：

①当 $m<-1$ 时，函数的最小值在 $x=-1$ 处取得，所以 $y_{\min}=1+2m=-2$，解得 $m=-\frac{3}{2}$；

②当 $m>2$ 时，函数的最小值在 $x=2$ 处取得，所以 $y_{\min}=4-4m=-2$，解得 $m=\frac{3}{2}<2$（舍去）；

③当 $-1\leqslant m\leqslant2$ 时，函数的最小值在 $x=m$ 处取得，所以 $y_{\min}=m^2-2m^2=-2$，解得 $m=\sqrt{2}$ 或 $m=-\sqrt{2}<-1$（舍去）.

综上，m 的值为 $-\frac{3}{2}$ 或 $\sqrt{2}$.

7.（D）

【详细解析】

设当甲同学第 x 次追上乙同学时，两人速度相等，则有

$$8\times\left(1-\frac{1}{3}\right)^x=1\times\left(1+\frac{1}{3}\right)^x,$$

解得 $x=3$. 由于甲同学每追上乙同学 1 次，就比乙同学多跑 1 圈，故当两人速度相等，即甲同学第 3 次追上乙同学时，比乙同学多跑了 3 圈.

故甲同学比乙同学多跑 $400\times3=1\ 200$（米）.

8.（B）

【详细解析】

设整数部分为 x，小数部分为 y，则此数为 $x+y$，$0<y<1$. 由等比数列中项公式，可得

$$x^2=y(x+y)=xy+y^2\Rightarrow1=\frac{y}{x}+\left(\frac{y}{x}\right)^2,$$

解方程得，$\frac{y}{x}=\frac{\sqrt{5}-1}{2}$ 或 $\frac{-\sqrt{5}-1}{2}$（舍）.

根据 x，y 的定义域，可知 $0<y=\frac{\sqrt{5}-1}{2}<1$，$x=1$. 故该正数为 $x+y=1+\frac{\sqrt{5}-1}{2}=\frac{\sqrt{5}+1}{2}$.

9.（E）

【详细解析】

这两名感染者在同一组的分组方法数为$\frac{C_{98}^{8}C_{90}^{10}C_{80}^{10}C_{70}^{10}C_{60}^{10}C_{50}^{10}C_{40}^{10}C_{30}^{10}C_{20}^{10}}{A_9^9}$，故所求概率为

$$\frac{\frac{C_{98}^{8}C_{90}^{10}C_{80}^{10}C_{70}^{10}C_{60}^{10}C_{50}^{10}C_{40}^{10}C_{30}^{10}C_{20}^{10}}{A_9^9}}{\frac{C_{100}^{10}C_{90}^{10}C_{80}^{10}C_{70}^{10}C_{60}^{10}C_{50}^{10}C_{40}^{10}C_{30}^{10}C_{20}^{10}}{A_{10}^{10}}}=\frac{C_{98}^{8}A_{10}^{10}}{C_{100}^{10}A_9^9}=\frac{1}{11}.$$

10.（B）

【详细解析】

因为点D为$\triangle ABC$的内心，所以BD平分$\angle ABC$，CD平分$\angle ACB$.

在$\triangle ABC$中，$\angle ABC+\angle ACB=180°-\angle A=120°$，故

$$\angle DBC+\angle DCB=\frac{1}{2}\angle ABC+\frac{1}{2}\angle ACB=60°.$$

则在$\triangle DBC$中，$\angle D=180°-(\angle DBC+\angle DCB)=120°$.

故$\triangle DBC$的面积为$S_{\triangle DBC}=\frac{1}{2}BD\cdot CD\cdot\sin D=\frac{1}{2}\times4\times2\times\frac{\sqrt{3}}{2}=2\sqrt{3}$.

11.（C）

【详细解析】

第一步，分组：平均分组，注意消序，共有$\frac{(C_3^1\times C_6^2)(C_2^1\times C_4^2)(C_1^1\times C_2^2)}{A_3^3}=90$(种)分组方式.

第二步，分配：三组全排列，共有$A_3^3=6$(种)排列方式.

由分步乘法原理得，不同的分配方法共有$90\times6=540$(种).

12.（C）

【详细解析】

X的二分之一为$\frac{1}{2}X=2^{m-1}\times3^n$，因为$\frac{1}{2}X$是完全平方数，故$m-1$，$n$均为2的倍数.

X的三分之一为$\frac{1}{3}X=2^m\times3^{n-1}$，因为$\frac{1}{3}X$是完全立方数，故$m$，$n-1$均为3的倍数.

穷举可得，m的最小值为3，n的最小值为4，则$m+n$的最小值为7.

13.（D）

【详细解析】

根据题意，长方形的长度之比即为人数之比. 因为一共有40人，总份数为$3+4+5+7+1=20$(份)，故五个长方形从左至右代表的人数为6、8、10、14、2人. 所抽取的40名同学的捐款平均数为

$$(6\times5+8\times10+10\times15+14\times20+2\times30)\div40=15(元).$$

设该校捐款的人数为x，则有$15x\geqslant34\ 500$，解得$x\geqslant2\ 300$.

故该校捐款人数至少为2 300.

14.（A）

【详细解析】

先从四支队伍中选出一支拥有 7 个名额，有 C_4^1 种方案；剩余 8 个名额分给其他 3 支队伍，每支队伍至少有 1 个名额，由挡板法知有 C_7^2 种方案．

故共有 $C_4^1C_7^2=84$(种)不同的分配方案．

15.（A）

【详细解析】

因为 $ABCD$ 是等腰梯形，所以$\angle ABD=\angle BAC=30^\circ$，又因为 $AC\perp BC$，$AB=8$，故 $CB=4$.

方法一：易得$\angle ABC=60^\circ$，故$\angle CBD=30^\circ$，$\angle CDO=30^\circ$，$OC=\frac{\sqrt{3}}{3}BC=\frac{4\sqrt{3}}{3}$，根据顶角为 120°的等腰三角形的面积公式 $S=\frac{\sqrt{3}}{4}a^2$，计算可得 $S_{\triangle COD}=\frac{\sqrt{3}}{4}\times\left(\frac{4\sqrt{3}}{3}\right)^2=\frac{4\sqrt{3}}{3}$.

方法二：$\angle CDB=\angle CBD$，则$\triangle BCD$ 是等腰三角形，$CD=CB=4$. 已知 $CD:AB=1:2$，根据梯形蝴蝶模型可设，$S_{\triangle COD}=x$，$S_{\triangle BOC}=2x$，$S_{\triangle AOB}=4x$，故

$$S_{\triangle ABC}=4x+2x=\frac{1}{2}\times4\times4\sqrt{3}=8\sqrt{3}\Rightarrow S_{\triangle COD}=x=\frac{4\sqrt{3}}{3}.$$

二、条件充分性判断

16.（D）

【详细解析】

设乙商品原价为 100，则甲商品原价为 150，原单价之和为 250.

条件(1)：甲商品降价 10%，则乙商品提价 20%，甲商品现价为 $150\times(1-10\%)=135$，乙商品现价为 $100\times(1+20\%)=120$，现单价之和为 $135+120=255$. 故甲、乙商品单价之和比原单价之和提高了$\frac{255-250}{250}=2\%$，条件(1)充分．

条件(2)：乙商品提价 20%，则可得出甲商品降价 10%，等价于条件(1)，故条件(2)充分．

17.（B）

【详细解析】

条件(1)：根据条件可知 $P=C_3^2\times(80\%)^2\times(1-80\%)=\frac{48}{125}\neq\frac{112}{125}$，条件(1)不充分．

条件(2)：3 次预报中至少有 2 次预报准确，则有两种情况，恰有 2 次预报准确，或者 3 次预报都准确．因此 $P=C_3^2\times(80\%)^2\times(1-80\%)+C_3^3\times(80\%)^3=\frac{112}{125}$，条件(2)充分．

18.（D）

【详细解析】

由 $m^2+n^2=4mn$，可得$(m+n)^2=6mn$，$(m-n)^2=2mn$.

条件(1)：可知 $m+n<0$，$m-n<0$，且 $mn\neq0$，故 $\frac{m+n}{m-n}=\frac{-\sqrt{6mn}}{-\sqrt{2mn}}=\sqrt{3}$，条件(1)充分.

条件(2)：可知 $m+n>0$，$m-n>0$，且 $mn\neq0$，故 $\frac{m+n}{m-n}=\frac{\sqrt{6mn}}{\sqrt{2mn}}=\sqrt{3}$，条件(2)充分.

19. (C)

【详细解析】

条件(1)：将点(−1，4)和点(2，1)代入函数解析式中，得 $\begin{cases}a-b+c=4,\\4a+2b+c=1,\end{cases}$ 解得 $\begin{cases}b=-1-a,\\c=3-2a,\end{cases}$ 故 $b+c=-3a+2$，不知道 a 的取值范围，无法确定最大值，故不充分.

条件(2)：根据题意，有 $\Delta=b^2-4ac>0$，且 a 为正整数，无法确定 $b+c$ 的最大值，故不充分.

联立两个条件：$\Delta=b^2-4ac=(-a-1)^2-4a(3-2a)>0$，即 $(9a-1)(a-1)>0$，解得 $a<\frac{1}{9}$ 或 $a>1$. 因为 a 为正整数，故 $a\geqslant2$，于是 $b+c=-3a+2\leqslant-4$.

综上所述，当 $a=2$ 时，$b+c$ 有最大值 −4，联立充分.

20. (D)

【详细解析】

条件(1)：连接 BF，因为 $DF=\frac{1}{2}CD$，所以 $S_{\triangle BDF}=\frac{1}{2}S_{\triangle BCD}$. 又因为 $S_{四边形DBEF}>S_{\triangle BDF}$，所以 $S_{四边形DBEF}>\frac{1}{2}S_{\triangle BCD}>\frac{1}{3}S_{\triangle BCD}$，故条件(1)充分.

条件(2)：连接 DE，因为 $BE=\frac{1}{3}BC$，所以 $S_{\triangle BED}=\frac{1}{3}S_{\triangle BCD}$. 又因为 $S_{四边形DBEF}>S_{\triangle BED}$，所以 $S_{四边形DBEF}>\frac{1}{3}S_{\triangle BCD}$，故条件(2)也充分.

21. (D)

【详细解析】

根据题意，可得 $x=S_{2\,022}(S_{2\,023}-a_1)$，$y=S_{2\,023}(S_{2\,022}-a_1)$，则

$$x-y=S_{2\,022}(S_{2\,023}-a_1)-S_{2\,023}(S_{2\,022}-a_1)=a_1(S_{2\,023}-S_{2\,022})=a_1a_{2\,023}.$$

条件(1)：由 $S_n=n^2+n$ 可知，$a_1=2$，$a_n=S_n-S_{n-1}=2n>0$，则 $x-y=a_1a_{2\,023}>0$，故 $x>y$，条件(1)充分.

条件(2)：$\{a_n\}$ 为等比数列，因此可知 $a_n\neq0$ 且奇数项正负性相同，则 $x-y=a_1a_{2\,023}>0$，故 $x>y$，条件(2)充分.

22. (E)

【详细解析】

根据题意，可知二次函数 $f(x)$ 的对称轴为 $-\frac{2a}{2a}=-1$，且恒过点(0，1).

条件(1)：若$a>0$，则$f(x)$在$x=2$处取到最大值，故$f(x)_{\max}=f(2)=8a+1=4\Rightarrow a=\frac{3}{8}$；

若$a<0$，则$f(x)$在对称轴处取到最大值，故$f(x)_{\max}=f(-1)=-a+1=4\Rightarrow a=-3$.

这两个解皆符合题意，故无法确定a的值，条件(1)不充分．

条件(2)：若$a>0$，则$f(x)$在对称轴处取到最小值，故$f(x)_{\min}=f(-1)=-a+1=-4\Rightarrow a=5$；

若$a<0$，则$f(x)$在$x=2$处取到最小值，故$f(x)_{\min}=f(2)=8a+1=-4\Rightarrow a=-\frac{5}{8}$.

这两个解皆符合题意，故无法确定a的值，条件(2)不充分．

联立两个条件：由于条件(1)与条件(2)所解得的a的值皆不相同，故联立也不充分．

23. (C)

【详细解析】

两个条件显然单独都不充分，故考虑联立．

设该选手射空x次，则射中$15-x$次，根据题意，可得

$$8(15-x)-5x=55,$$

解得$x=5$，即射空5次．故两个条件联立充分．

24. (D)

【详细解析】

条件(1)：$S_{12}=S_{偶数}+S_{奇数}$，令$S_{偶数}:S_{奇数}=a:b$(a，b已知)，则$S_{偶数}=S_{12}\cdot\frac{a}{a+b}$，$S_{奇数}=S_{12}\cdot\frac{b}{a+b}$，故由$S_{偶数}-S_{奇数}=6d$可得，$d=\frac{S_{12}\cdot\frac{a-b}{a+b}}{6}$，条件(1)充分．

条件(2)：由等差数列求和公式，可知$S_{12}=12a_1+\frac{12\times11}{2}d$，等式中$S_{12}$和$a_1$均已知，故可确定公差$d$，条件(2)充分．

25. (C)

【详细解析】

条件(1)：设圆的圆心为$(a_1，b_1)$，且与x轴相切的圆的方程为$(x-a_1)^2+(y-b_1)^2=b_1^2$，把$(4，1)$代入，不能确定$a_1$，$b_1$的值，故不能确定两个圆心之间的距离，所以条件(1)不充分．

条件(2)：同理可得，条件(2)不充分．

两个条件联立，两个圆分别都与x轴与y轴相切，且都经过点$(4，1)$，故两圆圆心都在第一象限且在直线$y=x$上．设两圆圆心分别为$(a，a)$，$(b，b)$，则有$(4-a)^2+(1-a)^2=a^2$，$(4-b)^2+(1-b)^2=b^2$，故a，b为$(4-x)^2+(1-x)^2=x^2$的两个根，整理可得$x^2-10x+17=0$，$\Delta=100-4\times17>0$，故由韦达定理得，$a+b=10$，$ab=17$，则两个圆心之间的距离为$d=\sqrt{(a-b)^2+(a-b)^2}=8$，所以两个条件联立充分．

三、逻辑推理

26. (E)

【模型识别】

题干出现多个假言命题，且这些假言命题没有重复元素，故此题为假言无串联模型。

【详细解析】

第 1 步：画箭头。

①全面建成小康社会→全面深化改革开放。

②能确保有效实施改革开放→依靠全面的法治保障。

③¬ 加强党的全面建设→¬ 可能实现有效的依法治国。

④党的全面建设∧党的坚强领导→能进一步搞好经济建设。

第 2 步：逆否。

⑤¬ 全面深化改革开放→¬ 全面建成小康社会。

⑥¬ 依靠全面的法治保障→¬ 能确保有效实施改革开放。

⑦可能实现有效的依法治国→加强党的全面建设。

⑧¬ 能进一步搞好经济建设→¬ 党的全面建设∨¬ 党的坚强领导。

第 3 步：找答案。

注意：题干中的"全面深化改革开放"表示已经实施；"能确保有效实施改革开放"表示还未实施，两者概念并不相同，故并不能进行串联。同理，"依靠全面的法治保障"与"可能实现有效的依法治国"也无法实现串联。

(A)项，全面建成小康社会→能进一步搞好经济建设，题干没有涉及"全面建成小康社会"与"能进一步搞好经济建设"之间的关系，故此项可真可假。

(B)项，加强党的建设→深化改革开放，根据箭头指向原则，由⑦可知，"加强党的全面建设"后无箭头指向，故此项可真可假。

(C)项，¬ 党的坚强领导→不可能实现小康社会，根据箭头指向原则，由⑧可知，"¬ 党的坚强领导"后无箭头指向，故此项可真可假。

(D)项，搞好经济建设→党的全面建设，根据箭头指向原则，由④可知，"搞好经济建设"后无箭头指向，故此项可真可假。

(E)项，全面建成小康社会→全面深化改革开放，等价于①，故此项可以由题干推出。

27. (E)

【论证结构】

题干：商店快速购进以浓缩形式生产的新型清洁产品(现象)。许多消费者对废弃的包装对生态的影响表示关注，这种浓缩形式产品包装于小的容器中，可以只用较少的塑料，并且只需要较少的运输空间(原因)。

【模型识别】

题干先描述了一种现象，然后分析了这种现象的原因，故此题为现象原因模型。

【选项详解】

(A)项，此项明否暗肯，看似在说消费者因为产品的价格低才选择购买，而实际“除了出于对环境的保护”是在肯定题干给出的原因，支持题干。

(B)项，无关选项，题干不涉及浓缩清洁产品的包装与常规清洁产品的包装的回收难易程度的比较。(干扰项·无关新比较)

(C)项，无关选项，题干不涉及浓缩清洁产品是否印制了清晰的稀释说明。

(D)项，无关选项，题干论证的是商店快速购进以浓缩形式生产的新型清洁产品的原因，而此项论证的是消费者是否相信浓缩清洁产品不是常规清洁产品的小包装。(干扰项·转移论题)

(E)项，削弱题干，此项说明超市或药店选择浓缩清洁产品的原因是因为可以增加他们来自特定货架空间的收入，而不是题干所认为的“消费者对于生态的关注和运输空间的减少”，另有他因。

28. (E)

【论证结构】

在任何一封信中，彼尔都没有提到过令他出名的吗啡瘾(即：彼尔的信件中未提及吗啡瘾)。因此，彼尔得到“吗啡瘾君子”的恶名是不恰当的，那些关于他的吗啡瘾的报道也是不真实的(即：彼尔没有吗啡瘾)。

【模型识别】

“信件中没有”和“事实上没有”并不是同一概念，故此题为拆桥搭桥模型。

【选项详解】

(A)项，不必假设，有关彼尔对吗啡上瘾的报道与彼尔的死亡时间的先后顺序均不影响题干论点的成立性，即使是在彼尔活着的时候就已经身陷各种有关吗啡上瘾的报道，也不影响他可能被冤枉的事实。

(B)项，不必假设，有关彼尔对吗啡上瘾的报道的真实性与是否认识彼尔无关。

(C)项，无关选项，彼尔的稿费是否足以支付吸食吗啡的费用与彼尔是否吸食吗啡无关。

(D)项，无关选项，信件的多少并不影响通过信件得出来的结论。

(E)项，必须假设，此项说明彼尔没有在信件中提及吗啡瘾不是因为害怕，建立了信件中没有与事实上没有的联系，搭桥法。

29. (A)

【模型识别】

本题存在“母亲”和“孩子”之间的一一匹配关系，故此题为两组元素的定量匹配模型。

【详细解析】

第1步：事实/问题优先看。

题干中无确定事实。

第2步：重复元素是关键。

由条件(1)知：张不是小明的妈妈，且小明穿红色泳衣，又结合条件(3)“王的儿子穿绿色泳衣”，

可得：小明的妈妈不是张，不是王，因此小明的妈妈是李。

由条件(4)“小亮的小男孩穿着橙色泳衣”，又结合条件(3)“王的儿子穿绿色泳衣”，可得：小亮的妈妈不是王，也不是李，因此小亮的妈妈是张。

综上，张一小亮一橙色、王一小强一绿色、李一小明一红色。故(A)项正确。

30. (C)

【模型识别】

题干中出现假言判断构成的推理，问题中出现“最为类似”，故此题为推理结构相似模型。

【详细解析】

题干：相对论是正确的→顺时运动的物体的时速不可能超过光速。量子力学预测：超子的时速超过光速。所以，若相对论正确，那么，或者量子力学对超子的预测是错误的，或者超子逆时运动。

形式化：(A)→(B)。(C)。所以，(A)→¬(C)∨(D)。

(A)项，锁定“这一看法不正确”及后续的论据标志词“因为”可知，此项为论证逻辑中的“人丑模型”，与题干不同。

(B)项，(A)→(B)∨(C)，因为：¬(B)→(C)。(C)∧(B)，所以(A)。与题干不同。

(C)项，如果人的大脑处于缺氧情况下，那么只能存活几分钟。有目击者目击一个巫师被深埋地下一周后仍然活着。所以，如果医学断定为真，那么目击者所言非实，或者该巫师的大脑并没有完全缺氧。

形式化：(A)→(B)。(C)。所以，(A)→¬(C)∨(D)。与题干相同。

(D)项，此项存在性质命题“有的国家允许本国公民有双重国籍”，而题干不存在性质命题，与题干不同。

(E)项，(A)∨(B)，因为¬(B)，所以(A)。与题干不同。

31. (D)

【秒杀技巧】

题干给出了5人关于10道题的作答情况，并已知5个人的得分，故本题为一人多判断模型的真假话问题。

【详细解析】

由丙得3分，结合“判断正确得1分，判断错误倒扣1分，不答则不得分也不扣分”可知：丙答对的个数比答错的个数多3个，即：丙答对6题，答错3题，1题不答。

由戊得4分，结合“判断正确得1分，判断错误倒扣1分，不答则不得分也不扣分”可知：戊答对的个数比答错的个数多4个，即：戊答对7题，答错3题。

故(D)项正确。

32. (C)

【详细解析】

引用上题结果可知，丙、戊两人共计错6题。

结合表格可知，丙、戊第1、4、5、6、7、8题答案均不相同。由于判断题的答案只有“√”和

"×"，因此，丙、戊两人错的 6 题恰为上述 6 题。进而可得：丙、戊第 2、3、9 题均回答正确。故(C)项正确。

33. (D)

【模型识别】

题干由一个性质命题构成的前提和一个性质命题的结论组成，要求"以下哪项关于武汉大学学生的断定是必须假设的"，故此题为隐含三段论模型。

【详细解析】

第 1 步：将题干中的前提符号化。

前提①：喜欢喝茶→喜欢围棋，等价于：②¬ 喜欢围棋→¬ 喜欢喝茶。

第 2 步：将题干中的结论符号化。

结论：③有的学逻辑→¬ 喜欢喝茶。

第 3 步：补充从前提到结论的箭头，从而得到结论。

易知，补充前提：④有的学逻辑→¬ 喜欢围棋。

与②串联可得：有的学逻辑→¬ 喜欢围棋→¬ 喜欢喝茶，故可得题干中的结论。

补充的前提④等价于：有些学逻辑的不喜欢围棋。故(D)为正确选项。

34. (D)

【模型识别】

本题将书籍按照"科目""是否为彩印"进行了两次分类，故此题为两次分类模型。

【详细解析】

设普通话考试彩印 a，考研彩印 b，普通话考试非彩印 c，考研非彩印 d，见下表：

方式	普通话考试	考研
彩印	a	b
非彩印	c	d

由题干信息(1)可知，①：$a+c=300$；②：$b+d=200$。

由题干信息(2)可知，③：$a+b=270$；④：$c+d=230$。

①－④$=a-d=70$，故 $a>d$，即：普通话考试彩印的种类多于考研非彩印书籍的种类，(A)项正确。

④－②$=c-b=30>0$，故 $c>b$，即：普通话考试非彩印书籍种类多于考研彩印种类，(B)项正确。

由"$a-d=70$"可知，a 至少要有 70 种，即：普通话考试彩印最少 70 种，(C)项正确。

由"$c-b=30$"可知，c 至少要有 30 种，即：普通话考试非彩印最少 30 种，(D)项错误。

由"$a+b=270$，a 至少要有 70 种"可知，b 至多有 200 种，即：考研彩印最多 200 种，(E)项正确。

35. (A)

【论证结构】

题干：脊髓中受损伤的神经不能自然地再生，即使在神经生长刺激物的激发下也不能再生(现象)。人们最近发现其原因是脊髓中存在着神经生长抑制剂(原因)。现在已经开发出降低这种抑制剂活性的抗体(措施)。那么很清楚，在可以预见的将来，神经修复将会是一项标准的医疗程序(目的)。

【模型识别】

题干先描述了一种现象，然后分析了这种现象的原因，故此题为现象原因模型。

同时，"降低这种抑制剂活性的抗体"可视为是一种措施，"神经修复"可视为是一种目的，可知此题是措施目的模型。

【选项详解】

(A)项，措施可能有恶果，此项说明防止受损神经的再生只是抑制神经生长的物质的副作用，因此，降低神经抑制剂的活性可能会直接导致其无法发挥主要功能，引起更为严重的后果。

(B)项，无关选项，题干不涉及神经生长刺激剂与减少神经生长抑制剂的抗体是否具有相似的化学结构。

(C)项，无关选项，题干不涉及大脑中的神经与脊髓中的神经是否具有相似性。

(D)项，支持题干，补充论据，说明措施有效果。

(E)项，此项指出题干中的措施需要一定的条件——"抗体的稳定供给"，但并不确定这一条件是否能够满足，故无法削弱题干。

36. (C)

【题干信息】

①嫉妒情绪与大脑前扣带回皮层的活跃度有关。

②幸灾乐祸与大脑纹状体的活跃度有关。

③在产生嫉妒情绪时前扣带回皮层的活动越活跃的人，其纹状体的活跃程度就越高。

【选项详解】

(A)项，不能推出，题干没有涉及什么是"人之常情"。

(B)项，不能推出，题干只表示"嫉妒情绪与大脑前扣带回皮层的活跃度有关"，但并没有涉及"喜欢嫉妒别人的人的大脑前扣带回皮层的功能"是不是更强。

(C)项，可以推出，由题干信息②可知，喜欢幸灾乐祸的人其大脑纹状体更活跃，由题干信息③可知产生嫉妒情绪时其纹状体的活跃程度就越高，那么更可能幸灾乐祸。

(D)项，不能推出，题干没有对"喜欢幸灾乐祸的人"和"喜欢嫉妒的人的大脑纹状体的活跃程度"进行比较。

(E)项，不能推出，题干没有对"喜欢嫉妒的人"和"喜欢幸灾乐祸的人的大脑前扣带回皮层的活跃程度"进行比较。

37. (E)

【模型识别】

题干出现间隔问题，显然是相邻与不相邻模型。

【详细解析】

本题补充新事实：(3)周小兰第二个。

条件(1)、(2)均为特殊位置关系，但条件(2)跨度更大，故优先考虑。

由条件(2)可知，孙小青在 1 号位或 3 号位，情况较少，可进行分类讨论。

情况 1：若孙小青在 1 号位，由条件(2)可知，钱小紫在 4 号位。即：

1	2	3	4	5	6
孙小青	周小兰		钱小紫		

由条件(1)结合上表可知，李小白在 3 号位，赵小红在 5 号位；进而可得：吴小惠在 6 号位。

情况 2：若孙小青在 3 号位，由条件(2)可知，钱小紫在 6 号位。即：

1	2	3	4	5	6
	周小兰	孙小青			钱小紫

此时，无法满足条件(1)，故该种情况不成立。

故(E)项正确。

38.(A)

【详细解析】

本题补充新事实：(4)赵小红、钱小紫不是紧挨着先后上台。

条件(1)、(2)均为特殊位置关系，但条件(2)跨度更大，故优先考虑。

由条件(2)可知，孙小青在 1 号位、2 号位或 3 号位，情况较少，可进行分类讨论。

情况 1：若孙小青在 1 号位，由条件(2)可知，钱小紫在 4 号位。即：

1	2	3	4	5	6
孙小青			钱小紫		

由条件(1)结合上表可知，李小白在 3 号位，赵小红在 5 号位，与条件(4)矛盾，排除。

情况 2：若孙小青在 2 号位，由条件(2)可知，钱小紫在 5 号位。即：

1	2	3	4	5	6
	孙小青			钱小紫	

由条件(1)和条件(4)，再结合上表可知，李小白在 1 号位，赵小红在 3 号位。

情况 3：若孙小青在 3 号位，由条件(2)可知，钱小紫在 6 号位。即：

1	2	3	4	5	6
		孙小青			钱小紫

由条件(1)和条件(4)，再结合上表可知，李小白在 2 号位，赵小红在 4 号位。

综上，赵小红在钱小紫之前上台。故(A)项正确。

39.(D)

【模型识别】

已知条件是由假言命题组成，且选项均为事实。故此题为假言事实模型。

【详细解析】

第 1 步：画箭头。

①《木兰诗》∨《友善之花》→《诚信诗歌》。

②《诚信诗歌》→《和谐校园》。

③《种子的梦》∀《放飞梦想》。

④¬《木兰诗》→《和谐校园》。

第 2 步：找重复元素。

观察题干信息，找到重复元素“《木兰诗》”，故优先分析。

第 3 步：找二难推理。

由条件①、②串联可得：⑤《木兰诗》∨《友善之花》→《诚信诗歌》→《和谐校园》。

由条件④和条件⑤，再结合口诀“前件一正一反，容易出现二难”可得：

《木兰诗》∨¬《木兰诗》；

↓　↓

《和谐校园》∨《和谐校园》；

故：《和谐校园》。

根据二难推理公式易知：《和谐校园》必选。

第 4 步：推出答案。

由条件③可知《种子的梦》和《放飞梦想》二选一，《和谐校园》必选可知，此时剩余的节目只能选择一个。

又由条件①可知，若《木兰诗》或者《友善之花》当选，《诚信诗歌》也一定当选，此时至少有 4 和节目获奖，与“选择 3 个节目评选出金银铜奖”矛盾，故《木兰诗》或者《友善之花》均不选择。(D)项正确。

40. (A)

【论证结构】

题干：

无 Wi-Fi 发射器的房间：种子发芽率为 95.4%；

有 Wi-Fi 发射器的房间：种子发芽率为 85.3%；

故，Wi-Fi 辐射会影响种子发芽率。

同时，题干存在类比论证，通过 Wi-Fi 辐射会影响种子发芽率类比到人体的健康。

专家：实验不严谨，不能由此断定 Wi-Fi 辐射对人体有害。

【模型识别】

(1)题干对有无 Wi-Fi 发射器的房间内种子的发芽情况进行对比，故此题为求异法模型。

(2)题干论据中的论证对象是“水芹种子”，论点中的论证对象是“人”，故此题也为类比论证模型。

【选项详解】

(A)项，削弱专家的观点，说明 Wi-Fi 的频率和距离确实会影响人体。

(B)项，支持专家的观点，说明实验应当排除其他差异因素。

(C)项，支持专家的观点，说明丹麦中学生的实验没有排除其他差异因素。

(D)项，支持专家的观点，此项指出动物和植物之间存在差异，故无法直接通过植物的情况得出对人体的影响，因此研究 Wi-Fi 辐射对人体的影响应根据动物的实验，单凭植物的实验无法断定。

(E)项，支持专家的观点，说明用植物实验来验证人体的健康情况无效。

41. (E)

【模型识别】

题干给出两组定义，提问方式为"根据上述定义，下列属于体外实验的是"，可知此题是定义题。

【详细解析】

"体外实验"的定义：①从通常的生物学环境中分离出的生物体组织成分；②进行体外研究。

(A)项，此项研究的是蜱虫的整体，不符合①"从通常的生物学环境中分离出的生物体组织成分"，因此不符合"体外实验"的定义。

(B)项，此项研究的是枯草杆菌是否具有鞭毛，不是将鞭毛分离出来进行研究，不符合①"从通常的生物学环境中分离出的生物体组织成分"，因此不符合"体外实验"的定义。

(C)项，此项研究的是不同比例氮肥对玉米植株生长的影响，研究对象是活体植株，不符合①"从通常的生物学环境中分离出的生物体组织成分"，因此不符合"体外实验"的定义。

(D)项，此项是在观察试管中药剂与某溶液的化学反应，"药剂"和"某溶液"都不是生物体组织成分，不符合①"从通常的生物学环境中分离出的生物体组织成分"，因此不符合"体外实验"的定义。

(E)项，首先，"对卵子受精后"说明观察的是"卵子"，而"卵子"是从雌性体内分离出的生殖细胞，符合①"从通常的生物学环境中分离出的生物体组织成分"；其次，观察受精卵的发育情况，符合②"进行体外研究"，符合"体外实验"的定义。

42. (E)

【秒杀技巧】

题干由事实和假言命题构成，故本题为事实假言模型。"从事实出发做串联"即可秒杀。

【详细解析】

由题干条件(1)"小李不是小高的男友"可知，小高的男友是小张或小王。

由题干条件(2)"小赵不是狗的主人"可知，狗的主人是小陈或小高。

由"小高的男友是小张或小王"可知，条件(4)前件为真，根据口诀"肯前必肯后"可得：小陈不是狗的主人；结合"狗的主人是小陈或小高"可知：狗的主人是小高，故鸟的主人不是小高。

由"鸟的主人不是小高"可知，条件(3)后件为假，根据口诀"否后必否前"可得：狗的主人不是小王，也不是小李。故狗的主人是小张。因此，小张和小高是情侣，共同养狗。

由题干条件(2)可知，小赵不是小王的女友，故小赵是小李的女友。

由题干条件(1)可知，小李不是猫的主人，故小赵和小李是情侣，共同养鸟，所以小王和小陈是情侣，共同养猫。

综上，正确答案为(E)项。

43. (E)

【论证结构】

题干：一项研究发现，1970 年调查的孩子中有 70%曾经有过牙洞，而在 1985 年的调查中，仅有 50%的孩子曾经有过牙洞。研究者们由此得出结论：在 1970—1985 年这段时间内，孩子们患牙病的比率降低了。

【模型识别】

论据中的对象是“被调查的孩子”，论点中的对象是“孩子们”，前者是后者的子集，即：

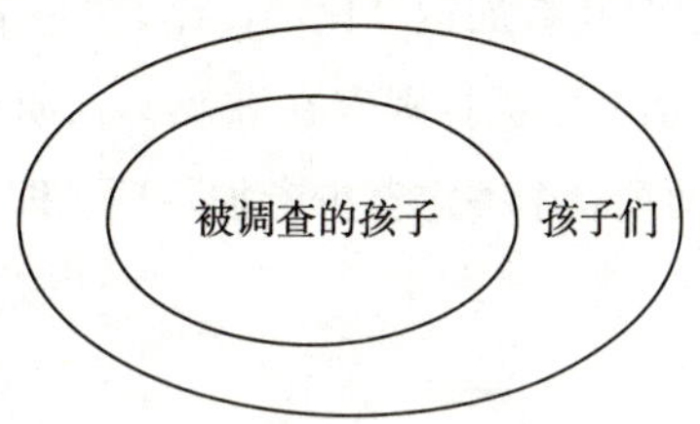

故此题为归纳论证模型。

【选项详解】

(A)项，无关选项，题干不涉及牙洞是否是孩子们可能得的最普通的一种牙病。

(B)项，支持题干，说明调查对象的选取具备一定的广度。

(C)项，无法确定研究者与老师们的合作是否严重影响到了研究者的中立性，因此，此项削弱力度较弱。

(D)项，不能削弱题干，因为题干比较的是 1970 年与 1985 年的情况，必须指出二者的差异才能削弱题干，而此项说的是“1970 年以来”，无法说明二者的差异。

(E)项，削弱题干，此项说明两次调查的样本之间存在差异，样本不具有代表性。

44. (A)

【论证结构】

题干：为了进一步减少类似的费用，其他地区司法部门也应通过要求摩托车骑手必须佩戴头盔的立法。同样的原因(目的)，司法部门也应当要求骑马的骑手佩戴头盔(措施)，因为与摩托车事故相比，骑马的骑手比骑摩托车的骑手更易于导致头部损伤。

【模型识别】

题干中，“要求骑马的骑手佩戴头盔”，可以看作是一种措施，“节省纳税人的钱”可以看作是目的。故此题为措施目的模型。

【选项详解】

(A)项，必须假设，此项肯定因骑马而发生的事故所导致的头部损伤的医疗费用是税收支出的一

部分。使用取非法：如果因骑马而发生的事故所导致的头部损伤的医疗费用与税收支出无关的话，司法部门就不必通过要求骑马的骑手佩戴头盔，来节省纳税人的钱。因此，此项必须假设。

(B)项，无关选项，题干不涉及骑马事故中导致严重脑损伤的比率较高的原因。

(C)项，无关选项，题干不涉及治疗头部损伤的医疗费用与其他类型的费用的比较。(干扰项·无关新比较)

(D)项，无关选项，题干不涉及佩戴头盔是否可以避免发生事故时所造成的死亡。

(E)项，无关选项，此项在提出建议，与题干的论证无关。

45. (C)

【模型识别】

本题存在六位选手和四个项目的匹配关系，故此题为两组元素的定量匹配模型。

【详细解析】

由条件(1)、(4)可知：钱、孙、吴均参加钢琴比赛。结合“每个比赛项目恰好有这 6 人中 3 人参加”可知：赵、李、周均不参加钢琴比赛。则李在歌唱、二胡、吉他三项比赛中选择两项参加。故从这三项比赛中，任意选取两项，李一定至少参加一项。即(C)项正确。

46. (C)

【模型识别】

观察选项发现(A)、(B)、(E)项均为事实，(C)、(D)项为假言，故此题为选项事实假言模型，优先看(C)、(D)两项。

【详细解析】

本题新增条件“李不参加歌唱比赛”结合上题分析可得下表：

比赛项目	歌唱	钢琴	二胡	吉他
赵		×		
钱		√		
孙		√		
李	×	×		
周		×		
吴		√		

由上题分析可知：李不参加钢琴比赛，故条件(2)的后件为假，根据口诀“否后必否前”可知：赵不参加歌唱比赛。

因为钱、孙参加的比赛相同，若二者均不参加歌唱比赛，则至少四人不参加歌唱比赛，无法满足“每个比赛项目恰好有 3 人参加”，故钱、孙均参加歌唱比赛。

结合“每人均参加了其中两个比赛项目”可知：赵、李均参加二胡比赛和吉他比赛。钱、孙均不参加二胡比赛，也不参加吉他比赛。

由“赵参加吉他比赛”结合条件(3)可知：周参加二胡比赛。再结合“每个比赛项目恰好有 3 人参加”可知：吴不参加二胡比赛。

由上述分析可得下表：

比赛项目	歌唱	钢琴	二胡	吉他
赵	×	×	√	√
钱	√	√	×	×
孙	√	√	×	×
李	×	×	√	√
周		×	√	
吴		√	×	

由题干“每人均参加了其中两个比赛项目”“每个比赛项目恰好有3人参加”可知，周、吴分别参加歌唱比赛和吉他比赛中的一种。

假设(C)项的前件“吴参加吉他比赛”为真，则能确定周参加歌唱比赛。故此项为真。

假设(E)项的前件“李参加二胡比赛”为真，无法确定周、吴参加比赛的情况。

综上，(C)项正确。

47.（B）

【论证结构】

当黏合剂分解掉时，会留下细小的塑料。因此，这些饮料罐将来被丢弃时每个罐子产生的塑料垃圾并不比类似的不可被生物分解的罐子被丢弃时产生的塑料垃圾少。

【模型识别】

锁定关键词“将来”，可知此题为预测结果模型。

【选项详解】

(A)项，无关选项，题干不涉及可被生物分解和不可被生物分解的塑料饮料罐是否能被垃圾压缩机完全压平。

(B)项，支持题干，此项说明新型塑料饮料罐实际生产所需的塑料量更多，故被丢弃时产生的塑料垃圾相应也更多。

(C)项，无关选项，题干不涉及消费者对于不同包装的选择情况。

(D)项，削弱题干，此项说明新型塑料饮料罐是生产中会产生更少的塑料废物。

(E)项，无关选项，此项只能说明不论什么类型的塑料罐均无法回收，但新型塑料饮料罐产生的塑料垃圾的多少并不确定。

48.（C）

【论证结构】

题干：中国代表团没有透彻地理解奥运会的游戏规则(原因)，因此，在伦敦奥运会上，无论是对赛制赛规的批评建议，还是对裁判执法的质疑，前后几度申诉都没有取得成功(结果)。

【模型识别】

题干的论据论证的是“没有透彻地理解游戏规则”，题干的论点论证的是“申诉都没有取得成功”，

论据与论点出现论证话题的不一致，故此处为拆桥搭桥模型。

【选项详解】

(A)项，无关选项，题干论证不涉及是否还需要学习其他不熟悉的东西。

(B)项，无关选项，题干论证的是没有透彻地理解奥运会的游戏规则与有些透彻理解奥运会游戏规则的代表团无关。(干扰项 · 偷换论证对象)

(C)项，申诉成功→透彻理解，等价于：没有透彻理解→申诉不成功。搭桥法，建立论据“没有透彻地理解游戏规则”和论点“申诉未成功”之间的联系，必须假设。

(D)项，无关选项，题干的论证对象是“中国代表团”，而此项的论证对象是“透彻理解奥运会游戏规则的代表团”，论证对象不一致。(干扰项 · 偷换论证对象)

(E)项，不必假设，此题只需假设“没有透彻理解→申诉不成功”即可，不必假设中国代表团透彻地理解奥运会的游戏规则，申诉一定会取得成功。

49. (A)

【模型识别】

本题的选项看起来像排列组合，可以考虑选项排除法。

【详细解析】

题干信息：

前提①：从红、橙、黄、绿、青、蓝、紫七种颜色中选择四种。

前提②：从黑、白、灰、棕四种颜色中选择两种，可排除(D)项。

(1)绿→¬ 蓝∧¬ 灰。

(2)棕∨黄→¬ 蓝，可排除(E)项。

(3)红→白。

(4)橙→黑，可排除(B)项。

(5)白→¬ 黑色，可排除(C)项。

故(A)项正确。

50. (C)

【模型识别】

题干均为假言命题，题干问题又补充事实，故此题为事实假言模型。“从事实出发做串联”即可秒杀。

【详细解析】

从事实出发，已知画家选了蓝色。

由“蓝”可知，条件(1)后件为假，根据口诀“否后必否前”可得：¬ 绿。

同理可得：¬ 棕∧¬ 黄。

故¬ 绿、¬ 棕、¬ 黄。

由条件(5)可知，黑色与白色只能选项其中一个颜色。故进行分类讨论。

情况一：若选择白色，则不选黑色，故条件(4)后件为假，根据口诀“否后必否前”可知：不选橙色。

情况二：若选择黑色，则不选白色，故条件(3)后件为假，根据口诀“否后必否前”可知：不选红色。

故不选橙色或者不选红色，结合“从红、橙、黄、绿、青、蓝、紫七种颜色中选择四种”可得：一定选择青、蓝、紫，故(C)项正确。

51. (C)

【论证结构】

题干：①一旦巨额财产被装入“来源不明”的筐中，其来源就不必一一查明，这对于那些贪污受贿者是宽容；②该罪名给予司法人员以过大的“自由裁量权”和“勾兑空间” $\xrightarrow{\text{证明 1}}$ 巨额财产来源不明罪在客观上有利于保护贪污受贿者 $\xrightarrow{\text{证明 2}}$ 应将巨额财产来源不明以贪污受贿罪论处。

【模型识别】

“巨额财产来源不明以贪污受贿罪论处”可视为是一种措施，“避免多度宽容贪污受贿者”可视为是一种目的，可知此题存在措施目的模型。

【选项详解】

(A)项，支持题干，支持题干的论据①，补充论据。

(B)项，支持题干，说明“巨额财产来源不明罪”有恶果，措施弊大于利。

(C)项，削弱题干，说明不应该应将巨额财产来源不明将以贪污受贿罪论处。

(D)项，支持题干，此项举例其他国家的情况，肯定了这种措施，例证法。

(E)项，支持题干，支持题干的论据②，补充论据。

52. (D)

【论证结构】

题干使用求异法：

给柿树剪枝：产量是不剪枝的三倍；

不给柿树剪枝：产量只有剪枝的三分之一；

所以，剪枝可以提高柿树的产量。

【选项详解】

(A)项，英语成绩变好，物理成绩也变好，故认为是学好英语帮助学好物理，一个变量跟随另外一个变量的变化而变动，故此题采用的是共变法，与题干不同。

(B)项，小明的妈妈给出了退步理由的两种可能，通过排除一种，来肯定另外一种，故此题采用的是选言论证法，与题干不同。

(C)项，没有进行实验，只是通过报纸获得的结果，与题干不同。

(D)项，把相同的肉放在两个容器内，一个容器封闭，另一个容器敞开，进行对比实验，从而探求生蛆的原因，此项使用求异法，与题干相同。

(E)项，从特定人群锻炼会改善体质，得出所有人都需要锻炼，属于归纳论证，与题干不同。

53. (A)

【模型识别】

题干中存在匹配关系(7 名员工和 3 个国家之间的匹配)，并且匹配数量是确定事实，故本题为定

量匹配模型。题干的提问方式为“如果以下哪项陈述为真，能使 7 名雇员的分配得到完全的确定”，通过选项确定结论，故此题使用选项排除法。

【详细解析】

(A)项，丁和戊分配到意大利，故意大利还剩余 1 个名额；由条件(1)可知丙和庚两人需要在同一国家，因此，丙和庚既不能在意大利，也不能在韩国，故丙和庚去德国。由条件(4)可知，甲也要去德国，故甲、丙、庚 3 人去德国。由“甲、丙、庚 3 人去德国”结合“有三人需要分配到德国”可知，戊不去德国，故条件(3)后件为假，根据口诀“否后必否前”可得：己不去意大利，故己去韩国，剩余的乙去意大利。因此，(A)项可以使 7 名雇员的分配得到完全的确定。

故(A)项正确。

54. (C)

【模型识别】

已知条件由假言命题组成，选项均为事实。故此题为假言事实模型。

【详细解析】

第 1 步：将题干符号化。

①“巽”对应“风”∨“巽”对应“水”。

②¬“兑”对应“泽”∨¬“坎”对应“水”→“震”对应“火”∧“艮”对应“风”。

③“巽”“震”至少有一个对应“火”→“艮”对应“山”。

④“兑”不与“乾”相邻∨“巽”不与“乾”相邻→则“坤”不在“乾”右边或左边的第四个位置。

第 2 步：找矛盾。

观察发现，条件②的后件与条件③的前件均涉及“震”对应“火”，故考虑由此将条件②、③进行串联。

若条件②前件为真，根据口诀“肯前必肯后”可知：“震”对应“火”∧“艮”对应“风”。

则条件③前件为真，根据口诀“肯前必肯后”可知：“艮”对应“山”。

“艮”对应“风”与“艮”对应“山”不能同时为真，故条件②的前件为假，即“兑”对应“泽”∧“坎”对应“水”。

结合条件①可知：“巽”对应“风”。故(C)项正确。

55. (E)

【模型识别】

观察选项，发现 5 个选项中，有的选项是事实，有的选项是假言。故此题为选项事实假言模型。优先代入含假言的选项进行验证。

【详细解析】

观察题干图表发现，条件(4)后件为假，根据口诀“否后必否前”可知：“兑”“巽”均与“乾”相邻。结合本题的新增条件可知，“坎”在“乾”左侧第二个位置，则“离”在“乾”右侧第二个位置 。则剩余“震”“艮”在“坤”的两侧。

假设(B)项的前件为真，则“‘兑’和‘震’在同一侧”为真。此时无法确定他们在“乾”的哪一侧，故

此项可真可假。

假设(D)项的前件为真，则“艮”在“乾”右边第三个位置，此时无法确定“兑”“巽”的具体位置，故无法确定“艮”是否和“兑”相对。

假设(E)项的前件为真，则“离”右侧第三个位置的卦不与“巽”相对，那么“离”右侧第三个位置的卦与“兑”相对，则“兑”在“乾”的右侧。此项为真。

四、写作

56. 论证有效性分析

【谬误分析】

支持者的逻辑谬误如下：

①针对大学生的调查未必有代表性。

②一个公司的新人工作太闲，不能说明“公司不行了”。

③“闲着只会浪费时间，让自己颓废”过于绝对。

反对者的逻辑谬误如下：

①“一旦离职，就很难再找到合适的工作”，过于绝对。离职后也可能找到更好的工作。

②工作的追求不仅仅是轻闲和享受生活，事业本身带来的成就感也是追求之一。

③现代人与古代人相比变化巨大，无法由过去的情况来类比现在的情况。

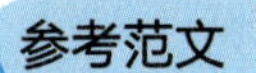

参考范文

不妥当的辞职之辩

吕建刚　江徕

针对“工作太闲是否应该辞职”的问题，支持方和反对方的争论都存在诸多逻辑问题，分析如下：

从支持方来看：

首先，针对大学生的调查未必有代表性，大学生的观点难以代表在职人群的观点。而且，大学生尚未参加工作，他们对职场还缺乏必要的认识，故他们关于职场的观点也未必正确。

其次，一个公司的新人工作太闲，不能说明“公司不行了”。新人工作闲可能是由于刚刚入职，还未很好地融入工作。而且，新人的情况也不代表公司老员工的情况，如果老员工的工作是充实有效的，那么公司的经营情况可能也会很好。

最后，“闲着只会浪费时间，让自己颓废”过于绝对。也有人可以利用空闲时间，学到更多的知识，从而充实自我。

从反对方来看：

首先，“一旦离职，就很难再找到合适的工作”，过于绝对。如果现在的工作不适合自己，离职后可能会找到更适合自己的工作。

其次，享受生活确实是工作的追求之一，但这并非工作的唯一追求。工作中取得成绩，获得成就感，也是工作的追求之一。

最后，由古代诗人的情况来说明现在的情况，没有说服力。因为，古代的经济环境、工作环境都与现在有巨大的不同，因此，无法简单地认为今天的人们想不通。况且，“若无闲事挂心头，便是人间好时节”仅是诗人一家之言，实际是否如此已无从考证。

综上，双方的辩论都存在诸多逻辑问题，二者都有狡辩的嫌疑。

（全文共 550 字）

57. 论说文

参考范文

盲目模仿要不得

江徕

傻人以为菜肴好吃是因为盐，于是买了一大包抓进嘴里，结果令人啼笑皆非。其实，在商业竞争中，也有不少企业存在盲目模仿的现象，最终落得血本无归的下场。因此我们要懂得，盲目模仿要不得。

每个创业者都梦想打造下一个“华为”、下一个“亚马逊”、下一个“索尼”……，但结果是“港湾”没有成为华为，“8848”没有成为亚马逊，“盛大盒子”没有成为索尼……最终还被遗忘在历史的长河中。毫无二致，这些企业的失败主要源于一味地模仿，失去了自主创新能力。

不可否认，模仿是有一定价值的。尤其是在发展的初期，一些企业通过模仿就能抄近道、走捷径，迅速追上行业领头羊。而且，模仿不必投入创新资金、不必引进创新人才，成本低、风险小，如果能赶上风口，企业就能赚到不少的利润。

但是，一味地模仿会导致创新活力降低。模仿的收益快速可见，一些企业不免沉浸在短期的既得利益中，产生“路径依赖”。模仿对象推出什么，自己也都要“山寨”一番，久而久之，企业就丧失了创新的意愿和能力，愈发急功近利。

另外，一味地模仿会产生风险。一方面，同质化产品难免面临来自竞品的价格竞争，利润容易被摊薄，而竞争对手一旦创新成功，自己的产品甚至会面临淘汰的局面；另一方面，由于沉浸在短期的既得利益之中，企业在模仿过程中容易一叶障目，投机取巧的行为可能触犯法律，一旦构成侵权，将受到消费者的唾弃和法律的制裁。

可见，要拒绝模仿，敢于创新。首先，企业要引进创新人才、加强创新激励、增加创新投入，因时而变，随事而制。另外，政府要打造创新机制、搭好创新平台，只有政府搭好了台子，企业才能更好地唱戏，敢于创新、减少模仿。

总之，企业发展之路需要模仿，但盲目模仿要不得。

（全文共 694 字）

全国硕士研究生招生考试

管理类综合能力答题卡（199）

报考单位

考生姓名

考生编号（左对齐）

[0] [1] [2] [3] [4] [5] [6] [7] [8] [9]

注意事项

1、填（书）写必须使用黑色字迹签字笔，笔迹工整、字迹清楚；涂写必须使用 2B 铅笔。

2、选择题必须用 2B 铅笔涂在答题卡指定题号，非选择题必须用黑色签字笔在指定区域作答。不在指定区域作答、在草稿纸、试题本上作答无效。

3、请保持答题卡清洁、请勿做任何标记，否则按无效答卷处理。

4、请务必将试题本上的试题信息条形码贴在答题卡标有“试题信息条形码”的框内。

正确涂卡	错误涂卡
缺考标记	缺考考生信息由监考员填涂并加盖缺考章，盖章不要遮盖考生信息。

选择题答案区域

1 [A] [B] [C] [D] [E]
2 [A] [B] [C] [D] [E]
3 [A] [B] [C] [D] [E]
4 [A] [B] [C] [D] [E]
5 [A] [B] [C] [D] [E]
6 [A] [B] [C] [D] [E]
7 [A] [B] [C] [D] [E]
8 [A] [B] [C] [D] [E]
9 [A] [B] [C] [D] [E]
10 [A] [B] [C] [D] [E]
11 [A] [B] [C] [D] [E]
12 [A] [B] [C] [D] [E]
13 [A] [B] [C] [D] [E]
14 [A] [B] [C] [D] [E]
15 [A] [B] [C] [D] [E]
16 [A] [B] [C] [D] [E]
17 [A] [B] [C] [D] [E]
18 [A] [B] [C] [D] [E]
19 [A] [B] [C] [D] [E]
20 [A] [B] [C] [D] [E]
21 [A] [B] [C] [D] [E]
22 [A] [B] [C] [D] [E]
23 [A] [B] [C] [D] [E]
24 [A] [B] [C] [D] [E]
25 [A] [B] [C] [D] [E]
26 [A] [B] [C] [D] [E]
27 [A] [B] [C] [D] [E]
28 [A] [B] [C] [D] [E]
29 [A] [B] [C] [D] [E]
30 [A] [B] [C] [D] [E]
31 [A] [B] [C] [D] [E]
32 [A] [B] [C] [D] [E]
33 [A] [B] [C] [D] [E]
34 [A] [B] [C] [D] [E]
35 [A] [B] [C] [D] [E]
36 [A] [B] [C] [D] [E]
37 [A] [B] [C] [D] [E]
38 [A] [B] [C] [D] [E]
39 [A] [B] [C] [D] [E]
40 [A] [B] [C] [D] [E]
41 [A] [B] [C] [D] [E]
42 [A] [B] [C] [D] [E]
43 [A] [B] [C] [D] [E]
44 [A] [B] [C] [D] [E]
45 [A] [B] [C] [D] [E]
46 [A] [B] [C] [D] [E]
47 [A] [B] [C] [D] [E]
48 [A] [B] [C] [D] [E]
49 [A] [B] [C] [D] [E]
50 [A] [B] [C] [D] [E]
51 [A] [B] [C] [D] [E]
52 [A] [B] [C] [D] [E]
53 [A] [B] [C] [D] [E]
54 [A] [B] [C] [D] [E]
55 [A] [B] [C] [D] [E]

阴影部分请勿作答或做任何标记

本答题卡仅供考生熟悉了解整体样式、模拟演练使用。具体考场答题卡样式、尺寸请以实际考场上发放的为准。

请 勿 折 叠

考生信息条形码粘贴位置

试题信息条形码

写作 56

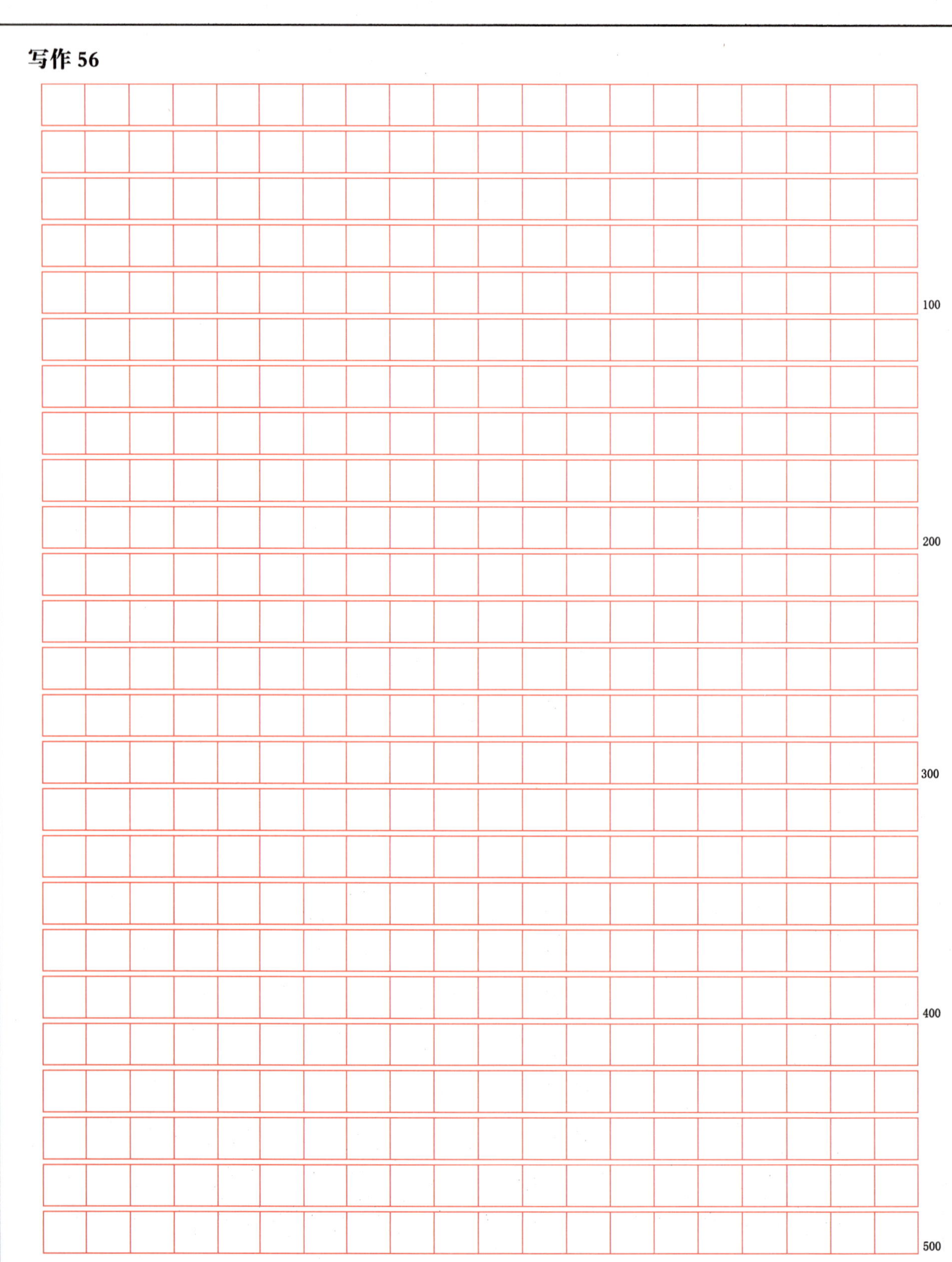

考生姓名：________

600

700

请勿折叠

作文 57

100

200

300

400

500

600

700

800

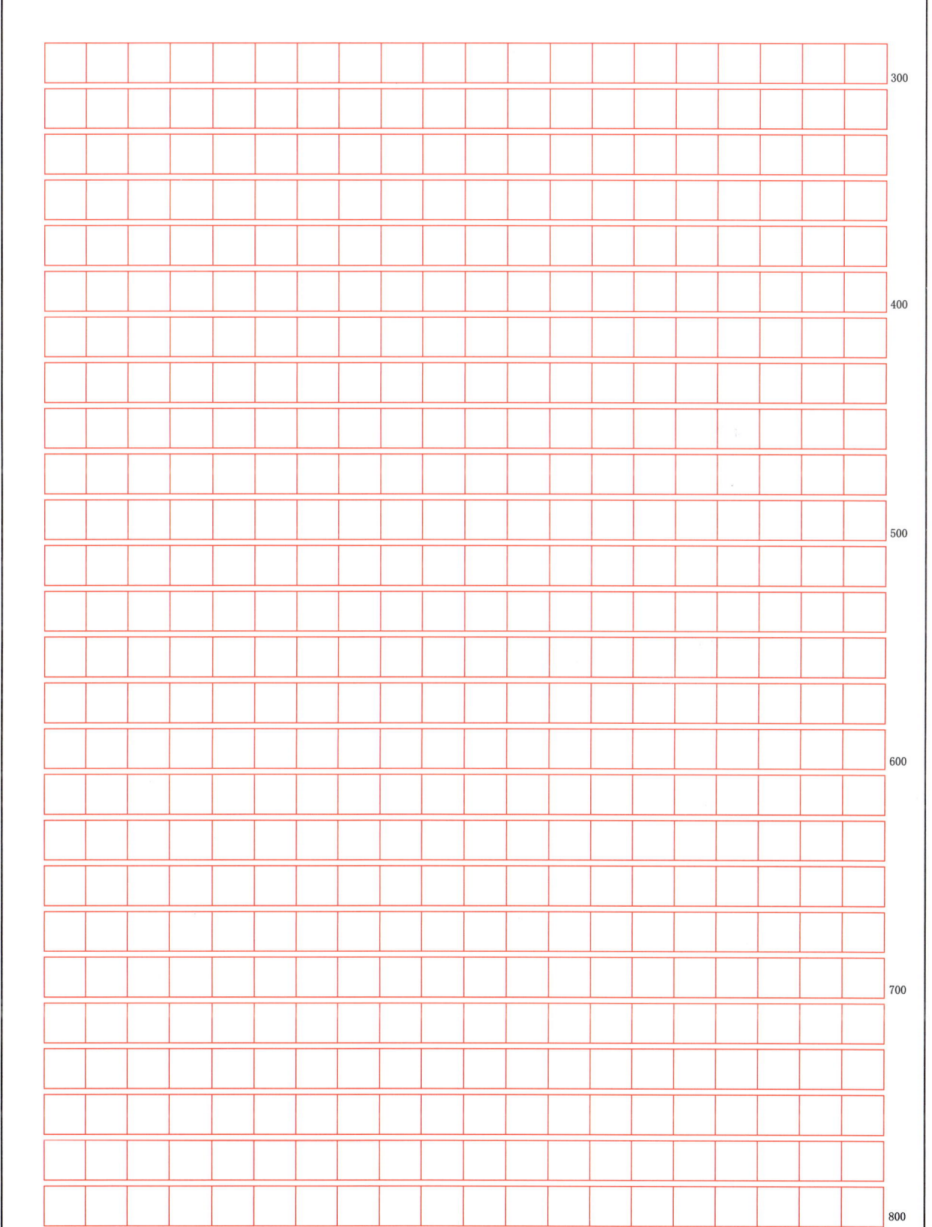

全国硕士研究生招生考试

管理类综合能力答题卡（199）

考生信息条形码粘贴位置

试题信息条形码

报考单位

考生姓名

考生编号（左对齐）

[0]	[0]	[0]	[0]	[0]	[0]	[0]	[0]	[0]	[0]	[0]	[0]	[0]	[0]	[0]
[1]	[1]	[1]	[1]	[1]	[1]	[1]	[1]	[1]	[1]	[1]	[1]	[1]	[1]	[1]
[2]	[2]	[2]	[2]	[2]	[2]	[2]	[2]	[2]	[2]	[2]	[2]	[2]	[2]	[2]
[3]	[3]	[3]	[3]	[3]	[3]	[3]	[3]	[3]	[3]	[3]	[3]	[3]	[3]	[3]
[4]	[4]	[4]	[4]	[4]	[4]	[4]	[4]	[4]	[4]	[4]	[4]	[4]	[4]	[4]
[5]	[5]	[5]	[5]	[5]	[5]	[5]	[5]	[5]	[5]	[5]	[5]	[5]	[5]	[5]
[6]	[6]	[6]	[6]	[6]	[6]	[6]	[6]	[6]	[6]	[6]	[6]	[6]	[6]	[6]
[7]	[7]	[7]	[7]	[7]	[7]	[7]	[7]	[7]	[7]	[7]	[7]	[7]	[7]	[7]
[8]	[8]	[8]	[8]	[8]	[8]	[8]	[8]	[8]	[8]	[8]	[8]	[8]	[8]	[8]
[9]	[9]	[9]	[9]	[9]	[9]	[9]	[9]	[9]	[9]	[9]	[9]	[9]	[9]	[9]

注意事项

1、填（书）写必须使用黑色字迹签字笔，笔迹工整、字迹清楚；涂写必须使用 2B 铅笔。

2、选择题必须用 2B 铅笔涂在答题卡指定题号，非选择题必须用黑色签字笔在指定区域作答。不在指定区域作答、在草稿纸、试题本上作答无效。

3、请保持答题卡清洁、请勿做任何标记，否则按无效答卷处理。

4、请务必将试题本上的试题信息条形码贴在答题卡标有“试题信息条形码”的框内。

正确涂卡 ▬	错误涂卡
缺考标记 ▭	缺考考生信息由监考员填涂并加盖缺考章，盖章不要遮盖考生信息。

选择题答案区域

1 [A] [B] [C] [D] [E]
2 [A] [B] [C] [D] [E]
3 [A] [B] [C] [D] [E]
4 [A] [B] [C] [D] [E]
5 [A] [B] [C] [D] [E]

6 [A] [B] [C] [D] [E]
7 [A] [B] [C] [D] [E]
8 [A] [B] [C] [D] [E]
9 [A] [B] [C] [D] [E]
10 [A] [B] [C] [D] [E]

11 [A] [B] [C] [D] [E]
12 [A] [B] [C] [D] [E]
13 [A] [B] [C] [D] [E]
14 [A] [B] [C] [D] [E]
15 [A] [B] [C] [D] [E]

16 [A] [B] [C] [D] [E]
17 [A] [B] [C] [D] [E]
18 [A] [B] [C] [D] [E]
19 [A] [B] [C] [D] [E]
20 [A] [B] [C] [D] [E]

21 [A] [B] [C] [D] [E]
22 [A] [B] [C] [D] [E]
23 [A] [B] [C] [D] [E]
24 [A] [B] [C] [D] [E]
25 [A] [B] [C] [D] [E]

26 [A] [B] [C] [D] [E]
27 [A] [B] [C] [D] [E]
28 [A] [B] [C] [D] [E]
29 [A] [B] [C] [D] [E]
30 [A] [B] [C] [D] [E]

31 [A] [B] [C] [D] [E]
32 [A] [B] [C] [D] [E]
33 [A] [B] [C] [D] [E]
34 [A] [B] [C] [D] [E]
35 [A] [B] [C] [D] [E]

36 [A] [B] [C] [D] [E]
37 [A] [B] [C] [D] [E]
38 [A] [B] [C] [D] [E]
39 [A] [B] [C] [D] [E]
40 [A] [B] [C] [D] [E]

41 [A] [B] [C] [D] [E]
42 [A] [B] [C] [D] [E]
43 [A] [B] [C] [D] [E]
44 [A] [B] [C] [D] [E]
45 [A] [B] [C] [D] [E]

46 [A] [B] [C] [D] [E]
47 [A] [B] [C] [D] [E]
48 [A] [B] [C] [D] [E]
49 [A] [B] [C] [D] [E]
50 [A] [B] [C] [D] [E]

51 [A] [B] [C] [D] [E]
52 [A] [B] [C] [D] [E]
53 [A] [B] [C] [D] [E]
54 [A] [B] [C] [D] [E]
55 [A] [B] [C] [D] [E]

阴影部分请勿作答或做任何标记

本答题卡仅供考生熟悉了解整体样式、模拟演练使用。具体考场答题卡样式、尺寸请以实际考场上发放的为准。

请勿折叠

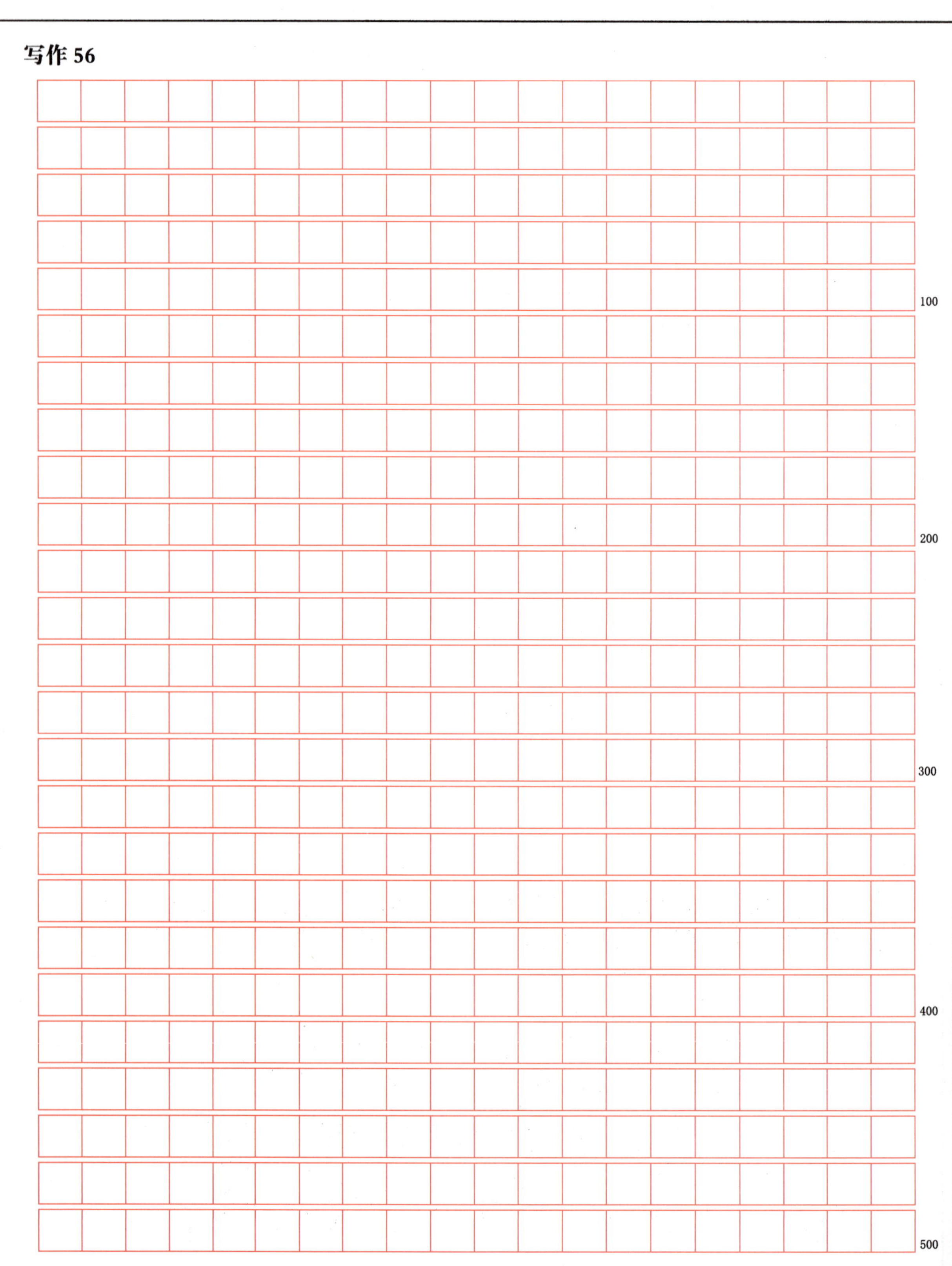

考生姓名：________

请勿折叠

作文 57

考生信息条形码粘贴位置

试题信息条形码

写作 56

100

200

300

400

500

请

勿

折

叠

考生姓名：

600

700

作文 57

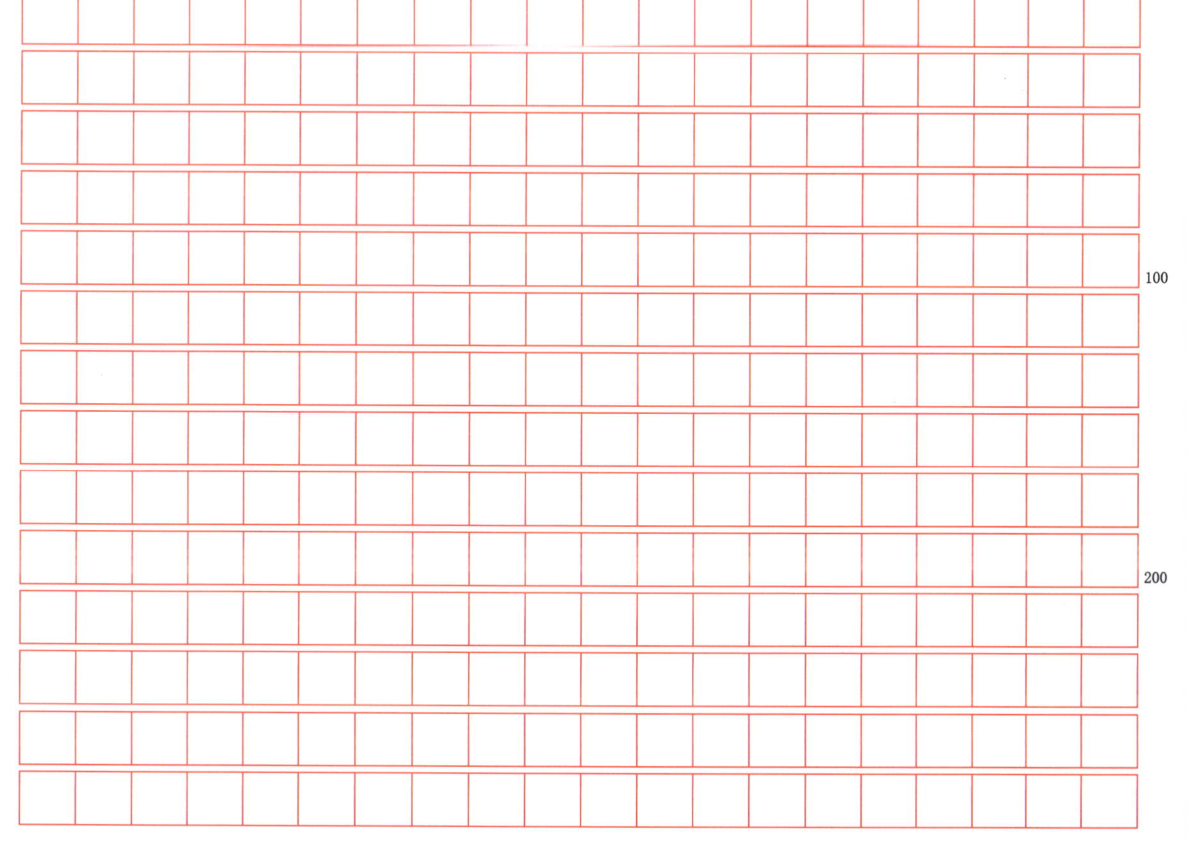

100

200

考生信息条形码粘贴位置

试题信息条形码

写作 56

100

200

300

400

500

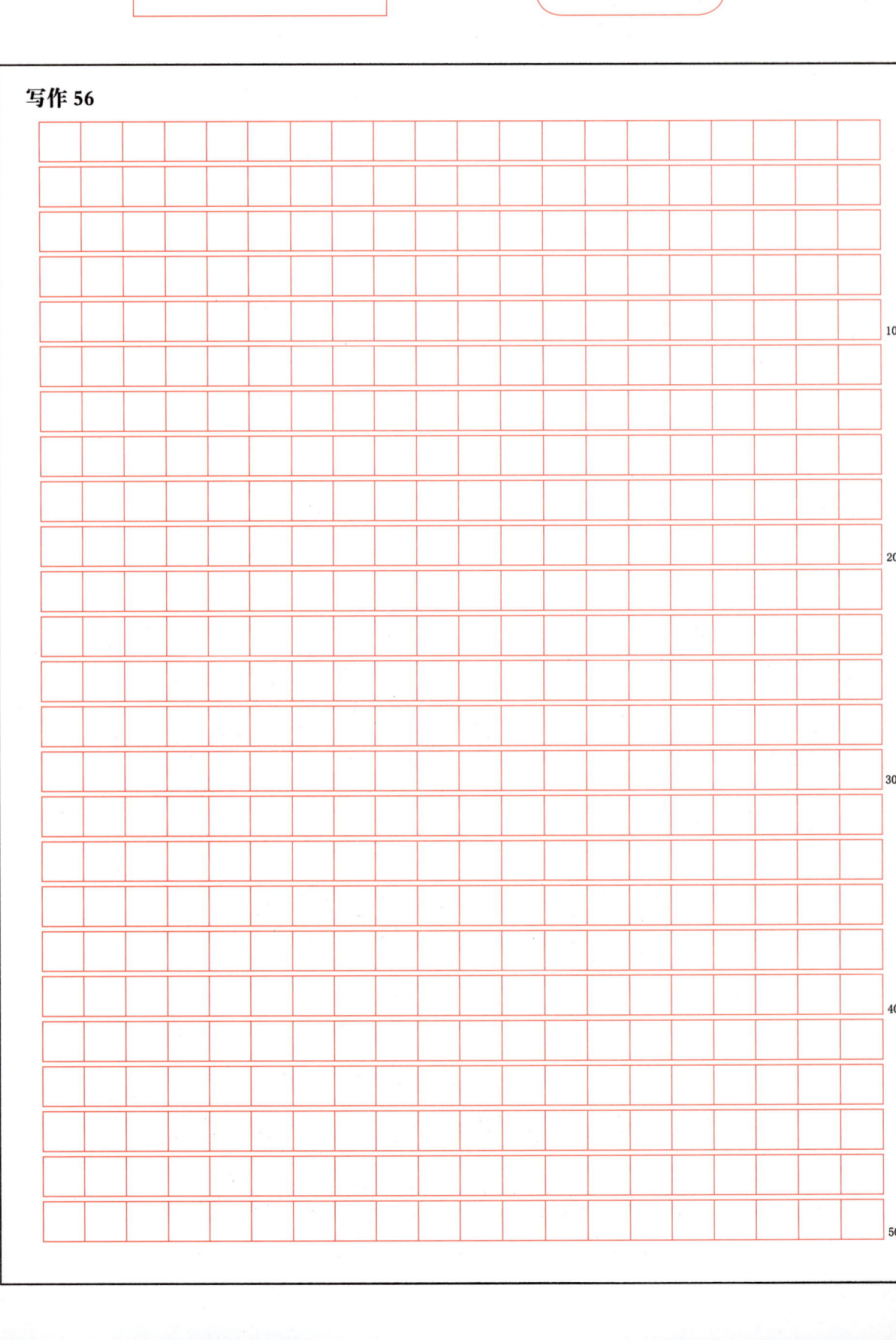

考生姓名：________________

作文 57

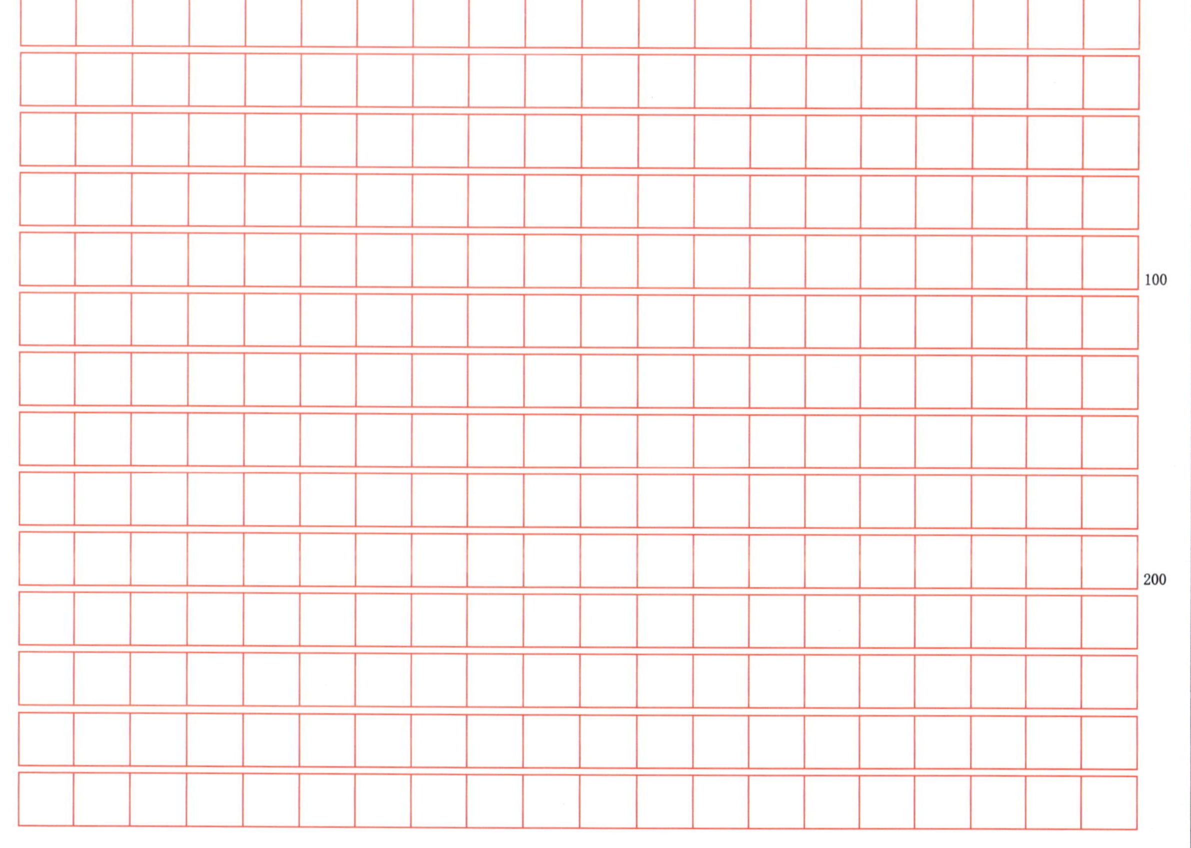

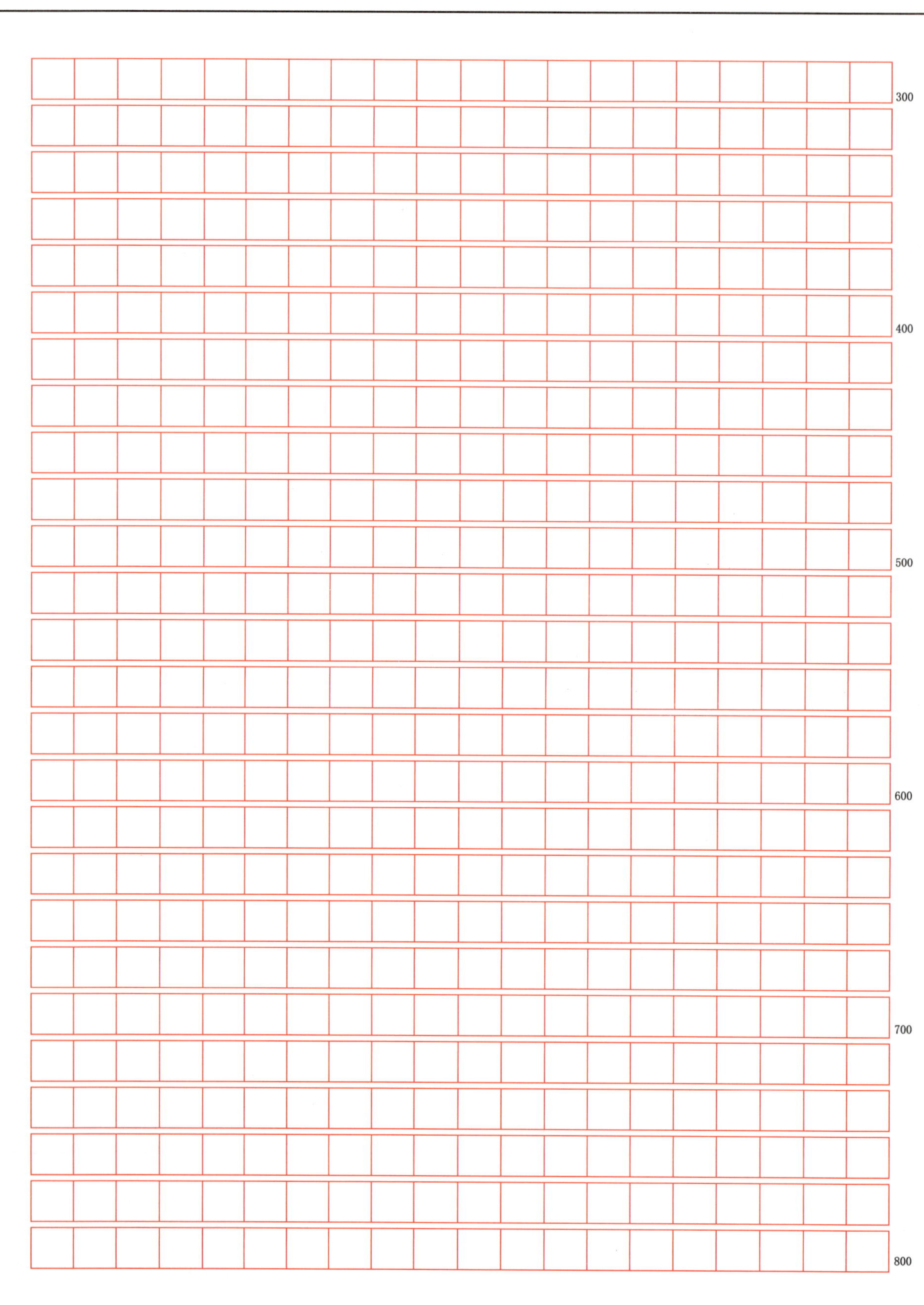
300
400
500
600
700
800

全国硕士研究生招生考试

管理类综合能力答题卡（199）

报考单位

考生姓名

考生编号（左对齐）

[0]	[0]	[0]	[0]	[0]	[0]	[0]	[0]	[0]	[0]	[0]	[0]	[0]	[0]	[0]
[1]	[1]	[1]	[1]	[1]	[1]	[1]	[1]	[1]	[1]	[1]	[1]	[1]	[1]	[1]
[2]	[2]	[2]	[2]	[2]	[2]	[2]	[2]	[2]	[2]	[2]	[2]	[2]	[2]	[2]
[3]	[3]	[3]	[3]	[3]	[3]	[3]	[3]	[3]	[3]	[3]	[3]	[3]	[3]	[3]
[4]	[4]	[4]	[4]	[4]	[4]	[4]	[4]	[4]	[4]	[4]	[4]	[4]	[4]	[4]
[5]	[5]	[5]	[5]	[5]	[5]	[5]	[5]	[5]	[5]	[5]	[5]	[5]	[5]	[5]
[6]	[6]	[6]	[6]	[6]	[6]	[6]	[6]	[6]	[6]	[6]	[6]	[6]	[6]	[6]
[7]	[7]	[7]	[7]	[7]	[7]	[7]	[7]	[7]	[7]	[7]	[7]	[7]	[7]	[7]
[8]	[8]	[8]	[8]	[8]	[8]	[8]	[8]	[8]	[8]	[8]	[8]	[8]	[8]	[8]
[9]	[9]	[9]	[9]	[9]	[9]	[9]	[9]	[9]	[9]	[9]	[9]	[9]	[9]	[9]

注意事项

1、填（书）写必须使用黑色字迹签字笔，笔迹工整、字迹清楚；涂写必须使用 2B 铅笔。

2、选择题必须用 2B 铅笔涂在答题卡指定题号，非选择题必须用黑色签字笔在指定区域作答。不在指定区域作答、在草稿纸、试题本上作答无效。

3、请保持答题卡清洁、请勿做任何标记，否则按无效答卷处理。

4、请务必将试题本上的试题信息条形码贴在答题卡标有"试题信息条形码"的框内。

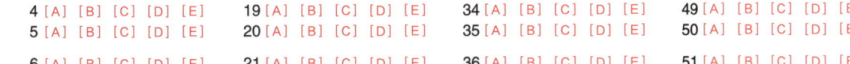

正确涂卡 ▬	错误涂卡
缺考标记 ▭	缺考考生信息由监考员填涂并加盖缺考章，盖章不要遮盖考生信息。

选择题答案区域

1 [A] [B] [C] [D] [E]	16 [A] [B] [C] [D] [E]	31 [A] [B] [C] [D] [E]	46 [A] [B] [C] [D] [E]
2 [A] [B] [C] [D] [E]	17 [A] [B] [C] [D] [E]	32 [A] [B] [C] [D] [E]	47 [A] [B] [C] [D] [E]
3 [A] [B] [C] [D] [E]	18 [A] [B] [C] [D] [E]	33 [A] [B] [C] [D] [E]	48 [A] [B] [C] [D] [E]
4 [A] [B] [C] [D] [E]	19 [A] [B] [C] [D] [E]	34 [A] [B] [C] [D] [E]	49 [A] [B] [C] [D] [E]
5 [A] [B] [C] [D] [E]	20 [A] [B] [C] [D] [E]	35 [A] [B] [C] [D] [E]	50 [A] [B] [C] [D] [E]
6 [A] [B] [C] [D] [E]	21 [A] [B] [C] [D] [E]	36 [A] [B] [C] [D] [E]	51 [A] [B] [C] [D] [E]
7 [A] [B] [C] [D] [E]	22 [A] [B] [C] [D] [E]	37 [A] [B] [C] [D] [E]	52 [A] [B] [C] [D] [E]
8 [A] [B] [C] [D] [E]	23 [A] [B] [C] [D] [E]	38 [A] [B] [C] [D] [E]	53 [A] [B] [C] [D] [E]
9 [A] [B] [C] [D] [E]	24 [A] [B] [C] [D] [E]	39 [A] [B] [C] [D] [E]	54 [A] [B] [C] [D] [E]
10 [A] [B] [C] [D] [E]	25 [A] [B] [C] [D] [E]	40 [A] [B] [C] [D] [E]	55 [A] [B] [C] [D] [E]
11 [A] [B] [C] [D] [E]	26 [A] [B] [C] [D] [E]	41 [A] [B] [C] [D] [E]	
12 [A] [B] [C] [D] [E]	27 [A] [B] [C] [D] [E]	42 [A] [B] [C] [D] [E]	
13 [A] [B] [C] [D] [E]	28 [A] [B] [C] [D] [E]	43 [A] [B] [C] [D] [E]	
14 [A] [B] [C] [D] [E]	29 [A] [B] [C] [D] [E]	44 [A] [B] [C] [D] [E]	
15 [A] [B] [C] [D] [E]	30 [A] [B] [C] [D] [E]	45 [A] [B] [C] [D] [E]	

阴影部分请勿作答或做任何标记

本答题卡仅供考生熟悉了解整体样式、模拟演练使用。具体考场答题卡样式、尺寸请以实际考场上发放的为准。

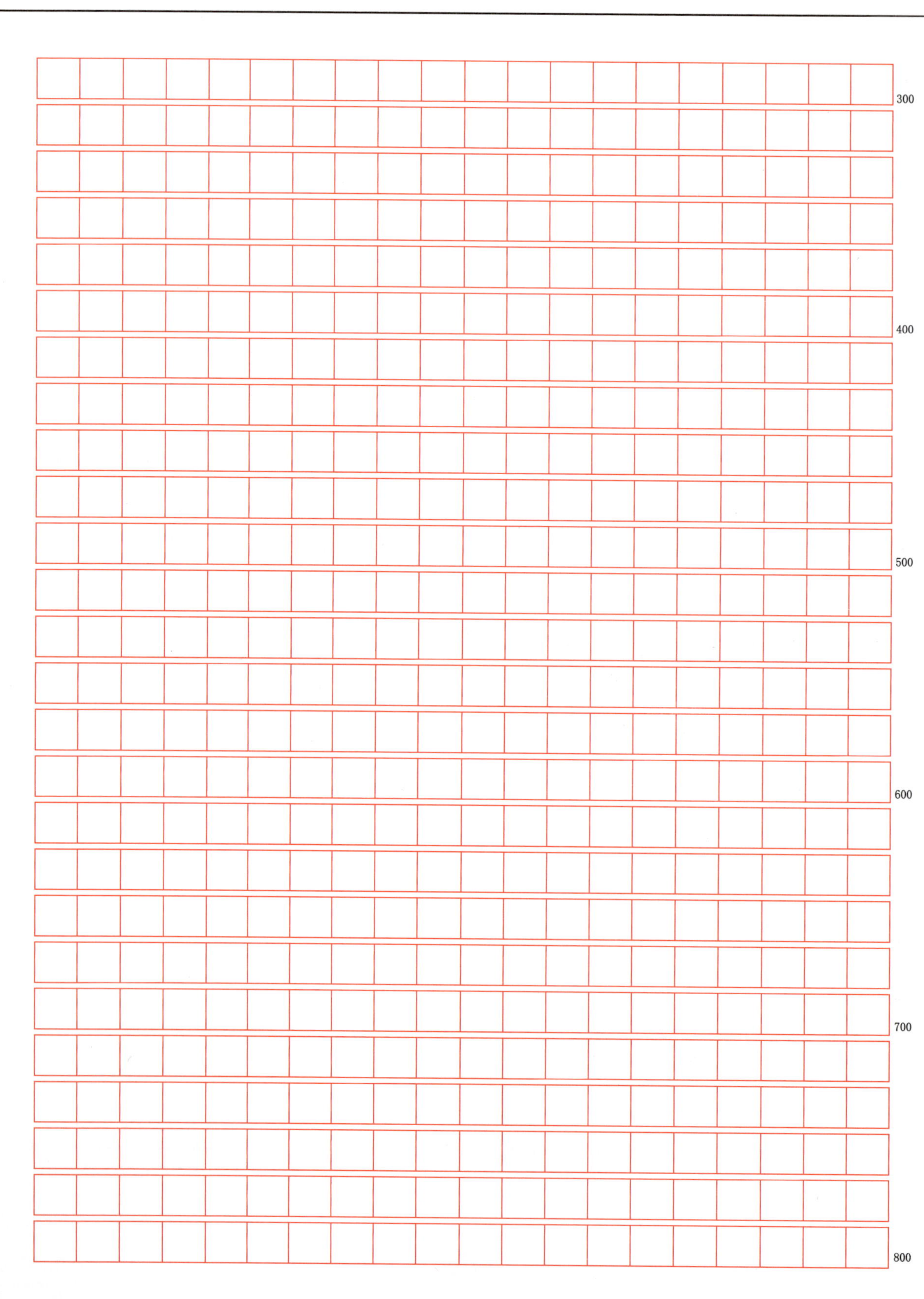

全国硕士研究生招生考试

管理类综合能力答题卡（199）

报考单位

考生姓名

考生编号（左对齐）

[0]	[0]	[0]	[0]	[0]	[0]	[0]	[0]	[0]	[0]	[0]	[0]	[0]	[0]	[0]
[1]	[1]	[1]	[1]	[1]	[1]	[1]	[1]	[1]	[1]	[1]	[1]	[1]	[1]	[1]
[2]	[2]	[2]	[2]	[2]	[2]	[2]	[2]	[2]	[2]	[2]	[2]	[2]	[2]	[2]
[3]	[3]	[3]	[3]	[3]	[3]	[3]	[3]	[3]	[3]	[3]	[3]	[3]	[3]	[3]
[4]	[4]	[4]	[4]	[4]	[4]	[4]	[4]	[4]	[4]	[4]	[4]	[4]	[4]	[4]
[5]	[5]	[5]	[5]	[5]	[5]	[5]	[5]	[5]	[5]	[5]	[5]	[5]	[5]	[5]
[6]	[6]	[6]	[6]	[6]	[6]	[6]	[6]	[6]	[6]	[6]	[6]	[6]	[6]	[6]
[7]	[7]	[7]	[7]	[7]	[7]	[7]	[7]	[7]	[7]	[7]	[7]	[7]	[7]	[7]
[8]	[8]	[8]	[8]	[8]	[8]	[8]	[8]	[8]	[8]	[8]	[8]	[8]	[8]	[8]
[9]	[9]	[9]	[9]	[9]	[9]	[9]	[9]	[9]	[9]	[9]	[9]	[9]	[9]	[9]

注意事项

1、填（书）写必须使用黑色字迹签字笔，笔迹工整、字迹清楚；涂写必须使用 2B 铅笔。

2、选择题必须用 2B 铅笔涂在答题卡指定题号，非选择题必须用黑色签字笔在指定区域作答。不在指定区域作答、在草稿纸、试题本上作答无效。

3、请保持答题卡清洁、请勿做任何标记，否则按无效答卷处理。

4、请务必将试题本上的试题信息条形码贴在答题卡标有“试题信息条形码”的框内。

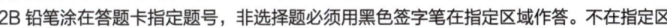

正确涂卡	错误涂卡
缺考标记	缺考考生信息由监考员填涂并加盖缺考章，盖章不要遮盖考生信息。

选择题答案区域

1 [A] [B] [C] [D] [E]
2 [A] [B] [C] [D] [E]
3 [A] [B] [C] [D] [E]
4 [A] [B] [C] [D] [E]
5 [A] [B] [C] [D] [E]

6 [A] [B] [C] [D] [E]
7 [A] [B] [C] [D] [E]
8 [A] [B] [C] [D] [E]
9 [A] [B] [C] [D] [E]
10 [A] [B] [C] [D] [E]

11 [A] [B] [C] [D] [E]
12 [A] [B] [C] [D] [E]
13 [A] [B] [C] [D] [E]
14 [A] [B] [C] [D] [E]
15 [A] [B] [C] [D] [E]

16 [A] [B] [C] [D] [E]
17 [A] [B] [C] [D] [E]
18 [A] [B] [C] [D] [E]
19 [A] [B] [C] [D] [E]
20 [A] [B] [C] [D] [E]

21 [A] [B] [C] [D] [E]
22 [A] [B] [C] [D] [E]
23 [A] [B] [C] [D] [E]
24 [A] [B] [C] [D] [E]
25 [A] [B] [C] [D] [E]

26 [A] [B] [C] [D] [E]
27 [A] [B] [C] [D] [E]
28 [A] [B] [C] [D] [E]
29 [A] [B] [C] [D] [E]
30 [A] [B] [C] [D] [E]

31 [A] [B] [C] [D] [E]
32 [A] [B] [C] [D] [E]
33 [A] [B] [C] [D] [E]
34 [A] [B] [C] [D] [E]
35 [A] [B] [C] [D] [E]

36 [A] [B] [C] [D] [E]
37 [A] [B] [C] [D] [E]
38 [A] [B] [C] [D] [E]
39 [A] [B] [C] [D] [E]
40 [A] [B] [C] [D] [E]

41 [A] [B] [C] [D] [E]
42 [A] [B] [C] [D] [E]
43 [A] [B] [C] [D] [E]
44 [A] [B] [C] [D] [E]
45 [A] [B] [C] [D] [E]

46 [A] [B] [C] [D] [E]
47 [A] [B] [C] [D] [E]
48 [A] [B] [C] [D] [E]
49 [A] [B] [C] [D] [E]
50 [A] [B] [C] [D] [E]

51 [A] [B] [C] [D] [E]
52 [A] [B] [C] [D] [E]
53 [A] [B] [C] [D] [E]
54 [A] [B] [C] [D] [E]
55 [A] [B] [C] [D] [E]

阴影部分请勿作答或做任何标记

本答题卡仅供考生熟悉了解整体样式、模拟演练使用。具体考场答题卡样式、尺寸请以实际考场上发放的为准。

全国硕士研究生招生考试

管理类综合能力答题卡（199）

报考单位

考生姓名

考生编号（左对齐）

[0] [1] [2] [3] [4] [5] [6] [7] [8] [9]

注意事项

1、填（书）写必须使用黑色字迹签字笔，笔迹工整、字迹清楚；涂写必须使用 2B 铅笔。

2、选择题必须用 2B 铅笔涂在答题卡指定题号，非选择题必须用黑色签字笔在指定区域作答。不在指定区域作答、在草稿纸、试题本上作答无效。

3、请保持答题卡清洁、请勿做任何标记，否则按无效答卷处理。

4、请务必将试题本上的试题信息条形码贴在答题卡标有“试题信息条形码”的框内。

正确涂卡	错误涂卡
缺考标记	缺考考生信息由监考员填涂并加盖缺考章，盖章不要遮盖考生信息。

选择题答案区域

1 [A] [B] [C] [D] [E]	16 [A] [B] [C] [D] [E]	31 [A] [B] [C] [D] [E]	46 [A] [B] [C] [D] [E]
2 [A] [B] [C] [D] [E]	17 [A] [B] [C] [D] [E]	32 [A] [B] [C] [D] [E]	47 [A] [B] [C] [D] [E]
3 [A] [B] [C] [D] [E]	18 [A] [B] [C] [D] [E]	33 [A] [B] [C] [D] [E]	48 [A] [B] [C] [D] [E]
4 [A] [B] [C] [D] [E]	19 [A] [B] [C] [D] [E]	34 [A] [B] [C] [D] [E]	49 [A] [B] [C] [D] [E]
5 [A] [B] [C] [D] [E]	20 [A] [B] [C] [D] [E]	35 [A] [B] [C] [D] [E]	50 [A] [B] [C] [D] [E]
6 [A] [B] [C] [D] [E]	21 [A] [B] [C] [D] [E]	36 [A] [B] [C] [D] [E]	51 [A] [B] [C] [D] [E]
7 [A] [B] [C] [D] [E]	22 [A] [B] [C] [D] [E]	37 [A] [B] [C] [D] [E]	52 [A] [B] [C] [D] [E]
8 [A] [B] [C] [D] [E]	23 [A] [B] [C] [D] [E]	38 [A] [B] [C] [D] [E]	53 [A] [B] [C] [D] [E]
9 [A] [B] [C] [D] [E]	24 [A] [B] [C] [D] [E]	39 [A] [B] [C] [D] [E]	54 [A] [B] [C] [D] [E]
10 [A] [B] [C] [D] [E]	25 [A] [B] [C] [D] [E]	40 [A] [B] [C] [D] [E]	55 [A] [B] [C] [D] [E]
11 [A] [B] [C] [D] [E]	26 [A] [B] [C] [D] [E]	41 [A] [B] [C] [D] [E]	
12 [A] [B] [C] [D] [E]	27 [A] [B] [C] [D] [E]	42 [A] [B] [C] [D] [E]	
13 [A] [B] [C] [D] [E]	28 [A] [B] [C] [D] [E]	43 [A] [B] [C] [D] [E]	
14 [A] [B] [C] [D] [E]	29 [A] [B] [C] [D] [E]	44 [A] [B] [C] [D] [E]	
15 [A] [B] [C] [D] [E]	30 [A] [B] [C] [D] [E]	45 [A] [B] [C] [D] [E]	

阴影部分请勿作答或做任何标记

本答题卡仅供考生熟悉了解整体样式、模拟演练使用。具体考场答题卡样式、尺寸请以实际考场上发放的为准。

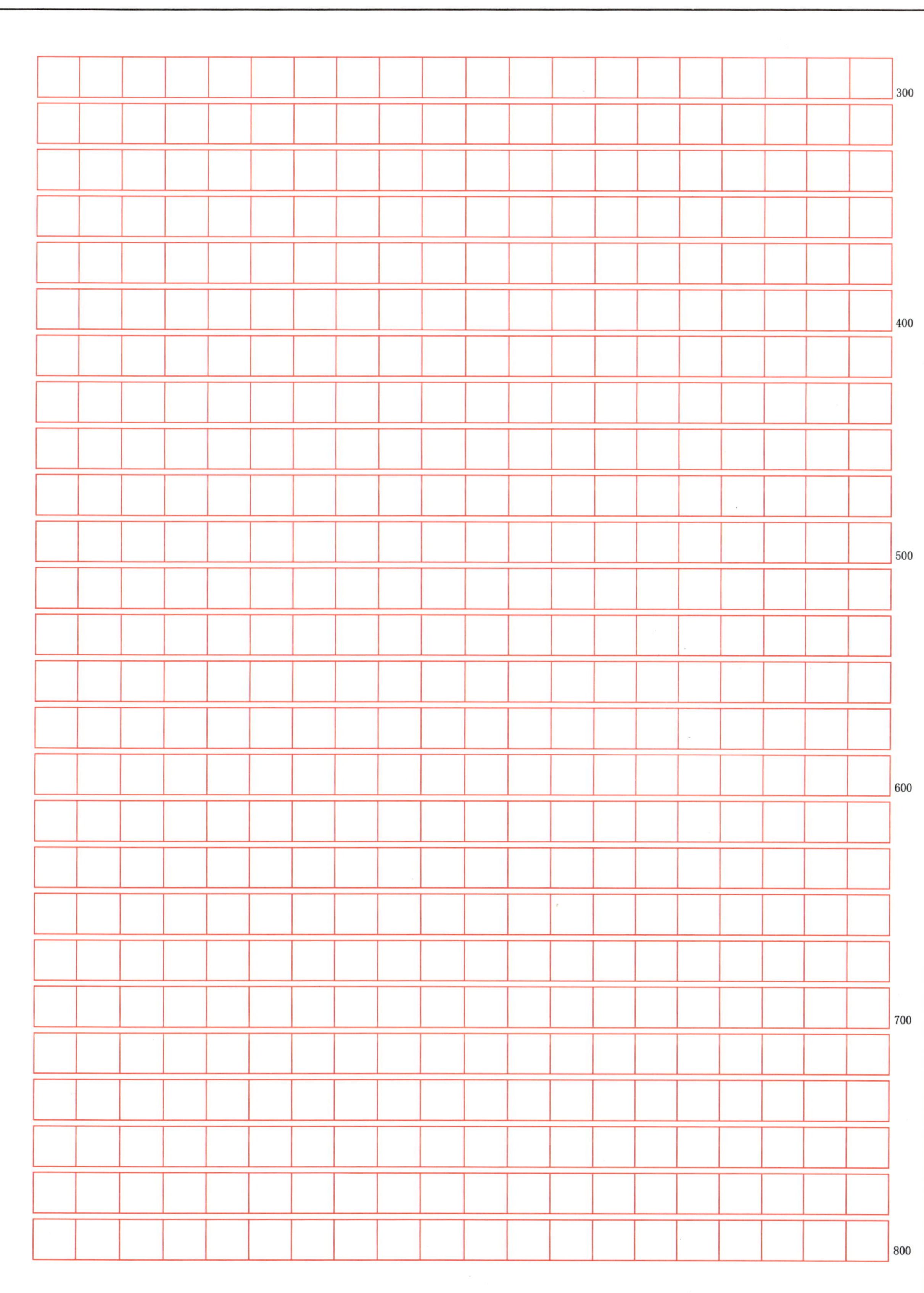

考生姓名：

作文 57

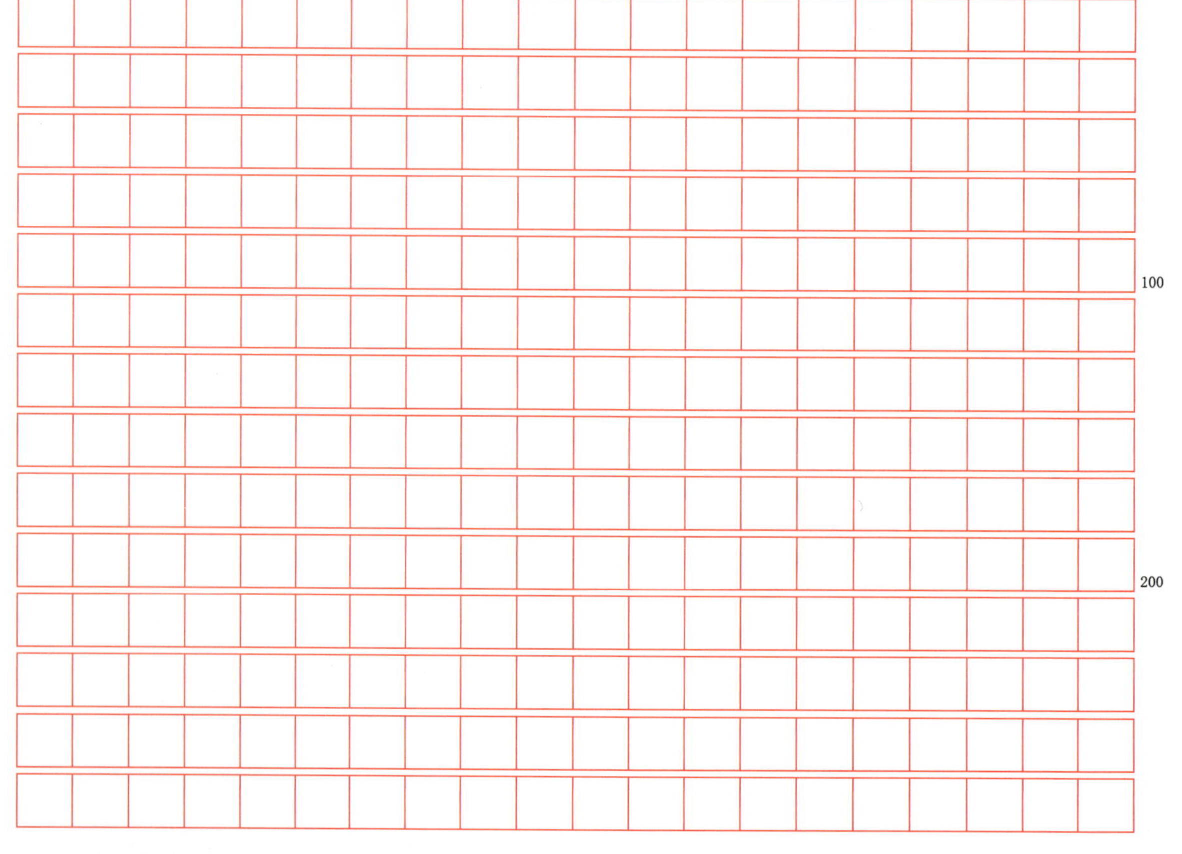

考生信息条形码粘贴位置

试题信息条形码

写作 56

100

200

300

400

500

考生信息条形码粘贴位置

试题信息条形码

写作 56

100

200

300

400

500

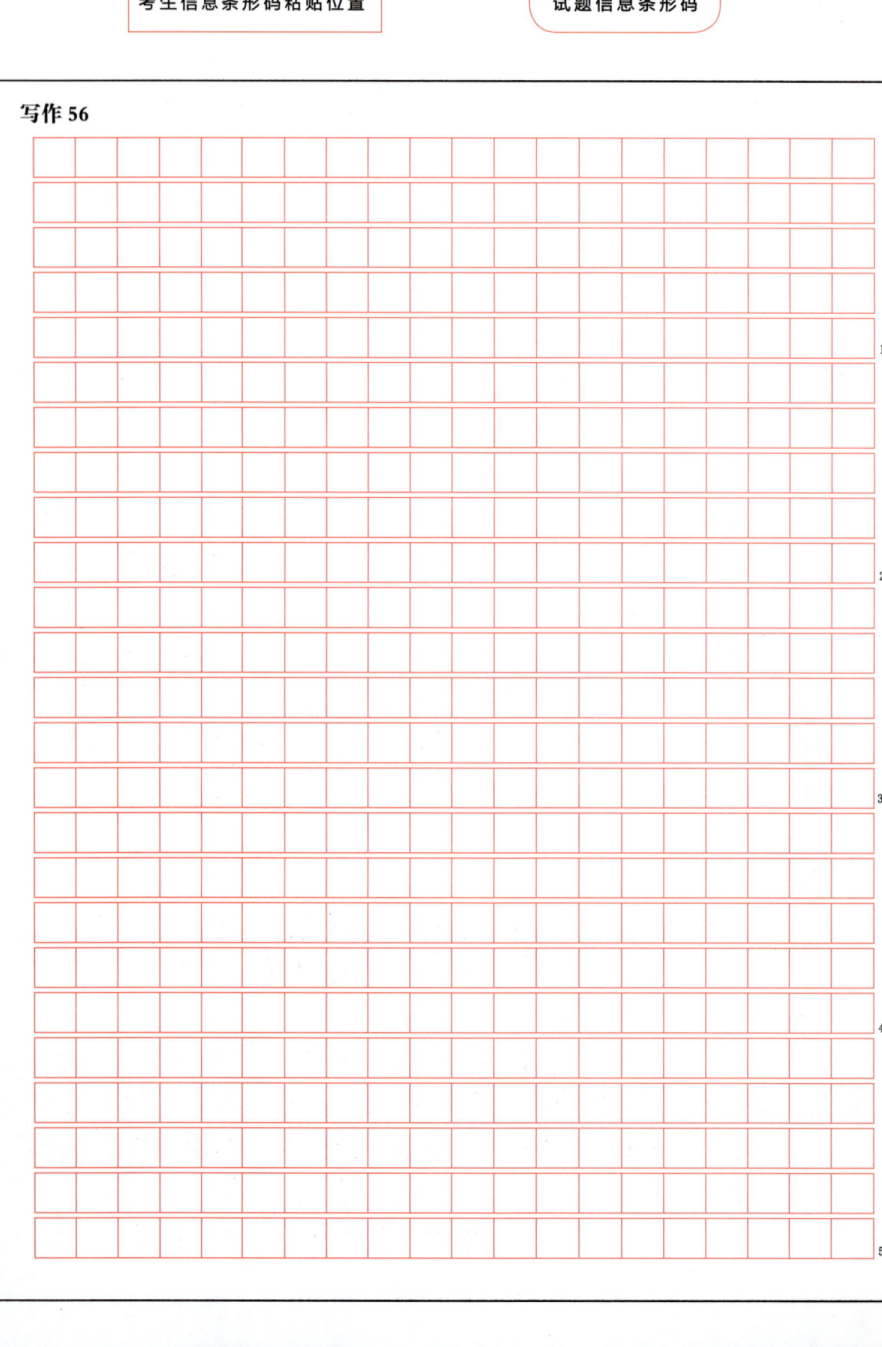

考生姓名：

600

700

作文 57

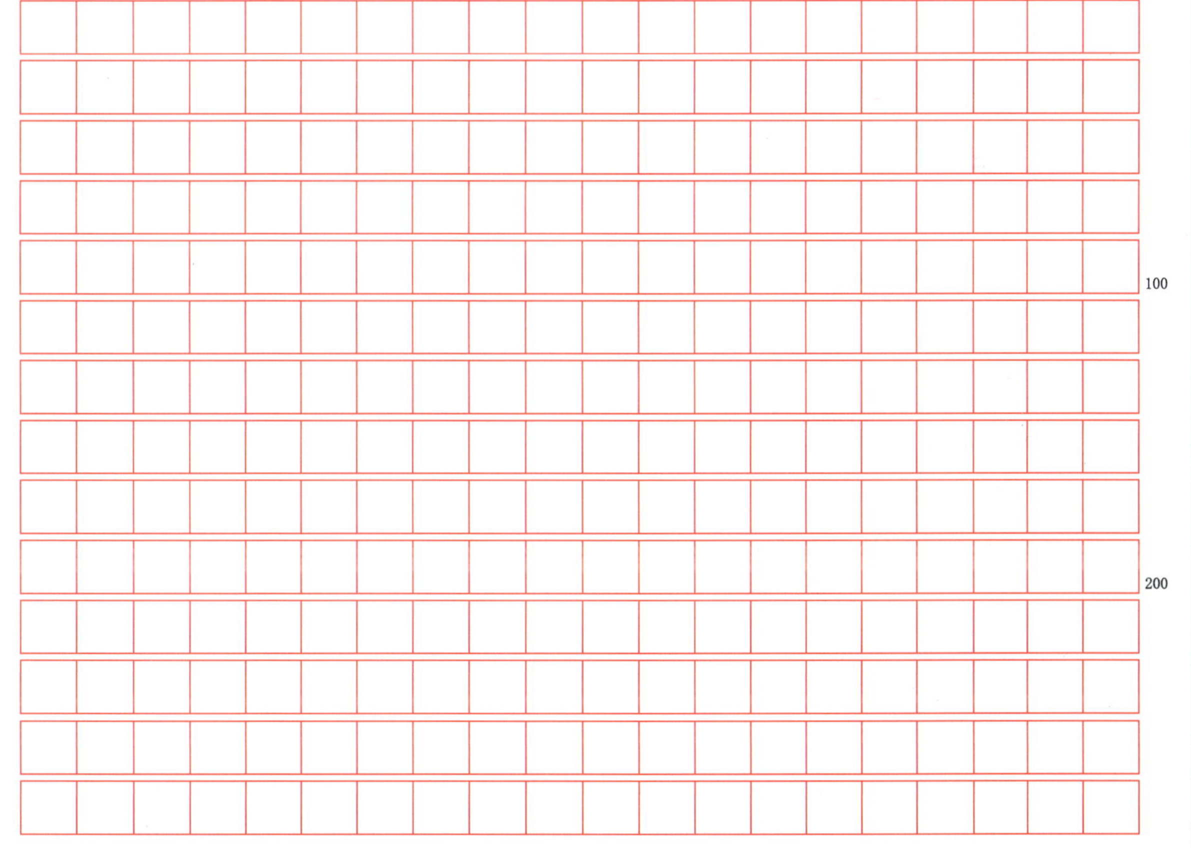

100

200

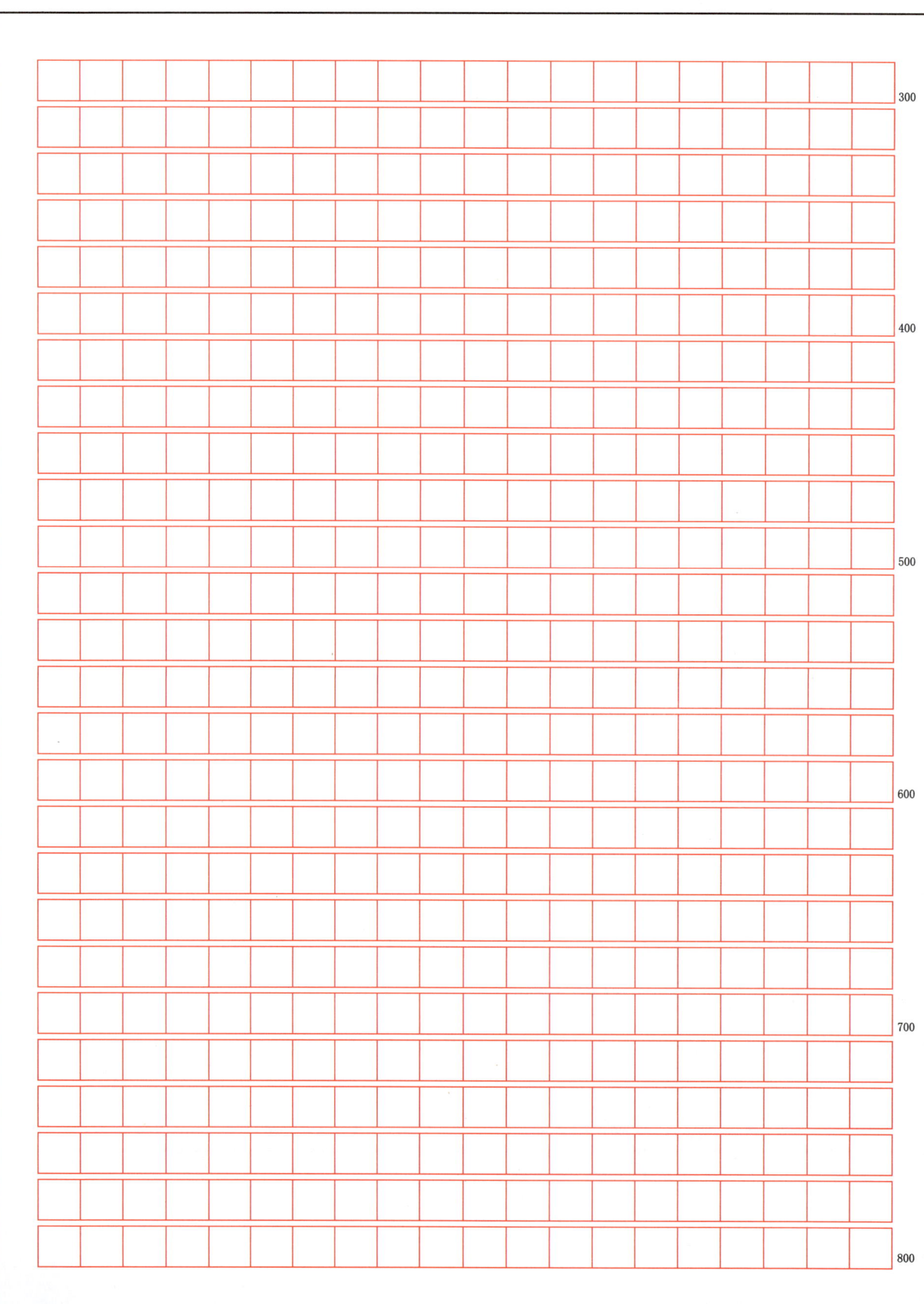

全国硕士研究生招生考试

管理类综合能力答题卡（19

报考单位

考生姓名

考生编号（左对齐）

[0]	[0]	[0]	[0]	[0]	[0]	[0]	[0]	[0]	[0]	[0]	[0]	[0]	[0]	[0]
[1]	[1]	[1]	[1]	[1]	[1]	[1]	[1]	[1]	[1]	[1]	[1]	[1]	[1]	[1]
[2]	[2]	[2]	[2]	[2]	[2]	[2]	[2]	[2]	[2]	[2]	[2]	[2]	[2]	[2]
[3]	[3]	[3]	[3]	[3]	[3]	[3]	[3]	[3]	[3]	[3]	[3]	[3]	[3]	[3]
[4]	[4]	[4]	[4]	[4]	[4]	[4]	[4]	[4]	[4]	[4]	[4]	[4]	[4]	[4]
[5]	[5]	[5]	[5]	[5]	[5]	[5]	[5]	[5]	[5]	[5]	[5]	[5]	[5]	[5]
[6]	[6]	[6]	[6]	[6]	[6]	[6]	[6]	[6]	[6]	[6]	[6]	[6]	[6]	[6]
[7]	[7]	[7]	[7]	[7]	[7]	[7]	[7]	[7]	[7]	[7]	[7]	[7]	[7]	[7]
[8]	[8]	[8]	[8]	[8]	[8]	[8]	[8]	[8]	[8]	[8]	[8]	[8]	[8]	[8]
[9]	[9]	[9]	[9]	[9]	[9]	[9]	[9]	[9]	[9]	[9]	[9]	[9]	[9]	[9]

注意事项

1、填（书）写必须使用黑色字迹签字笔，笔迹工整、字迹清楚；涂写必须使用 2B 铅笔。

2、选择题必须用 2B 铅笔涂在答题卡指定题号，非选择题必须用黑色签字笔在指定区域作答。不在指定区域作答、在草稿纸、试题本上作答无效。

3、请保持答题卡清洁、请勿做任何标记，否则按无效答卷处理。

4、请务必将试题本上的试题信息条形码贴在答题卡标有“试题信息条形码”的框内。

正确涂卡 ▬	错误涂卡
缺考标记 ▭	缺考考生信息由监考员填涂并加盖缺考章，盖章不要遮盖考生信息。

选择题答案区域

1 [A] [B] [C] [D] [E]
2 [A] [B] [C] [D] [E]
3 [A] [B] [C] [D] [E]
4 [A] [B] [C] [D] [E]
5 [A] [B] [C] [D] [E]

6 [A] [B] [C] [D] [E]
7 [A] [B] [C] [D] [E]
8 [A] [B] [C] [D] [E]
9 [A] [B] [C] [D] [E]
10 [A] [B] [C] [D] [E]

11 [A] [B] [C] [D] [E]
12 [A] [B] [C] [D] [E]
13 [A] [B] [C] [D] [E]
14 [A] [B] [C] [D] [E]
15 [A] [B] [C] [D] [E]

16 [A] [B] [C] [D] [E]
17 [A] [B] [C] [D] [E]
18 [A] [B] [C] [D] [E]
19 [A] [B] [C] [D] [E]
20 [A] [B] [C] [D] [E]

21 [A] [B] [C] [D] [E]
22 [A] [B] [C] [D] [E]
23 [A] [B] [C] [D] [E]
24 [A] [B] [C] [D] [E]
25 [A] [B] [C] [D] [E]

26 [A] [B] [C] [D] [E]
27 [A] [B] [C] [D] [E]
28 [A] [B] [C] [D] [E]
29 [A] [B] [C] [D] [E]
30 [A] [B] [C] [D] [E]

31 [A] [B] [C] [D] [E]
32 [A] [B] [C] [D] [E]
33 [A] [B] [C] [D] [E]
34 [A] [B] [C] [D] [E]
35 [A] [B] [C] [D] [E]

36 [A] [B] [C] [D] [E]
37 [A] [B] [C] [D] [E]
38 [A] [B] [C] [D] [E]
39 [A] [B] [C] [D] [E]
40 [A] [B] [C] [D] [E]

41 [A] [B] [C] [D] [E]
42 [A] [B] [C] [D] [E]
43 [A] [B] [C] [D] [E]
44 [A] [B] [C] [D] [E]
45 [A] [B] [C] [D] [E]

46 [A] [B] [C] [D] [E]
47 [A] [B] [C] [D] [E]
48 [A] [B] [C] [D] [E]
49 [A] [B] [C] [D] [E]
50 [A] [B] [C] [D] [E]

51 [A] [B] [C] [D] [E]
52 [A] [B] [C] [D] [E]
53 [A] [B] [C] [D] [E]
54 [A] [B] [C] [D] [E]
55 [A] [B] [C] [D] [E]

阴影部分请勿作答或做任何标记

本答题卡仅供考生熟悉了解整体样式、模拟演练使用。具体考场答题卡样式、尺寸请以实际考场上发放的为准。

24. 设 a，b，c 为实数．则 $|a|+|b|+|c|$ 的最小值为 6.

(1)$a+b+c=2$.

(2)$abc=4$.

25. a，b，c 均为实数．则不等式 $\frac{1}{a}+\frac{1}{b}+\frac{1}{c}>0$ 成立．

(1)$abc<0$.

(2)$a+b+c=0$.

三、逻辑推理：第 26～55 小题，每小题 2 分，共 60 分。 下列每题给出的(A)、(B)、(C)、(D)、(E)五个选项中，只有一项是符合试题要求的。请在答题卡上将所选项的字母涂黑。

26. 近年来，从海外购买版权的翻拍剧大幅增加，其中也有不少爆款。如果把翻拍剧理解为将原版的桥段一模一样地照搬过来，或者把外国文化简单地换成中式文化，那么这种剧注定不会赢得观众认可。翻拍剧真正需要的是深入理解原版故事内核并进行本土化表达，这样才能与观众真正产生共鸣。

由此可以推出：

(A)如果翻拍剧没有引发观众共鸣，那么该剧必定没有深入理解原版故事内核。

(B)只要不把原版的桥段照搬过来，翻拍剧就能够把外国文化简单换成中式文化。

(C)所有赢得观众认可的翻拍剧，都没有对原版的桥段进行机械地照搬。

(D)只有翻拍剧没有深入理解原版故事内核或没有进行本土化表达，才无法与观众产生共鸣。

(E)所有理解原版故事内核并将内容本土化表达的翻拍剧都能引起观众的共鸣。

27. 研究显示，约 200 万年前，人类开始使用石器处理食物，例如切肉和捣碎植物。与此同时，人类逐渐演化形成较小的牙齿和脸型，以及更弱的咀嚼肌和咬力。因此研究者推测，工具的使用减弱了咀嚼的力量，从而导致人类脸型的变化。

以下哪项如果为真，则最能削弱上述研究者的观点？

(A)对与人类较为接近的灵长类动物进行研究，发现它们白天有一半时间用于咀嚼，它们的口腔肌肉非常发达、脸型也较大。

(B)约 200 万年前人类食物类型发生了变化，这加速了人类脸型的变化。

(C)在利用石器处理食物后，越来越多的食物经过了程度更高的处理，变得易于咀嚼。

(D)早期人类进化出较小的咀嚼结构，这一过程使其他变化成为可能，比如大脑体积的增大。

(E)早期肉类和工具的使用使人类演化出较小的咀嚼结构。

28. 某校辩论队的小赵、小钱、小孙和小李分别是哲学、中文、历史和英语专业的，他们都爱好下围棋。还知道如下情况：

(1)小孙和历史专业的下过围棋，并且各有输赢。

(2)哲学专业的只和中文专业的下过围棋，而且从没赢过。

(3)小钱和小孙二人曾和哲学专业的同学一起爬过山。

(4)某日小李、小赵下围棋，且小赵取胜。

根据上述信息，以下哪项必然为真？

(A)小赵是学英语的，小钱是学历史的。

(B)小钱是学历史的，小孙是学中文的。

(C)小赵是学历史的，小孙是学英语的。

(D)小李是学哲学的，小钱是学历史的。

(E)小赵是学中文的，小钱是学哲学的。

29. 小孔、小吴、小邓、小丁、小洪 5 人是某街道志愿者，某日他们被安排到南山、东江和北苑 3 个小区进行社区服务。每个小区安排 1 至 2 人，每人只在一个小区服务。已知：

①安排在南山小区的志愿者最少。

②若小邓、小丁中至少有 1 人安排在南山小区，则小吴安排在北苑小区。

③若小孔、小邓、小丁中至少有 1 人安排在东江小区，则在北苑小区服务的只有小洪。

根据以上信息，可以得出以下哪项？

(A)小吴安排在南山小区。

(B)小丁、小洪安排在东江小区。

(C)小吴、小邓安排在北苑小区。

(D)小邓、小丁安排在北苑小区。

(E)小丁、小邓安排在东江小区。

30. “魔都”市政府举办文化汇演大赛，各个区派出一支队伍参加。最终山南队、江北队、河西队、海东队进入前四，进行最后名次的争夺。市长根据各区的文化历史做出以下猜测：

(1)山南队、江北队都不能进入前两名。

(2)如果河西队获得第一，那么海东队将获得第二。

(3)如果山南队无法获得前两名，那么江北队将进入前两名。

比赛结束后，发现市长的预测只有一项是正确的。

据此，可以推出以下哪项？

(A)河西队获得第一。

(B)海东队获得第二。

(C)山南队获得第三。

(D)江北队获得第四。

(E)河西队获得第三。

31. 某便利店新进了一批个性商品，如带酸味的啤酒、芥末味道的饼干等，这些个性商品摆放在单独设立的区域进行销售，三个月之后，店长发现：和之前没有引进个性商品时相比，店里的总销售额大幅提升，所以店长认为销售额增加的主要原因是引进了这些个性商品。

以下哪项如果为真，最能支持店长的观点？

(A)三个月以来，这些个性化商品的销量和销售额都很有限。

(B)来店消费的主要是年轻人，年轻人喜欢尝试新鲜事物。

(C)近三个月，该店对货品摆放进行了重新规划和调整，货品陈列更加有序醒目。

(D)除了增加个性商品，店里常规商品也增加了一些品牌和种类。

(E)个性的商品更能吸引消费者的眼球，使得进店的人眼前一亮。

32. 美国食品和药物管理局(FDA)在市场中引入了新的治疗药剂。新治疗药剂在提高美国人的健康水平方面起了非常关键的作用。那些在学校、政府研究团体内的人的职责是从事长期的研究，以图发现新的治疗药剂，并对它们进行临床验证。而使实验室里的新发现比较容易地转移到市场上是 FDA 的作用和职责。新的、重要的治疗方法只有在转移之后才能有助于治疗病人。

下面哪一项陈述可从上述段落中推出？

(A)FDA 有责任确保任何销售到市场上的治疗药剂在当时都处于受控状态。

(B)在新的治疗药剂到达市场之前，它们不能帮助治疗病人。

(C)研究团体有职责对新药进行特别长期的测试，而 FDA 却没有这样的责任。

(D)FDA 应该更紧密地与研究者合作以确保治疗药剂的质量不会下降。

(E)如果一种新的医药发现已从实验室转移到了市场上，那么它将有助于治疗病人。

33. 某市农业局进行新杂交植物的培育。该植物目前生长不顺利，经专家组会诊之后确定，需要补充微量的金属元素，并且必须补充镁元素。同时还可以确定：

①如果补充钾元素，那么一定要补充钙元素。

②除非补充硫元素，否则不能补充镁元素。

③要么补充钙元素，要么补充硫元素。

根据以上信息，以下哪项一定为真？

(A)要补充硫元素和钙元素。

(B)要补充硫元素或钾元素。

(C)要补充钙元素和钾元素。

(D)要补充硫元素和钾元素。

(E)要补充钙元素或钾元素。

34. 在海滩旅游胜地的浅海游泳区的外延，设置渔网以保护在海水中游泳的度假者免遭鲨鱼的攻击的措施，一直受到环境保护人员的指责，因为设置的渔网每年不必要地杀死了成千上万的海生动物。然而，最近环境保护人员发现，埋在游泳区外延海底的通电电缆能够让鲨鱼远离该区域，同时对游泳者和海洋生物没有造成危害。因此，该海滩旅游胜地通过实施在海底设置通电电缆而不是设置渔网的措施，可以既保持海滩旅游业的发展，又能解决那些环境保护人员所关心的问题。

下面哪一项如果为真，则能最严重地削弱上文中的推理？

(A)许多从来就没有看见鲨鱼曾经在附近水域出现过的海滩旅游胜地，没有计划要设置这种通电电缆。

(B)尽管大多数人宣称害怕鲨鱼，但是那些被看到有鲨鱼出没的海滩旅游胜地的旅游业只受到了轻微的损害。

(C)大多数旅游者不会到那些他们不能亲眼看见，但拥有实实在在的保护他们在海滩浅海游泳区游泳时免遭鲨鱼攻击的保护性屏障的海滩旅游胜地游玩。

(D)在海底埋通电电缆不是唯一的得到环境保护人员准许而又能够成功地无伤害驱逐鲨鱼的创新措施。

(E)掩埋在浅海海底的电缆里通过的电流将驱逐许多种类的海鱼，但是对那些许多海滩旅游胜地用以吸引游客眼球的海生动物不产生驱逐作用。

35. 某医院在周一到周五安排医院内科、外科、儿科、放射科和中药科这 5 个科室工作人员进行核酸检测。已知：

(1)内科的核酸检测安排在周三。

(2)外科的核酸检测安排在儿科之前。

(3)放射科安排在内科之后核酸检测。

(4)儿科的核酸检测安排在中药科之后。

根据上述信息，以下哪项安排不可能为真？

(A)中药科在放射科之前做核酸检测。

(B)内科在外科之后做核酸检测。

(C)放射科在儿科之后做核酸检测。

(D)儿科在内科之前做核酸检测。

(E)外科在中药科之前做核酸检测。

36. 普里兰的人口普查数据表明，当地 30 多岁未婚男性的人数是当地 30 多岁未婚女性人数的 10 倍。这些男性都想结婚，但是很显然，除非他们多数与普里兰以外的女性结婚，否则除去一小部分外，大多数还会是独身。

以上论述依据下面哪个假设？

(A)女性比男性更容易离开普里兰。

(B)30 多岁的女性比同年龄的男性更趋向于独身。

(C)普里兰的男性不大可能和相差几岁的女性结婚。

(D)绝大部分未婚的普里兰的男性家庭较为富足。

(E)普里兰的离婚率很高。

37. 甲、乙、丙、丁四位同学正在商量小组作业的分工，他们当中一个人负责写宣传资料，一个人负责收集素材，一个人负责写发言稿，一个人负责录制短视频。已知：

①乙不负责写宣传资料，也不负责写发言稿。

②甲不负责写宣传资料，也不负责录制短视频。

③丁不负责写发言稿，也不负责录制短视频。

④丙不负责录制短视频，也不负责写宣传资料。

⑤如果甲不负责写发言稿，那么丁不负责写宣传资料。

如果以上信息均为真，那么负责收集素材的是：

(A)甲。　　(B)乙。　　(C)丙。　　(D)丁。　　(E)甲或丁。

38. 在人的一生当中，人脑会不断对脑神经连接进行“优化重组”，“修剪”掉多余的连接，以保证有用的连接更加快速通畅。研究人员选取了 121 名年龄在 4～20 岁的健康志愿者，利用磁共振技术，分析了这一年龄段神经连接随着大脑发育和成熟而发生的变化。结果发现，女性对脑神经连接开始“修剪”的时间普遍早于男性。因此研究人员认为，女性的大脑相比男性大脑更高效。

以下陈述如果为真，哪项无法支持上述结论？

(A)学龄期女孩往往表现出比同龄男孩更好的理解能力和语言能力。

(B)脑神经连接“修剪”出错会导致自闭症，患病率性别差异显著。

(C)男孩只能专注于一件工作，女孩可以同时处理多项工作。

(D)大脑“修剪”和“重组”之后使得各种认知活动效率提升很多。

(E)“修剪”的时间越早，大脑整体的效率也更高。

39. 某单位打算在国庆来临之际，在单位门口摆放一个“迎国庆、庆国庆”的花阵。打算从彩叶草、月季、海棠、蝴蝶兰、杜鹃、郁金香、鸢尾、蜀葵 8 种花中选择其中的 4 种摆放。已知：

①如果选择蝴蝶兰，就不能不选择蜀葵或不选择郁金香。

②杜鹃和蜀葵至少选择一个，则蝴蝶兰也需要被选择。

③彩叶草、月季和海棠均不选择，除非蝴蝶兰、杜鹃、郁金香、鸢尾都选。

根据以上信息，以下哪项一定为真？

(A)选择彩叶草和蝴蝶兰。

(B)选择杜鹃和蜀葵。

(C)选择海棠和月季。

(D)选择蝴蝶兰和郁金香。

(E)选择杜鹃和海棠。

40. 某公司研发了一种空调管理系统，基于人流量的检测数据，该系统会自动调整空调温度。应用该系统将使办公场所的空调用电量降低30%左右，但该系统推出几年以来，购买的单位并不多。

以下哪项陈述最能合理地解释上述现象？

(A)大多数单位的职工环保意识都加强了，养成了出门关闭空调的习惯。

(B)该空调管理系统操作复杂，需配备专业人员才能正常运转。

(C)市场上节能空调占主流，空调平均能耗较以往已经大大降低了。

(D)该空调管理系统受到了很多家庭用户的追捧。

(E)使用该系统虽然能节约电费30%，但这笔电费在各单位的日常开支中所占的比例仅为10%。

41. 在林园社区，饲养宠物是被禁止的。林园社区的一些宠物爱好者试图改变这一规定，但失败了，因为林园社区规则变更程序规定：只有获得10%的住户签字的提议，才能提交全体住户投票表决。结果，这些宠物爱好者的提议被大多数住户投票否决了。

从上述断定最可能推出以下哪项结论？

(A)投否决票的住户不多于90%。

(B)在宠物爱好者的提议上签字的住户不少于10%。

(C)在宠物爱好者的提议上签字的住户不到10%。

(D)在宠物爱好者的提议上签字的不都是宠物爱好者。

(E)有的住户在提议上签了字，但又投了否决票。

42. 某企业最近开发出一种体积很小的洗碗机。该公司总经理向新闻界介绍该产品的时候说："这种洗碗机将有出口欧美市场的前景，因为西方国家的单亲家庭越来越多，而这种体积小、价格低的洗碗机最适合于低收入家庭。"

下列哪项陈述有利于反驳上述观点？

Ⅰ. 洗碗机在国内市场的销售前景很好。

Ⅱ. 单亲家庭并不一定是收入低的家庭。

Ⅲ. 双亲家庭一般需要大洗碗机。

(A)仅Ⅰ。　(B)仅Ⅱ。　(C)仅Ⅰ和Ⅱ。　(D)仅Ⅲ。　(E)仅Ⅱ和Ⅲ。

43～44题基于以下题干：

在美国，医生所开的药物处方中都不包含中草药。有人说，这是因为中草药的药用价值仍然受到严重质疑。其实真正的原因不是这样的。一种药物，除非由法定机构正式批准可用于相关医学处置，否则不允许上市。一种药物要获得法定机构的批准，一般要耗费200万美元，只有专利获得者才负担得起这笔费用。虽然鉴定中草药药用价值的方法可以申请专利，但中草药本身及其使用没有专利。因此，美国的医生不可能建议用中草药治病。

43. 以下哪项相关断定是上述论证所假设的?
(A)中草药没有药用价值已经得到证明。
(B)只有执照医生在处方中开出的药物才有疗效。
(C)除非中草药作为一种药物合法出售，否则执照医生不可能建议用中草药治病。
(D)中草药在美国受到质疑是由于西方社会对东方文化的偏见。
(E)美国的医生不了解中草药。

44. 以下哪项最为准确地概括了题干的论证所使用的方法?
(A)通过否定一个事件发生的必要条件，来断定这一事件不会发生。
(B)通过对某一具体事例的分析来论证一个一般性的结果。
(C)通过对某一具体事例的分析来反驳一个一般性的结果。
(D)依据准确的数量分析来论证一个质的规定。
(E)通过对某一结果的另一种解释来质疑一个关于此种结果之原因的断定。

45. 赵、钱、孙、李、周、吴 6 人坐在从左到右连续的 7 个座位上，每个座位只能坐一个人。这些座位按从左到右的顺序从 1 到 7 编号。安排座位时需遵循以下条件:
(1)赵和钱之间的距离与孙和李之间的距离相同。
(2)周和吴相邻，但左右位置不定。
(3)最左边的那个座位不能是空的。
若赵和孙分别在 1 号和 3 号座位，则空座一定在几号座位?
(A)1 或 3。 (B)2 或 4。 (C)2 或 6。 (D)4 或 5。 (E)5 或 7。

46. 甲、乙、丙、丁四位督导组成员计划在绿藤市、京州市、东川市、江东市中分别只选择一个城市暗访。丁不希望去东川市，甲要求不去京州市，丙表示东川市和绿藤市都可以，乙提出只能去江东市或绿藤市。
如果四人的要求均得到满足，则可以推出以下哪项?
(A)甲只能去东川市。
(B)如果甲一定不去东川市，则丙去东川市。
(C)甲只能去江东市。
(D)乙只能去江东市。
(E)如果乙去绿藤市，那么甲去东川市。

47. 人们普遍认为，保持乐观心态会促进健康。但一项对 7 万名 50 岁左右的女性进行的长达十年的追踪研究发现，长期保持乐观心态的被试者与心态悲观的被试者在死亡率上并没有差异。研究者据此认为，心态乐观与否与健康没有关系。
以下哪项如果为真，则最能质疑研究者的结论?
(A)在这项研究的被试者中心态悲观的人更多患有慢性疾病，虽然尚未严重到致命的程度。
(B)与悲观的人相比，乐观的人患病后会更积极主动地治疗。
(C)乐观的人往往对身体不会特别关注，有时一些致命性疾病无法及早发现。
(D)女性更善于维持和谐的人际关系，而良好的人际关系有助于健康。
(E)我们的幸福感很大程度上取决于身体是否健康。

48～49 题基于以下题干：

超意兴是济南知名的快餐品牌，深受广大市民的喜爱，为回馈新老顾客，超意兴决定每天推出一道“1 折菜品”，以下是厨师长列出的打折菜单：黄豆芽炖粉条、把子肉、糖醋里脊、黄焖鸡、风味茄子、红烧鲅鱼、炒合菜共 7 道菜品，同时还规定一周内的打折菜品不能出现重复。已知：

(1)只有把子肉在星期一打折出售，黄豆芽炖粉条才不在星期二打折出售。

(2)炒合菜或风味茄子星期二打折出售，除非黄焖鸡星期六打折出售。

(3)除非把子肉在星期一打折出售，否则糖醋里脊星期四打折出售。

(4)糖醋里脊和红烧鲅鱼至少有一种要在星期四打折出售，那么黄焖鸡在星期日打折出售。

48. 根据上述信息，可以得出以下哪项？

(A)黄豆芽炖粉条在星期二打折出售。

(B)把子肉在星期一打折出售。

(C)糖醋里脊在星期四打折出售。

(D)黄焖鸡在星期日打折出售。

(E)风味茄子在星期六打折出售。

49. 若黄豆芽炖粉条在星期二打折出售，炒合菜在星期五打折出售，则可以得出以下哪项？

(A)糖醋里脊在星期三打折出售。

(B)糖醋里脊在星期日打折出售。

(C)黄焖鸡在星期三打折出售。

(D)风味茄子在星期四打折出售。

(E)风味茄子在星期六打折出售。

50. 在气候变暖的背景下，非热带地区生长季开始时间提前的趋势明显，这会对植被生长产生怎样的影响？科学家研究发现，生长季提前将会促进冷湿地区树木生长，不利于气候较干燥地区树木生长。

以下选项如果为真，最能加强上述结论的是：

(A)不同气候条件下生长季提前对树木生长产生影响的主要途径存在差异。

(B)研究发现，生长季提前会对树木径向生长的空间格局产生影响。

(C)在气候较干燥地区，生长季提前增加了水分胁迫或霜冻风险。

(D)生长季提前使适宜生长的累积温度增加，减少了树木生长的温度限制。

(E)生长季提前并不能对冷湿地区树木的成长条件产生利好的影响。

51. 西安凤栖原西汉家族墓地于 2010 年被评为全国十大考古新发现之一。记者从陕西省考古研究院了解到，西安凤栖原西汉家族墓地的贵妇墓考古发掘已近尾声，贵妇不仅身着丝绸衣物，戴着精美玉镯和金指环，而且随葬有许多精美的漆器。因此，记者得出结论：两千多年前西汉贵妇很爱美。

以下各项如果为真，则哪项最能对记者的结论进行削弱？

(A)贵妇墓是这个家族墓地中唯一没有被盗，且保存完好的墓葬。

(B)专家此前已推断出墓主人是西汉名臣张安世的儿媳，是历史上著名的美女。

(C)墓主人的衣服绝大部分已经朽化不见，只在局部的特别环境中还残留一些遗物痕迹。

(D)贵妇身上的衣物和饰品不是其后人按照自己的喜好放入的。

(E)西汉时期妇人的衣着和首饰是身份和地位的象征，衣着佩戴越华丽，证明其地位越高。

52. 绝大多数慷慨的父母是好父母，但是一些自私自利的父母也是好父母。然而，所有好父母都有一个特征：他们都是好的听众。

如果以上所有陈述都是正确的，则下面哪一项也必然正确?

(A)所有是好的听众的父母都是好父母。

(B)一些是好的听众的父母不是好父母。

(C)所有好的听众的父母是慷慨大方的。

(D)一些是好的听众的父母是自私自利的。

(E)自私自利的父母中是好的听众的人数比慷慨的父母中的少。

53. 对气候变暖的治理应当是为二氧化碳找出路，而不仅仅是减少排放或简单地掩埋它，为此科学家提出富碳农业的理念，将人类活动特别是工业生产中产生的二氧化碳捕集后，以高于大气中二氧化碳含量几倍的浓度，释放在密闭的人造气候小区域中，利用相关科学技术，创造一个高效率的光合作用环境，从而极大地提高农林作物的产量，科学家认为富碳农业将成为解决气候变暖问题的重要途径。

下列陈述如果为真，哪项最能支持科学家的结论?

(A)传统农业需要使用阳光下的土地，而富碳农业可以不受此限制。

(B)人造气候区域很难高效地使用太阳光来促进光合作用的发生。

(C)现代技术能以较低的成本实现二氧化碳的捕集、运输和在密闭场所的释放。

(D)富碳农业可以利用盐碱地、沙漠地、荒漠地等解决土地短缺问题。

(E)人造气候小区域中，高效率的光合作用环境很难实现。

54～55 题基于以下题干:

大江、大河、大海、大山这 4 支足球队来自山东、山西、河南、河北四个省份，共同参加某项足球比赛，小组内进行单循环比赛，即任意两个队之间均需要进行一场比赛。每赢一场比赛记 3 分，每平一场比赛记 1 分，每输一场比赛记 0 分。比赛过后发现如下事实:

(1)除大河队以外，每个球队至少输了一场比赛。

(2)有三支球队的积分分别为 4 分、3 分和 1 分。

(3)大山队没有打成过平局。

(4)来自山东的球队没有打成过平局，并且与大山队交过手。

(5)来自山西的球队的积分排在前两名。

(6)来自河北的球队与大山队分出了胜负。

54. 根据以上信息，以下哪支球队的总积分最高?

(A)大江队。　(B)大河队。　(C)大海队。　(D)大山队。　(E)无法确定。

55. 若大海队不是最后一名，则以下哪项必然为真？

(A)大海队排名第三。

(B)大江队积 3 分。

(C)大海队来自河南。

(D)大河队来自山西。

(E)大江队来自河北。

四、写作：第 56～57 小题，共 65 分。其中论证有效性分析 30 分，论说文 35 分。请答在答题纸相应的位置上。

56. 论证有效性分析：分析下述论证中存在的缺陷和漏洞，选择若干要点，写一篇 600 字左右的文章，对该论证的有效性进行分析和评论。(论证有效性分析的一般要点是：概念特别是核心概念的界定和使用是否准确并前后一致，有无各种明显的逻辑错误，论证的论据是否成立并支持结论，结论成立的条件是否充分等。)

碳税是指针对二氧化碳排放所征收的税。某网友认为：如果碳税开始在全球全面开征，会彻底改变全球各产业的发展。

以航空业为例。针对航空公司，碳税怎么收？其实就是谁飞得越多，谁就要交更多的税，从而达到减少碳排放的目的。但是，这种税收方式，就会让那些原本生意兴隆的航空公司承担更高的成本，从而失去竞争优势甚至破产。

以汽车业为例。大众等汽车公司宣布将用电动汽车来逐渐替代燃油汽车，从而减少碳排放。这也能够说明，电动汽车将在全球范围内快速淘汰燃油汽车。

碳税对农业的影响则更加明显。就养牛业来说，我们知道，牛是典型的反刍动物，它们的消化过程中会产生大量的温室气体——甲烷。一项调查显示，牛类所排放的温室气体，占到整个农业部门温室气体排放量的 25%以上。如果给养牛业征收高额的碳税，就会推高牛肉的价格，从而限制养牛业的发展。

对养牛业征收碳税，还会带来一个新的机会，即生产植物蛋白。每生产 100 克植物蛋白仅排放 0.4 千克温室气体，可见，生产植物蛋白给环境带来的负担远低于生产动物蛋白。可以预计，各国政府会把征收牛肉碳税的收入补贴给植物蛋白行业，从而极大地带动该行业的发展。现在，一些欧美国家的企业正在努力向植物蛋白行业发展，我国的企业不妨也抓住这个机会，尽快完成在植物蛋白领域的布局。

57. 论说文：根据下述材料，写一篇 700 字左右的论说文，题目自拟。

某菜刀品牌是数百年的老字号，一度被誉为国货之光。但是近日，该品牌因为其菜刀不能拍蒜、对待客户的“傲娇式”回应等引发热议，给该品牌的声誉带来了极大的损失。

答案速查

题型		题号	答案
一	问题求解	1～5	(D) (E) (D) (B) (E)
		6～10	(E) (D) (A) (C) (A)
		11～15	(E) (C) (D) (B) (C)
二	条件充分性判断	16～20	(C) (B) (E) (E) (A)
		21～25	(A) (A) (A) (C) (C)
三	逻辑推理	26～30	(C) (B) (D) (D) (A)
		31～35	(B) (B) (B) (C) (D)
		36～40	(C) (C) (B) (D) (B)
		41～45	(B) (B) (C) (E) (E)
		46～50	(B) (A) (B) (D) (C)
		51～55	(E) (D) (C) (B) (E)
四	写作		56. 略 57. 略

绝密★启用前

全国硕士研究生招生考试
管理类综合能力试题 4

（科目代码：199）

考试时间：8：30—11：30

考生注意事项

1. 答题前，考生须在试题册指定位置上填写考生姓名和考生编号；在答题卡指定位置上填写报考单位、考生姓名和考生编号，并涂写考生编号信息点。
2. 选择题的答案必须涂写在答题卡相应题号的选项上，非选择题的答案必须书写在答题卡指定位置的边框区域内。超出答题区域书写的答案无效；在草稿纸、试题册上答题无效。
3. 填(书)写部分必须使用黑色字迹签字笔或者钢笔书写，字迹工整、笔迹清楚；涂写部分必须使用 2B 铅笔填涂。
4. 考试结束，将答题卡和试题册按规定交回。

考生编号															
考生姓名															

一、问题求解：第 1～15 小题，每小题 3 分，共 45 分。下列每题给出的(A)、(B)、(C)、(D)、(E)五个选项中，只有一项是符合试题要求的。请在答题卡上将所选项的字母涂黑。

1. 某大学的学生由本科生、硕士生、博士生组成，其中博士生是硕士生的$\frac{3}{7}$，本科生占全部学生的$\frac{3}{4}$，已知有博士生 2 100 人，则该校共有(　　)名学生.

(A)29 000　(B)28 500　(C)28 000　(D)27 000　(E)25 330

2. 有一口水井，在无渗水的情况下，甲抽水机 20 小时可以将水抽完，乙抽水机 12 小时可以将水抽完．现在用甲、乙两台抽水机同时抽水，但由于有渗水，结果用了 9 小时才将水抽完．那么在有渗水的情况下，甲抽水机单独抽完需要(　　)小时．

(A)24　(B)28　(C)32　(D)36　(E)40

3. 不等式$\left(\frac{5}{6}\right)^{|x+2|}>\left(\frac{5}{6}\right)^{|2x-1|}$的解集为(　　).

(A)$x>3$ 或 $x<-\frac{1}{3}$　(B)$-\frac{1}{3}<x<3$　(C)$x>3$

(D)$x>4$ 或 $x<-\frac{1}{3}$　(E)$x>-3$ 或 $x<\frac{1}{3}$

4. 等差数列$\{a_n\}$的第m项$a_m=\frac{1}{n}$，第n项$a_n=\frac{1}{m}$，且$m\neq n$，则$a_1+a_2+\cdots+a_{mn}=$(　　).

(A)$mn+1$　(B)$\frac{1}{2}(mn+1)$　(C)$mn-1$　(D)$\frac{1}{2}(mn-1)$　(E)$mn+2$

5. 如图所示，有一块等腰直角三角形的空地，要在这块空地上开辟一个内接的矩形绿地，已知$AB=4$，则绿地面积的最大值为(　　).

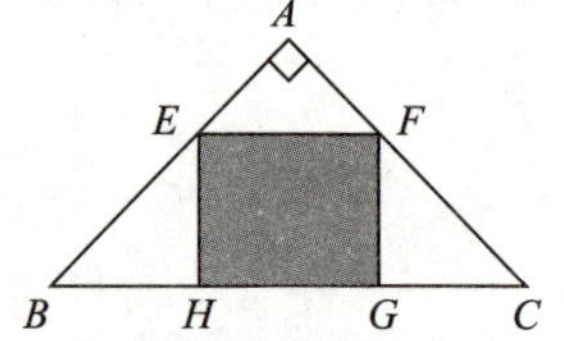

(A)6　(B)4　(C)$4\sqrt{2}$

(D)$2\sqrt{2}$　(E)2

6. 由 0、1、2、3、4、5 组成无重复数字的自然数，则含有 2、3 且它们不相邻的五位数有(　　)个.

(A)600　(B)576　(C)288　(D)264　(E)252

7. 已知α，β是方程$x^2+mx+n=0$的两个实根，且$\alpha+1$，$\beta+1$是方程$x^2-mx-n=0$的两个实根，则$m+n=$(　　).

(A)-2　(B)-1　(C)0　(D)1　(E)2

8. 设 a、b、c 为实数，$a \neq 0$，$ax^3 + bx^2 - c$ 的一个因式是 $x^2 + 2x - 1$，则 $\dfrac{b}{a} =$(　　).

(A)$\dfrac{5}{3}$　　(B)$\dfrac{5}{2}$　　(C)2　　(D)3　　(E)$\dfrac{2}{5}$

9. 如图所示，所有的四边形都是正方形，所有的三角形都是直角三角形，其中最大的正方形的边长为 7 厘米，则正方形 A，B，C，D 的面积和是(　　)平方厘米.

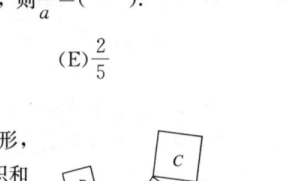

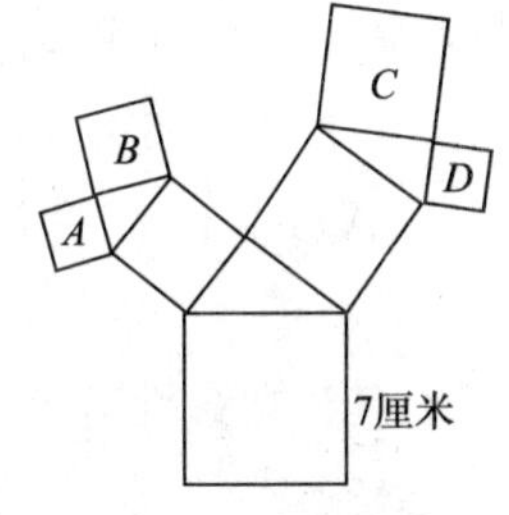

(A)48　　(B)49　　(C)50

(D)51　　(E)52

10. 一个长方体水箱，从里面量长 40 厘米、宽 30 厘米、深 35 厘米，箱中水面高 10 厘米. 放进一个棱长为 20 厘米的正方体铁块后，铁块顶面仍高于水面，则这时水面高(　　)厘米.

(A)9　　(B)10　　(C)12　　(D)14　　(E)15

11. 将抛物线 $y = -x^2 + 2x + 3$ 在 x 轴上方的部分沿 x 轴翻折后，所得新函数的图像如图所示. 当直线 $y = x + b$ 与新函数的图像恰有 3 个公共点时，b 的值为(　　).

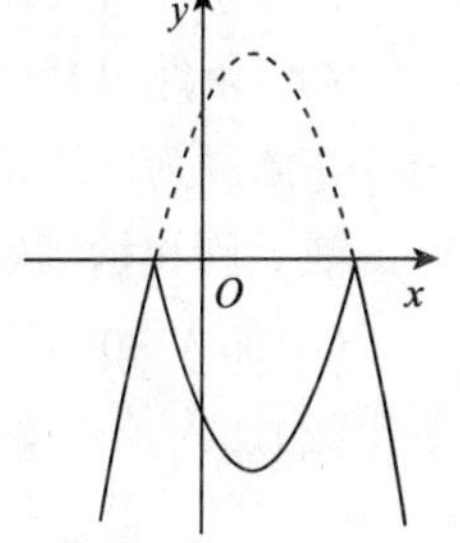

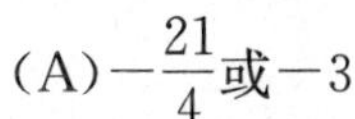

(A)$-\dfrac{21}{4}$或-3　　(B)$-\dfrac{13}{4}$或-3

(C)$\dfrac{21}{4}$或-3　　(D)$\dfrac{13}{4}$或-3

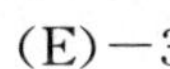

(E)-3

12. 圆 C 的部分圆弧在如图所示的网格纸上(小正方形的边长为 1)，图中直线与圆弧相切于一个小正方形的顶点，若圆 C 经过点 $(2, 15)$，则圆 C 的半径为(　　).

(A)$10\sqrt{2}$　　(B)10

(C)$8\sqrt{2}$　　(D)$7\sqrt{2}$

(E)7

13. 齐王找田忌赛马，两人都从上、中、下三等马中各派出一匹马，每匹马都赛一局，采取三局两胜制. 已知田忌每个等次的马都比齐王同等次的马慢，但比齐王较低等次的马快. 若田忌不知道齐王三场比赛分别派哪匹马上场，则田忌获胜的概率为(　　).

(A)$\dfrac{1}{3}$　　(B)$\dfrac{1}{2}$　　(C)$\dfrac{1}{4}$　　(D)$\dfrac{1}{5}$　　(E)$\dfrac{1}{6}$

14. 已知数列$\{a_n\}$的通项公式为$a_n=\frac{2n+1+(-1)^{n+1}}{4}$，则该数列的前 101 项的和等于(　　).

(A)2 501　　(B)2 601　　(C)2 600　　(D)2 551　　(E)2 651

15. 甲、乙两人以相同的速度在同一条公路上相向而行，一辆货车行驶方向与甲相同，从货车追上甲到货车与乙相遇共经过 3 分钟，又知货车从甲身边开过用了 4 秒，从乙身边开过用了 3 秒．那么，从货车与甲相遇时算起，甲、乙两人相遇还需(　　)分钟．

(A)9　　(B)12　　(C)15　　(D)18　　(E)20

二、条件充分性判断：第 16～25 小题，每小题 3 分，共 30 分。要求判断每题给出的条件(1)和条件(2)能否充分支持题干所陈述的结论。(A)、(B)、(C)、(D)、(E)五个选项为判断结果，请选择一项符合试题要求的判断，在答题卡上将所选项的字母涂黑。

(A)条件(1)充分，但条件(2)不充分．

(B)条件(2)充分，但条件(1)不充分．

(C)条件(1)和条件(2)单独都不充分，但条件(1)和条件(2)联合起来充分．

(D)条件(1)充分，条件(2)也充分．

(E)条件(1)和条件(2)单独都不充分，条件(1)和条件(2)联合起来也不充分．

16. 在浓度为 50%的酒精溶液中加入若干纯酒精，再加入若干水后，得到浓度为 40%的酒精溶液．则初始酒精溶液容积为 600 毫升．

(1)加入 300 毫升水．

(2)加入 100 毫升纯酒精．

17. 等差数列$\{a_n\}$的公差$d\neq 0$，其前n项和为S_n．则$S_{60}=0$.

(1)$\{a_n\}$满足$S_{20}=S_{40}$.

(2)$\{a_n\}$满足$n=30$是函数S_n图像的对称轴．

18. 现有足量的边长相等的正三角形、正方形、正五边形、正六边形四种地砖，选择若干块在平面上一点O周围进行密铺，且任意一块地砖都有一顶点位于O点，选择n种地砖形成密铺．则可以确定所选地砖的形状．

(1)$n=2$.

(2)$n=3$.

19. 某小学为支援希望工程，动员同学们积极捐书．其中，$\frac{3}{4}$的男生每人捐了 9 本书，$\frac{1}{4}$的男生每人捐了 5 本书；一半女生每人捐了 9 本书，另一半女生每人捐了 7 本书．则能确定全校学生捐的书本总数量．

(1)已知全校学生平均每人捐的书本数量．

(2)已知该校男生、女生人数之比．

20. 在直角坐标系中，横、纵坐标都是整数的点，称为整点．则 $m=4$.

(1)直线 $y=x+2$ 与直线 $y=kx+4$ 的交点为整点，则 k 的取值有 m 个．

(2)$(|x|-1)^2+(|y|-1)^2<1$ 的整点(x, y)的个数是 m.

21. 6 男 4 女站成一排．则不同的排法有 604 800 种．

(1)男生甲、乙、丙顺序固定．

(2)任意 2 名女生都不相邻．

22. 将三枚硬币随机分给甲、乙、丙三个小朋友．则甲至少有 1 元钱的概率为$\frac{5}{9}$.

(1)两个不同的 1 元硬币和一个 5 毛硬币．

(2)两个不同的 5 毛硬币和一个 1 元硬币．

23. a，b，c 为实数．则 $|a|<|b|+|c|$.

(1)$|a+c|<b$.

(2)$|a|+|c|<|b|$.

24. 五金店采购了 3 盒螺母，现从 3 盒中各拿 1 个螺母．则这 3 个螺母中恰有 1 个是次品的概率为 0.243.

(1)每盒有 100 个螺母．

(2)每盒螺母中各有 10 个次品．

25. 已知$\triangle ABC$ 的三个顶点坐标分别为 $A(2, 3)$，$B(4, 2)$，$C(m, 6)$，若 $P(x, y)$是$\triangle ABC$ 上的一点．则$\frac{y}{x}$的最大值为$\frac{3}{2}$，最小值为$\frac{1}{2}$.

(1)$m\leqslant 12$.　　　　(2)$m\geqslant 6$.

三、逻辑推理：第 26～55 小题，每小题 2 分，共 60 分。 下列每题给出的(A)、(B)、(C)、(D)、(E)五个选项中，只有一项是符合试题要求的。 请在答题卡上将所选项的字母涂黑。

26. 恐龙专家：一些古生物学家声称鸟类是一群叫做多罗米奥索斯的恐龙的后裔。他们求助于化石记录，结果发现，与鸟类和大多数恐龙相比，多罗米奥索斯具有的特征与鸟类更为相似。但是，他们的论述存在致命的缺点：已经发现的最早的鸟类的化石比最古老的已知的多罗米奥索斯的化石早几千万年。因此，古生物学家的声称是错误的。

专家的论述依赖于下面哪条假设?

(A)具有相似的特征并不是不同种类的生物在进化上相联系的标志。

(B)多罗米奥索斯和鸟类可能会有共同的祖先。

(C)已知的化石揭示了鸟类和多罗米奥索斯起源的相对日期。

(D)多罗米奥索斯化石和早期鸟类化石的知识是完整的。

(E)多罗米奥索斯和鸟类在许多重要方面都不一样。

27. 某高校进行辩论赛队员选拔，现有5五名参选人员，并已知：

(1)若甲入选，则乙也入选。

(2)丁或戊至多有一人不入选。

(3)乙、丙不能同时入选，也不能都不入选。

(4)丙入选，否则丁入选。

(5)若戊入选，则甲和丁均入选。

以下哪项一定为真？

(A)如果乙没入选，那么戊入选。

(B)乙没入选但甲入选了。

(C)丁和戊都入选了。

(D)如果乙入选，那么丁入选了。

(E)甲和戊都入选了。

28. 研究人员在2011年至2017年间采集了600名60岁以上老年人的身高、血压和饮食习惯等多项数据，随后，又对研究对象进行了神经心理评估和认知障碍评定，在排除吸烟饮酒等风险因素后发现，每周吃两次、每次吃约150克蘑菇的老年人比对照组每周吃蘑菇少于一次的老年人血浆中麦角硫因的含量增加50%。研究人员由此推测，食用蘑菇将有助于降低老年人患轻度认知障碍的风险。

以下哪项如果为真，最能支持上述研究人员的推测？

(A)研究发现，每周食用两次以上蘑菇的年轻人患心脏病的风险降低。

(B)老年人患轻度认知障碍是由于其血浆中麦角硫因的水平明显低于同龄健康人。

(C)上述研究中老年人主要食用的是金针菇、平菇等6种常见蘑菇。

(D)老年人多饮用茶水同样有助于降低患轻度认知障碍的风险。

(E)某老年疾病研究专家认为蘑菇对于降低老年人患轻度认知障碍的风险有很大的帮助。

29. 夏季服装展销会大卖场是S市不可缺失的都市亮点。今年在哪些地方举行的方案还没出台，S市商会李冰、张蕾等5位工作人员纷纷发表观点：

李冰：今年S市夏季服装展销大卖场或者在莲湖公园举行，或者在文星广场举行。

张蕾：今年S市夏季服装展销大卖场如果在乐购举行，那么莲湖公园和文星广场至少有一个地点不举行。

柳楠：今年S市夏季服装展销大卖场既不能在乐购举行，也不能在文星广场举行。

夏雨：今年S市夏季服装展销大卖场在乐购、莲湖公园和文星广场都举行。

王兰：今年S市夏季服装展销大卖场一定不举行。

根据上述讨论，S市商会最终做出了合理的决定，以下哪项是可能的？

(A)王兰、张蕾、李冰的意见符合决定。

(B)张蕾、柳楠、李冰的意见符合决定。

(C)王兰、夏雨、柳楠的意见符合决定。

(D)柳楠、王兰、李冰的意见符合决定。

(E)张蕾、夏雨、柳楠的意见符合决定。

30. 一个地区的能源消耗增长与经济增长是呈正相关的，二者增长的幅度差通常不大于 15%。2021 年，W 省统计报告显示：该省的能源消耗增长了 30%，而经济增长率却是 12.7%。以下各项如果为真，则都可能对上文中的不一致之处作出合理的解释，除了：

(A)一些地方官员为了给本地区的经济发展留点余地，低报了经济增长的数字。

(B)民营经济在 W 省的经济中占的比例较大，某些民营经济的增长难以被统计到。

(C)由于能源价格的大幅上涨，W 省新投资上马的企业有 90%属于低能消耗企业。

(D)由于能源价格的大幅上涨，高能耗的大型国有企业的经济增长普遍下滑。

(E)W 省政府联合社会资本进行了大规模的投资活动，但是其能带来的经济效益需要在若干年之后才能显现。

31. 光华管理学院甲、乙、丙、丁、戊、己、庚、辛 8 位新生需在投资学、风险管理、经济法、审计学四门课程中选择一门课程，每门课程都有人选择，每人只能选择一门课程，他们发现：

(1)投资学仅有甲、乙、丙、戊选修。

(2)戊、庚、辛 3 人选择两门课程。

根据以上信息，可以得出以下哪项一定为假？

(A)丙和丁选修的课程不同。

(B)戊和辛选修的课程不同。

(C)甲和丁选修的课程相同。

(D)辛和庚选修的课程相同。

(E)丙和辛选修的课程不同。

32. 一份报告显示，截至 3 月份的过去一年内，中国内地买家成为购买美国房产的第二大外国买家群体，交易额达 90 亿美元，仅次于加拿大。这比上一年 73 亿美元的交易额高出 23%，比前年 48 亿美元的交易额高出 88%。有人据此认为，中国有越来越多的富人正在把财产转移到境外。

以下哪项如果为真，最能反驳上述论证？

(A)有许多中国人购房是给子女将来赴美留学准备的。

(B)尽管成交额上升了 23%，但是今年中国买家的成交量未见增长。

(C)中国富人中存在群体炒房的团体，他们曾经在北京、上海等地炒房。

(D)近年来美国的房产市场风险很小，具有一定的保值、增值功能。

(E)一部分准备移居美国的中国人事先购房为移民做准备。

33. 某著名风景区有“妙笔生花”“猴子观海”“仙人晒靴”“美人梳妆”“阳关三叠”“禅心向天”和“神来一笔”7 个景点。甲、乙、丙、丁四位同学相约一起去游玩，他们的想法如下：

甲：如果游玩“妙笔生花”，就要游玩“猴子观海”。

乙：“禅心向天”和“神来一笔”至多有一个不游玩。

丙：“美人梳妆”和“神来一笔”至少有一个不游玩。

丁：除非不游玩“猴子观海”，否则游玩“美人梳妆”。

如果上述四个人的想法都为真，则以下哪项不可能为真？

(A)“妙笔生花”和“禅心向天”都游玩。

(B)没游玩“妙笔生花”，也没游玩“美人梳妆”。

(C)“猴子观海”和“神来一笔”都没游玩。

(D)游玩了“妙笔生花”，但没游玩“禅心向天”。

(E)没游玩“美人梳妆”，游玩了“禅心向天”。

34. 甲、乙、丙、丁、戊、己六人共同出席某学术会议，他们恰在同一排的 A、B、C、D、E、F 六个单人座位中的一个入座。已知：

(1)若甲或者乙中的一人坐在 C 座或者 E 座，则丙坐在 A 座。

(2)若戊不坐在 C 座，则丁坐在 F 座。

(3)若乙不坐在 E 座，则己坐在 C 座。

如果丁坐在 B 座，那么可以确定的是：

(A)甲坐在 A 座。　　(B)乙坐在 D 座。　　(C)丙坐在 C 座。

(D)戊坐在 F 座。　　(E)丙坐在 A 座。

35. 某高校同一宿舍的四位新生：甲、乙、丙、丁四人，他们分别来自上海、深圳、杭州、西安。开学第一天，四人有以下发言：

甲说：“我和乙都不来自深圳，丙来自杭州。”

乙说：“我来自深圳，丙来自杭州，丁不来自上海。”

丙说：“甲不来自深圳，我来自西安，丁来自上海。”

丁说：“我和丙都不来自上海，甲来自西安。”

已知他们每个人都说了两句真话，一句假话，则以下哪项一定为真？

(A)甲和乙都不来自深圳。

(B)甲来自西安，乙来自深圳，丙来自杭州。

(C)丙和丁都不来自上海。

(D)甲和乙来自深圳，丙来自杭州。

(E)无法确定。

36. 某科研小组的6位组员甲、乙、丙、丁、戊、己商量去西安、南昌、昆明、成都四地进行科研考察。限于条件每人去两个地方，每个地方只有三人选择。已知：

(1)除非甲和丙均不选择南昌，丙才不会选择昆明。

(2)甲如果选择西安，就会选择南昌。

(3)没有人既选择成都又选择昆明。

(4)丙选择成都，除非戊和己都不选择成都。

根据上述信息，可以得出以下哪项？

(A)丁选择昆明和西安。

(B)甲选择南昌和成都。

(C)戊未选择昆明。

(D)乙选择昆明。

(E)丙选择成都。

37. S市市委欲从甲、乙、丙、丁、戊、己、庚7位干部中选择3位作为巡查组长。其中甲、乙、丙、丁为硕士研究生，戊、己、庚为博士研究生。

选择条件如下：

(1)博士研究生中至少有一人当选，硕士研究生中也至少有一人当选。

(2)如果甲当选，那么己不当选。

(3)丙和丁必须同时当选或同时不当选。

(4)乙和庚必须同时当选或同时不当选。

如果补充以下哪项，则三位巡查组长可以确定？

(A)硕士研究生必须占多数。

(B)博士研究生必须占多数。

(C)甲和己都不能当选。

(D)乙和戊都不能当选。

(E)博士研究生和硕士研究生一样多。

38. 桓公："为何说寡人读的是古人的糟粕?"轮扁："依我的经验看，斫车轮，轮孔做得稍大就松滑而不坚固，做得稍小就滞涩难入。要想做得不大不小、不松不紧，必须得之于心而应之于手，有高超的技术存在其中，却无法用语言传达，我无法教给我儿子，所以，我都70岁了还得斫轮。古人已经死了，他们所不能言传的精华也跟着消失了，那么您所读的就是古人的糟粕了。"

以下哪一项陈述是轮扁的议论所依赖的假设?

(A)除了精华和糟粕外，还有其他值得阅读的内容。

(B)如果精华不能言传，读书不但无用反而会有害。

(C)高超的技术是无法通过语言传授给别人的。

(D)除了高超的技术外，其他精华也是不能言传的。

(E)古人不能言传的那些内容，都是精华。

39. Tower Light 是一家庞大的公司。它正在考虑在它所使用的房屋建筑内安装节能空调，这种节能空调与目前正在使用的传统空调拥有同样的功能。但是所需的电量仅是传统空调的一半。与此同时，这种节能空调的寿命也会比传统空调要长，因此，当传统空调坏掉时换上新的节能空调，可以大大降低 Tower Light 公司的金钱成本。

以下哪项如果为真，最能支持上述论证？

(A)如果广泛地采用这种节能空调，这是非常可行的，那么节能空调的产量就会大大增加，从而使其价格与传统空调相当。

(B)Tower Light 最近签了一份合同，要扩张办公区域。

(C)生产这种节能空调的公司对使用的新技术获得了专利，因此它享有生产节能空调独家权利。

(D)Tower Light 发起了一项号召，就是鼓励员工每次在离开房间时关掉空调。

(E)换上新的节能空调的成本远远高于公司降低的金钱成本。

40～41 题基于以下题干：

张研究员要在甲、乙、丙、丁、戊、己、庚 7 个村中选取 4 个进行乡村文明建设调研。因为地点、时间、经费原因，选择还要符合以下条件：

(1)如果不选择甲，就要选乙。

(2)如果选丙，则不能选乙。

(3)如果选丁，则不能选庚。

(4)如果选戊，则不能选丁。

(5)己和庚有且只有一个入选。

40. 根据以上信息，以下哪项可能是张研究员选择的 4 个村？

(A)甲、丙、丁、戊。　(B)甲、乙、丁、己。

(C)丙、丁、戊、己。　(D)乙、丙、戊、庚。

(E)乙、丁、戊、庚。

41. 如果张研究员选择了乙，再得知以下哪个村入选就可以确定 4 个要调研的村？

(A)甲。　(B)丁。　(C)己。　(D)庚或己。　(E)戊。

42. 250 年至 800 年，玛雅文明还十分发达，城市繁荣，庄稼收成也很喜人。气候记录显示，这一时期玛雅地区的降水量相对较高，此后玛雅文明开始衰落。从 820 年左右起，在连续 95 年的时间里，该地区开始经历断断续续的干旱，有些地方的干旱甚至持续了数十年之久，许多专家由此认为，9 世纪的气候变化或许正是玛雅文明消亡的原因。

以下哪项如果为真，最能支持上述专家的观点？

(A)在 9 世纪衰退的玛雅城市大多分布在南部，使用木材进行的建造活动也大大减少。

(B)和所有大型农耕文明一样，玛雅人的社会在很大程度上依赖于农作物，干旱导致农产品减少，严重影响玛雅人的生存。

(C)大多数玛雅城市是在 850 年到 925 年之间衰落的，和干旱发生的时间高度重合。

(D)1000 年至 1075 年期间，玛雅地区石雕和其他建造活动减少了将近一半，而那时当地又一次遭受了严重的旱灾。

(E)9 世纪前后，玛雅地区曾发生大规模地震。

43. 甲、乙、丙、丁和戊五个人去好莱坞环球影城游玩，他们只选择妙笔生花、猴子观海、仙人晒靴、美人梳妆和阳关三叠五个项目中的一个，而且他们去的项目各不相同。已知以下条件：

(1)如果丙不去妙笔生花，则甲去猴子观海或者去妙笔生花。

(2)只有乙去美人梳妆，丙才不去阳关三叠。

(3)除非丁去仙人晒靴，否则甲不去妙笔生花。

(4)戊或者丁去美人梳妆。

根据以上陈述，如果乙去猴子观海，则以下哪项为真？

(A)丙不去阳关三叠。　　(B)戊去仙人晒靴。

(C)甲不去妙笔生花。　　(D)戊去美人梳妆。

(E)丁不去仙人晒靴。

44. 笔迹，广义上讲，是运用各种工具在一定界面上书写的带有文字规范限制的痕迹。狭义上讲，就是指在自然状态下由书写人留在纸张上的带有文字规范限制的书写痕迹。因为书写者的性格和心理特性是不同的，由此可以推测，研究人的笔迹可以分析书写者的性格特点和心理状态。以下哪项如果为真，最能支持上述推测？

(A)不同笔迹的连笔程度和笔画结构是不同的。

(B)近代以来，很多先进的理论和仪器被用来进行笔迹鉴定。

(C)据调查，现在很多公司在招聘员工时加入了笔迹分析这一项。

(D)书写的压力、笔画结构和字体大小等能反映人的自我意识和对外部世界的态度。

(E)不同人的书写笔迹特点是不一样的。

45. 碳、氢、氮、氧、磷、硫是生命必需的六种元素，现将他们填入下图 6×6 的方阵中。每个小方格中可填入一种元素(已有部分元素填入)。现要求该方阵中的每行、每列及每个粗线条围住的六个小方格组成的区域中均含有碳、氢、氮、氧、磷、硫六种元素，不能重复也不能遗漏。

	氮				氢
		磷			
	②	硫	碳	氧	
		④	磷	①	
	氧			氮	
磷		③			

根据上述要求，以下哪项是方阵中①、②、③、④空格中依次应填入的？

(A)氢、磷、氮、氧。　　(B)氢、磷、氧、氮。

(C)氮、氢、硫、氧。　　(D)氢、氮、氧、氮。

(E)硫、磷、氮、氧。

46. 在反映战国到秦朝这一时期的电影《英雄》和《刺秦》中，许多骑马打仗的镜头不符合历史的真实情况。今天看到的秦兵马俑，绝大多数战马是没有马鞍的，有马鞍的战马一律没有马镫。没有马镫，士兵在马背上就待不住，也使不上劲，所以当时的骑兵没法在马上打仗。

以下哪一个选项是上述论证所依赖的假设？

(A)马镫的发明究竟在什么时期已经无从考察。

(B)秦时的骑兵骑着马冲到敌人跟前，然后翻身下马与敌人打仗。

(C)在唐代雕刻的昭陵六骏浮雕上，每匹骏马的身上都有马鞍和马镫。

(D)在历史上，马镫是一件可以彻底释放士兵战斗力的重要军事装备。

(E)秦时的陪葬品能够反映当时社会的真实情况。

47～48 题基于以下题干：

学校广播站有赵、钱、孙、李、周、吴、郑 7 位播音员，每人只播音一次，并且每天仅安排一人播音。已知：

(1)赵星期二播音，否则钱星期一播音。

(2)除非郑或周星期二播音，李星期六才不播音。

(3)若钱不在星期一播音，则孙星期四播音。

(4)只有李星期日播音，孙或吴才星期四播音。

47. 根据上述信息，可以得出以下哪项？

(A)赵星期二播音。 (B)钱星期一播音。 (C)孙星期四播音。

(D)李星期日播音。 (E)周星期六播音。

48. 若赵星期二播音，郑星期五播音，则可以得出以下哪项？

(A)孙星期三播音。 (B)孙星期日播音。 (C)李星期三播音。

(D)周星期四播音。 (E)周星期六播音。

49. 众所周知，高的血液胆固醇水平会增加血液凝结而引起中风的危险。但是，最近的一篇报告指出，血液胆固醇水平低使人患其他致命类型的中风(即脑溢血，由大脑的动脉血管破裂而引起)的危险性在增大。报告建议，因为血液胆固醇在维持细胞膜的韧性方面起着非常重要的作用，所以低的血液胆固醇会削弱动脉血管壁的强度，从而使它们易于破裂。由此，上述结论证实了日本研究者长期争论的问题，即西方饮食比非西方饮食能更好地防止脑溢血。以上的结论依据下面哪个假设？

(A)西方饮食比非西方饮食更有益于健康。

(B)与非西方饮食相比，西方饮食易使人产生较高的血液胆固醇。

(C)高的血液胆固醇水平能消除动脉血管的衰弱。

(D)脑溢血比血液凝结引起的中风更危险。

(E)血压低的人患脑溢血的危险性在增大。

50. 科学家最新发现被命名为“郑氏晓廷龙”的小恐龙是始祖鸟的“亲戚”，与生存在侏罗纪晚期的始祖鸟亲缘关系非常近，通过分析始祖鸟的形态，并对似鸟恐龙和早期鸟类的系统发育关系进行了重新分析，得出始祖鸟并非鸟类，而是原始恐爪龙类。始祖鸟是迅猛龙的祖先，而不是鸟类的祖先。

以下哪项如果为真，则最不能质疑上述主张？

(A)恐爪龙类是一类与恐龙亲缘关系很近的鸟。

(B)恐爪龙类是一类与鸟类亲缘关系很近的恐龙。

(C)兽脚类恐龙的一支演化成植食性恐龙，再演化成鸟类。

(D)始祖鸟标本被命名后，一直被认为是最原始、最古老的鸟类。

(E)始祖鸟与现代鸟类在一些关键特征上具有相似性。

51. 济南市槐荫、历下、天桥、市中、长清五个区都开展“双减”落实行动。在某段时间内做出如下安排：

(1)除非长清区不开展该行动，否则市中区和槐荫区都必定开展该行动。

(2)或者市中区不开展该行动，或者槐荫区不开展该行动。

(3)倘若槐荫区或者历下区不开展该行动，那么长清区和天桥区都开展该行动。

如果上述断定都是真的，则以下各项均不与题干矛盾，除了：

(A)天桥区或者市中区开展该行动。

(B)长清区或者市中区开展该行动。

(C)槐荫区或者历下区开展该行动。

(D)历下区或者长清区开展该行动。

(E)长清区或者天桥区开展该行动。

52. 甲、乙、丙、丁、戊要么是女足运动员，要么是女排运动员。她们相互知道各自的身份，但其他人却不知道。一次联欢会上，她们请大家推理。

甲对乙说：“你是女排队员。”

乙对丙说：“你和丁都是女排队员。”

丙对丁说：“你和乙都是女足队员。”

丁对戊说：“你和乙都是女排队员。”

戊对甲说：“你和丙都不是女排队员。”

如果规定同一个队的人之间说真话，不同队的人之间说假话，那么下面哪项一定为真？

(A)甲说真话，女排队员是甲、乙、丁。

(B)甲说真话，女排队员是甲、乙、丙。

(C)丙说真话，女排队员是丙、丁、戊。

(D)丁说假话，女排队员是甲、丙、丁。

(E)戊说真话，女排队员是乙、丙、戊。

53. 1988 年北美的干旱可能是由太平洋赤道附近温度状况的大范围改变引起的。因此，这场干旱不能证明长期而言全球发生变暖趋势的假说。据称该趋势是由大气污染物如二氧化碳造成的。

下面哪项如果正确，能构成对以上论述最好的批判？

(A)我们有所记录的 1988 年以前的大部分干旱的前身是太平洋天气形势的变化。

(B)美国在过去的 100 年没有转暖的趋势。

(C)从排放污染物到它所引起的全球转暖的发生之间的时间很长。

(D)1988 年排放到大气中的二氧化碳气体有所增加。

(E)全球转暖的趋势会增加太平洋气温形势转变的频率及其严重性。

54～55 题基于以下题干：

六一儿童节到了，幼儿园老师为班上的小明、小雷、小刚、小芳、小花五位小朋友准备了红、橙、黄、绿、青 5 种颜色的礼物。每种颜色的礼物均有三人收到，每位小朋友收到 2～4 种颜色的礼物，小明和小刚收到的礼物颜色均不相同。还已知：

(1)如果小雷、小花至少有一人收到黄色礼物，则小芳会收到橙色礼物。

(2)如果小明收到黄色礼物，则小花、小雷和小刚均收到青色礼物。

(3)红色礼物和黄色礼物至少收到一种。

(4)如果小明收到红色礼物，则小芳不会收到橙色礼物。

(5)若小刚、小明和小芳至少有两人收到绿色礼物，则小明没有收到黄色礼物。

54. 根据上述信息，可以得出以下哪项？

(A)小明收到青色礼物。

(B)小花未收到青色礼物。

(C)小明未收到黄色礼物。

(D)小雷未收到绿色礼物。

(E)小花收到绿色礼物。

55. 若小雷和小花收的礼物数量不相同，则可以得出以下哪项？

(A)小芳未收到红色礼物。

(B)小花收到橙色礼物。

(C)小刚收到 2 种颜色的礼物。

(D)小芳收到橙色礼物。

(E)小明收到 3 种颜色的礼物。

四、写作：第 56～57 小题，共 65 分。其中论证有效性分析 30 分，论说文 35 分。请答在答题纸相应的位置上。

56. 论证有效性分析：分析下述论证中存在的缺陷和漏洞，选择若干要点，写一篇 600 字左右的文章，对该论证的有效性进行分析和评论。（论证有效性分析的一般要点是：概念特别是核心概念的界定和使用是否准确并前后一致，有无各种明显的逻辑错误，论证的论据是否成立并支持结论，结论成立的条件是否充分等。）

近日，某教授在演讲中提到，已婚者比包括单身、离婚等在内的未婚者更健康。

一项针对北京市城镇人口的调查表明：与已婚人群相比，包括单身、离婚等在内的未婚者患冠心病的概率高 20%、患癌症的概率高 6%，可见，已婚人士的健康情况更好。原因其实不难理解，两人一旦结成婚姻伴侣，彼此的压力和焦虑就都会得到疏解。而且，结婚后，夫妻双方会促进彼此养成良好的生活习惯，从而有益于健康与长寿。

但是，该研究也提到了另一个问题：已婚男性的死亡风险相较未婚男性降低了 23%，而女性却仅降低了 3%。根据调查，女性每日的工作时间只比男性少约 19 分钟，但做家务及花在子女身上的时间却是男性的 2.4 倍。妻子承担着职场与家庭的双重压力，这些压力难以疏解，影响了妻子的健康。

另外，糟糕的婚姻更容易影响到女性的健康。在中日韩三个国家，如果遇到了不如意的婚姻，男性的健康状况依旧会好于未婚的男性；而女性则截然相反，遇上糟糕婚姻的女性，有 23%的概率会出现健康问题，比未婚女性还高 5 个百分点。

57. 论说文：根据下述材料，写一篇 700 字左右的论说文，题目自拟。

追逐目标、寻求突破是“有为”；学会理性决策，不好高骛远，是谓“不为”。市场纷繁复杂，有时让人迷茫、难以抉择，这时，就必须在“有为”与“不为”中做出正确选择。

答案速查

题型		题号	答案
一	问题求解	1～5	(C) (D) (A) (B) (B)
		6～10	(E) (D) (B) (B) (E)
		11～15	(A) (D) (E) (B) (B)
二	条件充分性判断	16～20	(C) (D) (B) (E) (B)
		21～25	(D) (A) (D) (C) (C)
三	逻辑推理	26～30	(C) (D) (B) (B) (C)
		31～35	(C) (B) (D) (E) (B)
		36～40	(B) (D) (D) (A) (B)
		41～45	(B) (B) (D) (D) (A)
		46～50	(E) (B) (D) (B) (B)
		51～55	(B) (A) (E) (E) (D)
四	写作	56. 略　57. 略	

绝密★启用前

全国硕士研究生招生考试
管理类综合能力试题 5

（科目代码：199）

考试时间：8：30—11：30

考生注意事项

1. 答题前，考生须在试题册指定位置上填写考生姓名和考生编号；在答题卡指定位置上填写报考单位、考生姓名和考生编号，并涂写考生编号信息点。
2. 选择题的答案必须涂写在答题卡相应题号的选项上，非选择题的答案必须书写在答题卡指定位置的边框区域内。超出答题区域书写的答案无效；在草稿纸、试题册上答题无效。
3. 填(书)写部分必须使用黑色字迹签字笔或者钢笔书写，字迹工整、笔迹清楚；涂写部分必须使用 2B 铅笔填涂。
4. 考试结束，将答题卡和试题册按规定交回。

考生编号															
考生姓名															

一、问题求解：第 1～15 小题，每小题 3 分，共 45 分。下列每题给出的(A)、(B)、(C)、(D)、(E)五个选项中，只有一项是符合试题要求的。请在答题卡上将所选项的字母涂黑。

1. 某商场五一期间举行优惠活动，采取"满 100 元送 20 元，并且连环赠送"的酬宾方式，即顾客每消费满 100 元(100 元可以是现金，也可以是购物券，或者二者合计)就送 20 元购物券，满 200 元就送 40 元购物券，以此类推．现有一位顾客第一次就用了 16 000 元购物，并用所得购物券继续购物，那么他购回的商品大约相当于它们原价的(　　)．

(A)75%　　(B)80%　　(C)85%　　(D)90%　　(E)95%

2. 如图所示，一个三棱柱的容器盛有水，水的体积是三棱柱体积的$\frac{1}{2}$，现将其侧面 AA_1B_1B 放置于水平地面，水面恰好经过底边 AC 上的点 D，则$\frac{AD}{CD}$的值为(　　)．

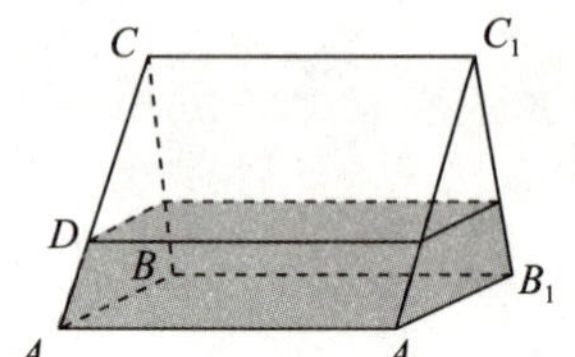

(A)$\frac{1}{2}$　　(B)$\frac{\sqrt{2}}{2}$　　(C)$\frac{\sqrt{2}+1}{2}$

(D)$\sqrt{2}-1$　　(E)$\sqrt{2}+1$

3. 一个等差数列共有 10 项，其中偶数项的和为 55，奇数项的和为 45，则 $a_9-a_3=$(　　)．

(A)6　　(B)12　　(C)10　　(D)9　　(E)-12

4. 已知二次函数 $y=x^2+bx+c$ 的图像与 x 轴交于 A、B 两点，其顶点为 K，若 $S_{\triangle AKB}=1$，则 b 与 c 的关系式为(　　)．

(A)$b^2-4c=4$　　(B)$b^2+4c=4$　　(C)$b^2-4c=-4$

(D)$b^2+4c=-4$　　(E)$b^2-4c=1$

5. 甲、乙两人分别从 A、B 两地同时出发，相向而行．甲每分钟走 80 米，乙每分钟走 60 米．出发一段时间后，二人在距中点 120 米处相遇．如果甲出发后在途中某地停留了一会，二人还将在距中点 120 米处相遇．则甲在途中停留了(　　)分钟．

(A)6　　(B)7　　(C)8　　(D)9　　(E)10

6. 李女士周末出差，要从 5 套便装和 4 套正装中选择 4 套携带，要求正装和便装都至少携带一套，共有(　　)种选法．

(A)60　　(B)80　　(C)100　　(D)120　　(E)130

7. 若函数 $f(x)=\begin{cases}\dfrac{1}{x}, & x<0,\\ \left(\dfrac{1}{3}\right)^{x}, & x\geqslant 0,\end{cases}$ 则不等式 $|f(x)|\geqslant\dfrac{1}{3}$ 的解集为(　　).

(A)$[-3, 0)\cup(0, 1]$　　(B)$[-3, 1]$　　(C)$[0, 1]$

(D)$[-1, 0)$　　(E)$[-1, 1]$

8. 某公交公司对某线路每天客源情况进行统计，公交车从每个停靠点出发后，乘客人数及频率见下表：

人数/人	0～6	7～12	13～18	19～24	25～30	31 及以上
频率	0.10	0.15	0.25	0.20	0.20	0.10

则 3 天中至多有 2 天乘客不超过 24 人的概率是(　　).

(A)0.353　　(B)0.4　　(C)0.657　　(D)0.5　　(E)0.6

9. 如图所示，在 Rt$\triangle ABO$ 中，$\angle OBA=90°$，点 A 的坐标为(4, 4)，点 C 在边 AB 上，且 $\dfrac{AC}{CB}=\dfrac{1}{3}$，点 D 为 OB 中点，点 P 为边 OA 上的动点，则当四边形 $PDBC$ 的周长最小时，点 P 的坐标为(　　).

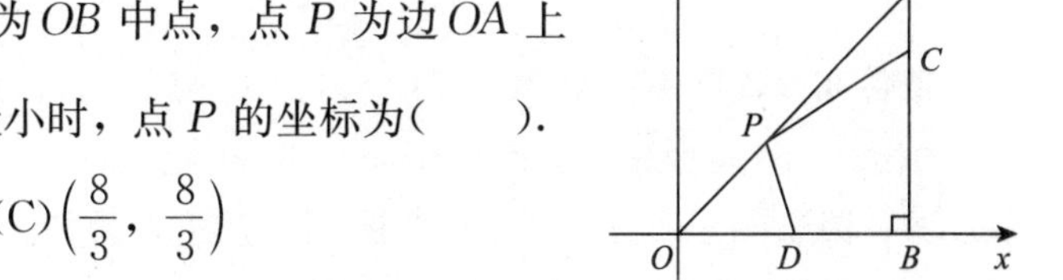

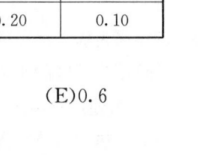

(A)(2, 2)　　(B)$\left(\dfrac{5}{2}, \dfrac{5}{2}\right)$　　(C)$\left(\dfrac{8}{3}, \dfrac{8}{3}\right)$

(D)(3, 3)　　(E)(1, 1)

10. 象棋比赛中，每名选手都与其他选手恰好比赛一局，每局赢者记 2 分，输者记 0 分，如果平局，两名选手各记 1 分．有四位同学统计了全部选手的得分总数，分别是 1 979、1 980、1 984、1 985，经核实，有一位同学统计无误，则参加这次比赛的选手有(　　)名．

(A)36　　(B)40　　(C)45　　(D)49　　(E)52

11. 有甲、乙两种糖果，原价分别为每千克 a 元和 b 元．根据调查，将两种糖果按甲种糖果 x 千克与乙种糖果 y 千克的比例混合，取得了较好的销售效果．现在糖果价格有了调整：甲种糖果单价下降 15%，乙种糖果单价上涨 20%，但按原比例混合的糖果单价恰好不变，则 $\dfrac{x}{y}=$(　　).

(A)$\dfrac{3a}{4b}$　　(B)$\dfrac{4a}{3b}$　　(C)$\dfrac{3b}{4a}$　　(D)$\dfrac{4b}{3a}$　　(E)$\dfrac{5b}{3a}$

12. 等差数列 $\{a_n\}$ 的公差 $d>0$，$a_3{}^2=a_{13}{}^2$，则等差数列 $\{a_n\}$ 的前 n 项和 S_n 取得最小值时，$n=$(　　).

(A)7 或 8　　(B)8　　(C)8 或 9　　(D)9　　(E)7

13. 已知二次函数 $f(x)=ax^2+bx+c$ 有零点，且经过点(1，3)和(−1，3)，记 $M=\max\{|a|，|b|，|c|\}$，则 $M_{\min}=$(　　).

(A)$\frac{3}{2}$　　(B)$\frac{4}{3}$　　(C)$\frac{5}{4}$　　(D)$\frac{6}{5}$　　(E)3

14. 已知某校从 8 位同学中随机选取若干位参加市里举办的百科知识竞赛，选取的方法是：班主任和教务主任两位老师各随机给其中 4 位同学投票，得两票的同学参加竞赛．则恰有 3 人参加竞赛的概率为(　　).

(A)$\frac{8}{35}$　　(B)$\frac{2}{7}$　　(C)$\frac{16}{35}$　　(D)$\frac{5}{7}$　　(E)$\frac{3}{7}$

15. 近年来为提高居民的取暖水平，某社区决定建立一个供热站．已知供热站每月自然消费与供热站到社区的距离成反比，每月供热费与供热站到社区的距离成正比．如果在距离社区 20 千米处建立供热站，这两项费用分别为 5 000 元和 8 万元．那么要使这两项费用之和最小，供热站应建在离社区(　　)千米处．

(A)5　　(B)6　　(C)7　　(D)8　　(E)9

二、条件充分性判断：第 16～25 小题，每小题 3 分，共 30 分。要求判断每题给出的条件(1)和条件(2)能否充分支持题干所陈述的结论。(A)、(B)、(C)、(D)、(E)五个选项为判断结果，请选择一项符合试题要求的判断，在答题卡上将所选项的字母涂黑。

(A)条件(1)充分，但条件(2)不充分．

(B)条件(2)充分，但条件(1)不充分．

(C)条件(1)和条件(2)单独都不充分，但条件(1)和条件(2)联合起来充分．

(D)条件(1)充分，条件(2)也充分．

(E)条件(1)和条件(2)单独都不充分，条件(1)和条件(2)联合起来也不充分．

16. 儿童节，幼儿园购买了若干糖果和玩具送给小朋友，已知糖果比玩具少花了 100 元．则能确定买了多少糖果．

(1)购买糖果和玩具共 50 个．

(2)玩具的价格是糖果的 2 倍．

17. 已知 a 为正整数．则能确定 a 的值．

(1)已知 100 除以 a 的余数是 5.

(2)已知 138 除以 a 的余数是 5.

18. 等式 $\sqrt{(x-5)^2}=5-x$ 成立．

(1)$|x-1|+|x-2|<3$.

(2)$-x^3|x|>0$.

19. 小明买了 10 斤水果，含水量为 90%. 晒了一段时间后，含水量为 87.5%.

(1)水分的蒸发速度为 0.5 斤/小时，晒了 2 小时 .

(2)水分的蒸发速度为 1 斤/小时，晒了 2 小时 .

20. 若 x，y 均为正整数 . 则能确定 x 和 y 的值 .

(1)$\frac{6}{xy}-\frac{1}{x}-\frac{2}{y}=1$.

(2)$\frac{3}{xy}-\frac{2}{x}-\frac{1}{y}=1$.

21. 如图所示，三角形 ABC 中，底边 $BC=15$，AD 为 BC 边上的高，其中有一个内接正方形，正方形的一边 GH 在底边 BC 上，其余两个顶点分别在 AB，AC 上 . 则正方形的边长为 6.

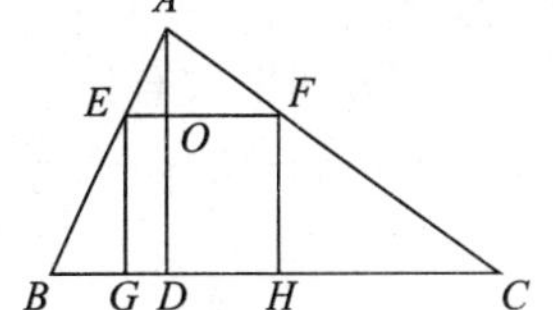

(1)EF 将高 AD 截成 2∶3 的上下两段 .

(2)高 $AD=10$.

22. 已知 a，b 为非零实数 . 则能确定$\frac{a}{b}$的值 .

(1)a，x，b，$2x$ 成等差数列 .

(2)a，x，b，x^2 成等比数列 .

23. 纸箱里有编号为 1 到 9 的 9 个完全相同的球 . 则 $P=\frac{1}{21}$.

(1)不放回地随机取 9 次，每次取 1 个球，所有的偶数球被连续取出的概率为 P.

(2)有放回地随机取 3 次，每次取 1 个球，偶数球取出的次数大于奇数球的次数的概率为 P.

24. 某篮球队与另一支队伍进行比赛，采取五局三胜制，且这支篮球队每场获胜的概率均为$\frac{1}{3}$. 则 $P=\frac{19}{243}$.

(1)这支篮球队五场比赛中连胜 3 场的概率为 P.

(2)这支篮球队连胜三场的概率为 P.

25. 某校会计专业有一班、二班、三班共 3 个班，在期末考试中，已知一、二、三班每个班的平均成绩 . 则能确定该校会计专业的平均成绩 .

(1)已知一班、二班、三班的男生人数之比为 8∶5∶4.

(2)已知一班、二班、三班的女生人数之比为 7∶6∶3.

三、逻辑推理：第 26～55 小题，每小题 2 分，共 60 分。下列每题给出的(A)、(B)、(C)、(D)、(E)五个选项中，只有一项是符合试题要求的。请在答题卡上将所选项的字母涂黑。

26. 只有树立“大食物观”，从更好地满足人民美好生活的需要出发，掌握人民群众食物结构变化趋势，才能在确保粮食供给的同时，保障肉类、蔬菜、水果、水产品等各类食物有效供给。如果要把“大食物观”落实好，就要持之以恒，久久为功。

根据以上陈述，可以得出以下哪项结论？

(A)如果能够保障肉类、蔬菜、水果、水产品等各类食物有效供给，就能树立“大食物观”。

(B)如果能够持之以恒地研究饮食结构观念的转变，发展和积累食品技术，就能真正地落实“大食物观”。

(C)如果能确保粮食供给且保障肉类、蔬菜、水果、水产品等各类食物有效供给，一定树立了“大食物观”。

(D)如果没有树立“大食物观”，那么一定没有确保粮食供给。

(E)如果能做到持之以恒，久久为功，就一定能落实好“大食物观”。

27. 最新研究发现，脑内一种名为 SIRT1 的基因，会在人的丘脑部位指导合成相应的蛋白质。SIRT1 基因会随年龄增长而弱化，它指导合成的蛋白质也逐渐减少。因此研究人员推测，该基因会导致中年发福。

以下哪项是上述推测所依赖的假设？

(A)已有动物实验显示，人为增强 SIRT1 基因的功能可以减少实验对象的食欲，同时增加热量消耗。

(B)年龄越大的人，SIRT1 基因突变的概率越高，突变会使该基因逐渐失去指导蛋白质合成的功能。

(C)丘脑与控制体重有关，丘脑中相应的蛋白质合成得越多，越能有效遏制体重的上升。

(D)SIRT1 基因存在于许多组织器官中，只有存在于丘脑中的基因才能影响机体蛋白质的合成。

(E)与 SIRT1 基因亲缘关系极为相近的 SIRT2 基因同样会导致人发福。

28. 甲、乙、丙、丁四位“五道口金融学院”的新生欲在微观货币银行学、宏观货币银行学、货币银行学、国际金融学、高级财务管理、大数据会计这六门课程中选修，每人至少选择一门课程，每门课程只有一个人选择，并且还已知：

(1)甲由于要参加 CFA 考试，只选择一门课程。

(2)如果丙选择了微观货币银行学，那么丁仅选择宏观货币银行学和货币银行学。

(3)乙或者不选择国际金融学，或者不选择高级财务管理。

(4)如果丙不只选择微观货币银行学，那么乙选择宏观货币银行学和微观货币银行学。

以下哪门学科可能是甲选择的？

(A)宏观货币银行学。　(B)微观货币银行学。　(C)高级财务管理。

(D)大数据会计。　(E)货币银行学。

29. 研究人员以某大型科技公司办公区为观察对象，探索工作场所各方面因素对员工工作效率的影响。研究者发现，与坐在墙旁的人相比，位置靠窗的员工工作效率更高，精力更集中，座位面对整个房间，且视线范围内的办公桌相对较少的员工更加专注和高效。研究人员认为，办公室布局会影响员工的工作专注力和工作效率。

以下各项如果为真，哪项不能支持研究者的结论？

(A)自然光可调节人的生物节律，位置靠窗的员工更多接受自然光照射，上班时精力更加充沛。

(B)优秀的员工对于工位有更多的选择权，而新入职的员工往往被安排在靠墙或门口位置。

(C)如果员工视线范围内可以看到很多同事，会很容易分心，而且容易被别的同事之间的沟通所打扰。

(D)办公室空气污染比户外严重，远离窗户的员工更容易因空气污染而头疼疲倦，影响办公效率。

(E)位置靠门口的员工更容易被路过的同事打扰，难以专心工作。

30. 甲、乙、丙、丁作为四个嫌疑犯被警方拘捕。四人供词如下：

甲："我没有犯罪"。

乙："如果我是罪犯，那么甲也是罪犯"。

丙："如果乙是罪犯，那么我就没有犯罪"。

丁："我们之中肯定有人犯罪，但不是我"。

已知上面四句供词仅有一句为真，则以下哪项为真？

(A)甲、乙、丙、丁都是罪犯。

(B)乙、丙、丁都是罪犯，甲不是罪犯。

(C)甲、乙、丙、丁都不是罪犯。

(D)不能确定甲是不是罪犯。

(E)甲、乙、丙、丁都不能确定是否是罪犯。

31. 人类的视觉功能包括察觉物体存在、分辨物体细节、觉察物体色彩、从视觉背景中分辨视觉对象的能力等。一项研究测查了 133 名年龄 25～45 岁的志愿者，其中 63 人每天吸烟超过 20 支，另外 70 人是非吸烟者。研究者测试了志愿者辨别对比度(阴影的细微差别)和颜色的能力，发现与非吸烟者相比，过量吸烟者辨别对比度和颜色的能力明显降低，或多或少有色盲或色弱的表现，红绿色和蓝黄色视觉存在缺陷。研究者提出，吸烟会损害视觉功能。

以下各项如果为真，哪一项最能支持研究者的观点？

(A)调取的体检资料显示，这些志愿者小学毕业时视力指标均正常。

(B)测量显示，所有志愿者的视力或矫正视力，即人眼辨认细节的能力正常。

(C)调查发现，长期吸烟会导致与年龄相关的视网膜黄斑变性的风险成倍增加。

(D)该研究被试志愿者中，长期吸烟的群体的年龄明显大于不吸烟的群体。

(E)有专家指出，吸烟对于视觉功能的损害是不可逆的。

32. 地质研究所的甲、乙、丙、丁、戊五位研究员将前往京州、绿藤、东川、汉东四个地区进行地质考察，每人只去一个城市，每个城市至少去一人。已知：

(1)若甲或乙至少有一人去京州，则丁去汉东并且戊不去汉东。

(2)若乙去京州或丁去汉东，则戊去汉东而甲不去东川。

(3)若丁、戊不都去汉东，则甲去京州。

根据以上信息，可以得出以下哪项？

(A)甲去绿藤，戊去京州。　　(B)丁去京州，戊去汉东。

(C)丙去京州，丁去绿藤。　　(D)乙去东川，丙去京州。

(E)甲去绿藤，乙去京州。

33. 近日，研究人员利用胡萝卜渣以及蔬菜渣成功生产出了经济实惠的原纤化纤维素纳米纤维，并用其制备成了一种特殊的喷雾，结果证实，这种喷雾可以在果蔬表面形成保护性纤维涂层，将果蔬的保质期延长 7 天。研究人员认为，这种喷雾有望成为食物保鲜的重要材料。

以下哪项如果为真，最能支持上述研究者的观点？

(A)利用胡萝卜渣中提取的原纤化纤维素制备而成的生物塑料可以轻松被土壤中的细菌和真菌降解。

(B)胡萝卜年产量可达 4 500 万吨，其中大部分被用于榨汁，而榨汁剩下的胡萝卜渣中含有 80%的纤维素。

(C)用胡萝卜渣以及蔬菜渣制备原纤化纤维素纳米纤维时，无论胡萝卜渣及蔬菜渣是否新鲜，均不会影响原纤化纤维素纳米纤维的性能。

(D)使用漂白预处理可以成功去除胡萝卜渣中的木质素和其他残留物，显著降低纤维化所需的能量，且不会影响原纤化纤维素纳米纤维的质量。

(E)利用胡萝卜渣以及蔬菜渣制备的原纤化纤维素纳米纤维的工艺和原料成本比较低。

34. 永久型赛马场的休闲用骑乘设施每年都要拆卸一次，供独立顾问们进行安全检查。流动型赛马场每个月迁移一次，所以可以在长达几年的时间里逃过安全检查及独立检查。因此，在流动型赛马场骑马比在永久型赛马场骑马更加危险。

下列关于流动型赛马场的陈述如果是正确的，则哪一项最能削弱上面的论述？

(A)在每次迁移前，管理员们都拆卸其骑乘设施，检查并修复潜在的危险源，如磨损的滚珠轴承。

(B)它们的经理们拥有的用于安全方面及维护骑乘设施的资金要少于永久型赛马场的经理们。

(C)由于它们可用迁移以寻找新的顾客，建立安全方面的良好信誉对于他们而言不是特别重要。

(D)在它们迁移时，赛马场无法接收到来自它们的骑乘设施生产商的设备回收通知。

(E)骑乘设施的管理员们经常忽视骑乘设施管理的操作指南。

35. 近年来，各高校“人才引进”策略进入白热化阶段。现有甲、乙、丙、丁、戊、己、庚、辛、壬 9 名顶尖人才准备加入“南山大学”“北清大学”“西京大学”。每所大学至少有两名人才选择，每位人才只能选择一所大学。已知：

(1)若甲、丙、壬中至少一人选择“南山大学”，则辛、庚、甲 3 人均选择“西京大学”。

(2)如果甲、丁中至少有一人选择“西京大学”或者“北清大学”，则选择“南山大学”的是乙、丙、戊、己。

根据上述信息，以下哪项必然为假？

(A)乙、丁、庚选择的大学互不相同。

(B)丙、戊并非不都选择“南山大学”。

(C)丁、庚、辛至少两人选择同一所大学。

(D)乙、丙选择同一所大学。

(E)甲、壬、丁选择同一所大学。

36. 数据显示目前青年就业压力大的问题仍然比较突出。如果行业市场主体吸纳就业能力下降，那么青年群体面临的就业压力就会增加，并且出现人岗匹配度不高等问题。只有各地区各部门推出相关政策措施，才能为高校毕业生等青年群体创造更多就业机会。

根据上述陈述，可以得出以下哪项？

(A)若各地区各部门推出相关政策措施，就可以为高校毕业生等青年群体创造更多就业机会。

(B)除非出现人岗匹配度不高等问题，否则行业市场主体吸纳就业能力下降。

(C)若青年群体面临的就业压力增加，则行业市场主体吸纳就业能力一定下降。

(D)如果为高校毕业生等青年群体创造更多就业机会，则行业市场主体吸纳就业能力就不会下降。

(E)若各地区各部门推出相关政策措施，就能够解决青年就业压力问题。

37. 如果部分地区最高气温达到 40℃以上，那么就要停止户外露天作业。只有气象局发布高温预警或者有关部门和单位按照职责采取防暑降温应急措施，才能说明部分地区最高气温达到 40℃以上。事实是没有停止户外露天作业。

如果上述内容为真，则以下哪项一定为真？

Ⅰ. 并非部分地区的最高气温达到 40℃以上。

Ⅱ. 气象局没有发布高温预警。

Ⅲ. 有关部门和单位没有按照职责采取防暑降温应急措施。

(A)只有Ⅰ。

(B)只有Ⅱ。

(C)只有Ⅲ。

(D)只有Ⅰ和Ⅱ。

(E)Ⅰ、Ⅱ和Ⅲ。

38. 去年全国居民消费物价指数(CPI)仅上涨1.8%，属于温和型上涨。然而，老百姓的切身感受却截然不同，觉得水电煤气、蔬菜粮油、上学看病、坐车买房，样样都在涨价，涨幅一点也不“温和”。

下面哪一个选项无助于解释题干中统计数据与老百姓感受之间的差距?

(A)我国目前的CPI统计范围及标准是20多年前制定的，难以真实反映当前整个消费物价的走势。

(B)国家统计局公布的CPI是对全国各地、各类商品和服务价格的整体情况的数据描述，无法充分反映个体感受和地区与消费层次的差异。

(C)与老百姓生活关联度高的产品，涨价幅度大。

(D)高收入群体对物价的小幅上涨没有什么感觉。

(E)与老百姓生活关联度低的产品，跌价的居多。

39. 某单位准备从甲、乙、丙、丁、戊、己六人中择优录取数名技术人员，录用情况符合如下条件:

(1)丙和丁恰有一人被录取。

(2)甲和乙至少有一人被录取。

(3)甲和丁恰有一人被录取。

(4)录取乙当且仅当录用丙。

(5)甲、戊、己中恰有两人被录用。

根据上述信息，可以推出最终录用的人数为:

(A)2。　(B)3。　(C)4。　(D)5。　(E)6。

40. 一些环保主义者是热爱旅游的人，所有的环保企业代表都支持减少风景区开发，所有热爱旅游的人都反对减少风景区开发。

由此可以得出以下哪项?

(A)所有环保主义者都反对减少风景区开发。

(B)所有的环保企业代表都不热爱旅游。

(C)一些热爱旅游的人支持加大风景区开发。

(D)一些环保主义者支持减少风景区开发。

(E)一些环保企业代表热爱旅游。

41～42题基于以下题干:

某大型商店有茶叶、水果、糕点、调味品、日用品、饮品6类商品出售。某日，赵嘉、钱宜、孙斌三人前往购物，每个人只购买2～3类商品，只有一个人购买日用品，且这个人没有购买水果，且还已知:

(1)不购买糕点，否则购买茶叶。

(2)钱宜购买的商品，赵嘉也购买。

(3)除非孙斌购买日用品，否则钱宜购买日用品。

(4)只要钱宜购买调味品，就要购买日用品。

41. 如果只有一个人购买水果，那么可以得出以下哪项？

(A)钱宜购买水果。 (B)钱宜购买调味品。 (C)孙斌购买茶叶。

(D)赵嘉购买糕点。 (E)赵嘉购买水果。

42. 如果三个人都购买 3 个品种的商品，那么可以得出以下哪项？

(A)钱宜购买水果。 (B)钱宜购买饮品。 (C)赵嘉购买糕点。

(D)赵嘉购买茶叶。 (E)孙斌购买糕点。

43. 饱和脂肪酸会增加高血脂以及心血管疾病风险。饱和脂肪酸多存在于奶油、黄油、奶酪、猪牛羊肉和动物油中，如果有高血脂困扰，一定要尽量少吃这些食物。反式脂肪酸是一种人体非必需的脂肪酸，对心血管的危害比饱和脂肪高 2.5～10 倍。除非每天来自反式脂肪酸的能量不超过食物总能量的 1%，否则就会摄入太多反式脂肪酸。

根据以上陈述，可以得出以下哪项？

(A)如果少吃含饱和脂肪酸的食物，那么一定能免除高血脂困扰。

(B)只有每天来自反式脂肪酸的能量不超过食物总能量的 1%，才没有摄入太多反式脂肪酸。

(C)如果摄入太多反式脂肪酸，那么每天来自反式脂肪酸的能量一定超过食物总能量的 1%。

(D)如果有高血脂困扰，那么不能摄入太多反式脂肪酸。

(E)摄入其他类型的反式脂肪酸也会增加高血脂的风险。

44. 数字干预疗法需要患者登录一个软件或网站，进行阅读、观看。研究人员对 83 项测试数字干预疗法治疗抑郁症的研究进行分析，共涉及 1.5 万名参与者，研究人员发现与对照组相比，数字干预疗法减轻了患者的抑郁症状。因此，研究人员认为日常浏览电脑和智能手机等智能产品可以减轻抑郁症状。

以下哪项如果为真，最能削弱上述观点？

(A)1.5 万名参加随机对照实验的人员中有 80%是成年人，69.5%是女性。

(B)数字干预疗法为新冠疫情下日益增多的心理健康需求者提供了替代方案。

(C)目前尚不清楚数字干预疗法是否与面对面的心理疗法一样有效果。

(D)日常浏览智能产品主要是为了工作和休闲，无法进行专业的心理干预。

(E)日常浏览电脑和智能手机对于一些没有智能设备的老年人来说是一件难事。

45～46 题基于以下题干：

纽约时装周一件礼服的制作可能涉及 9 种原料，其中，包括 3 种棉 X、Y、Z，3 种麻 L、M、N，以及 3 种毛 U、V、W。每一种可行的方案都恰好包括其中的 5 种原料，这 5 种原料的选择必须符合以下要求：

(1)如果选用两种棉，则余下的另一种棉不能被选用。

(2)有且只有一种麻被选用。

(3)如果 N 不被选用，则 X 也不被选用。

(4)如果选用 W，则不选用 X。

(5)如果选用 M 和 U，则不选用 Y。

(6)V 不被选用，除非 Z 和 L 都被选用。

45. 如果选用 Y，则以下哪两种原料可能被选用？

(A)V、L。 (B)M、V。 (C)X、M。 (D)X、L。 (E)以上都不对。

46. 以下哪项列出的 3 种原料可以共同被选用？

(A)X、L、U。 (B)X、N、W。 (C)Y、M、V。

(D)Y、V、W。 (E)以上都不可能。

47. 为了应对北方夏季的一场罕见干旱，某市对居民用水量严格限制。不过，该市目前的水库蓄水量与 8 年前该市干旱期间的蓄水量持平。既然当时居民用水量并未受到限制，那么现在也不应该受到限制。

如果以下陈述为真，则哪一项将最严重地削弱上述主张？

(A)自上次干旱以来，该市并没有建造新的水库。

(B)自上次干旱以来，该市总人口有了极大的增长。

(C)居民用水量占总用水量的 50%还多。

(D)按计划，对居民用水量的限制在整个夏天仅仅持续两个月。

(E)自上次干旱以来，居民节约用水的意识逐渐增强。

48. 按照我国城市当前水消费量来计算，如果每吨水增收 5 分钱的水费，则每年可增加 25 亿元收入。这显然是解决自来水公司年年亏损问题的好办法。这样做还可以减少消费者对水的需求，养成节约用水的良好习惯，从而保护我国非常短缺的水资源。

以下哪一项最为清楚地指出了上述论证中的错误？

(A)作者引用了无关的数据和材料。

(B)作者所依据的我国城市当前水消费量的数据不准确。

(C)作者作出了相互矛盾的假定。

(D)作者错把结果当成了原因。

(E)作者的论证无逻辑错误。

49～50 题基于以下题干：

某高校甲、乙、丙、丁、戊五位学生为了准备毕业后的工作，准备分别参加华为、小米、荣耀、字节跳动、京东等公司举办的社招，每位学生只去一个公司，并且每个公司的社招只有一个人参加。已知：

(1)如果甲去华为参加社招，乙就去京东参加社招。

(2)只有丙去字节跳动参加社招，丁才去荣耀参加社招。

(3)或者乙去京东参加社招，或者戊去字节跳动参加社招。

(4)去京东社招的同学临行前曾与乙、丁告别。

49. 根据以上信息，可以得出以下哪项？

(A)甲不去京东。　　(B)乙不去小米。　　(C)丙不去华为。

(D)丁不去荣耀。　　(E)戊不去字节跳动。

50. 如果丙去小米，则可以得出以下哪项？

(A)戊去华为。　　(B)乙去字节跳动。　　(C)丁去京东。

(D)戊去荣耀。　　(E)甲去京东。

51. 在两个试验大棚内种上相同数量的茄子苗，只给第一个大棚施加肥料甲，但不给第二个大棚施加。第一个大棚产出 1 200 公斤茄子，第二个大棚产出 900 公斤茄子。除了水以外，没有向这两个大棚施加任何其他东西，故必定是肥料甲导致了第一个大棚有较高的茄子产量。

如果以下陈述为真，则哪一项最严重地削弱了上面的论证？

(A)少量的肥料甲从第一个大棚渗入第二个大棚。

(B)在两个大棚中种植了相同品种的茄子苗。

(C)两个大棚的土质和日照量有所不同。

(D)第三个大棚施加肥料乙，没有施加肥料甲，产出 1 000 公斤茄子。

(E)第一个大棚用的肥料是过期肥料。

52. 乐学喵办公的五位老师分别来自不同的省份。并且满足以下条件：

(1)如果小马来自山东，那么小王不来自北京。

(2)或者老罗来自山东，或者小马来自山东。

(3)如果小王不来自北京，那么小张不来自上海。

(4)或者小张来自上海，或者老吕不来自深圳。

以下选项如果为真，可以得出“老罗来自山东”的结论？

(A)小王不来自北京。　　(B)小马来自山东。　　(C)老吕来自深圳。

(D)小张不来自上海。　　(E)无法确定。

53. 蛋黄含有较多的胆固醇，有的人害怕胆固醇高，不敢吃蛋黄。近期一篇涉及50万中国人、随访时长近9年的研究报告提出，每天吃鸡蛋的人比起那些基本不吃鸡蛋的人，患心血管疾病的风险降低11%，患心血管疾病的死亡风险降低18%，尤其是出血性中风风险降低了26%，相应的死亡风险则降低了28%。考虑到脑中风是我国居民第一大死因，研究者提出，每天吃一个鸡蛋有利于心血管健康。

以下各项如果为真，哪项最能支持研究者的观点?

(A)来自日本的一项涉及4万人的追踪研究中，每天吃鸡蛋的人比起不吃鸡蛋的人，死亡率降低了30%。

(B)鸡蛋的营养十分丰富，钙、磷、铁、维生素A、维生素B的含量都比较高。

(C)食物摄入胆固醇并不等于血胆固醇水平，且鸡蛋中含有的卵磷脂能有效阻止胆固醇和脂肪在血管壁上的沉积。

(D)每天吃鸡蛋的人，教育水平和家庭收入都更高，饮食更加健康，生活更自律，更有可能补充维生素。

(E)经常性吃鸡蛋有利于增加人体的肌肉。

54～55题基于以下题干:

某高校研究生宿舍的甲、乙、丙、丁、戊准备校招，她们都将在普华永道、毕马威、德勤、安永中进行选择，每个公司都有3人投递简历，甲和乙投递的公司都不相同。已知:

(1)若乙或丙至少一人投递了安永，则乙和丙均投递了普华永道。

(2)若丁投递了安永，则丙、丁和戊3人均投递了德勤。

(3)若甲、乙和丙3人中至少有2人投递了普华永道，则她们都投递了毕马威。

54. 根据上述信息，可以得出哪项?

(A)甲没有投递德勤。

(B)乙没有投递毕马威。

(C)丙没有投递普华永道。

(D)丁没有投递安永。

(E)戊没有投递德勤。

55. 若丁、戊投递的简历数不相同，则以下哪项一定为真?

(A)甲投递了毕马威。

(B)乙投递了普华永道。

(C)丙投递了毕马威。

(D)丁投递了4份简历。

(E)戊投递了4份简历。

四、写作：第 56～57 小题，共 65 分。其中论证有效性分析 30 分，论说文 35 分。请答在答题纸相应的位置上。

56. 论证有效性分析：分析下述论证中存在的缺陷和漏洞，选择若干要点，写一篇 600 字左右的文章，对该论证的有效性进行分析和评论。（论证有效性分析的一般要点是：概念特别是核心概念的界定和使用是否准确并前后一致，有无各种明显的逻辑错误，论证的论据是否成立并支持结论，结论成立的条件是否充分等。）

俗话说："中午不睡，下午崩溃。"尤其是晚上经常熬夜的人，抽空打个盹儿，就当是续命了。但最近，某专家的研究结论表明，打盹的作用其实不大。

首先，熬夜的人常常希望用短短几十分钟的打盹来使脑子恢复清醒。研究报告表明：打盹期间慢波睡眠每增加 30 分钟，在复杂的多任务测试中，错误率将降低 4% 左右。但 4% 的实验结果属实有点微不足道，对在现实生活中熬夜的人其实并没有什么影响，因此，熬夜的人根本没必要浪费几十分钟时间去打盹。

另外，熬夜不就是因为工作吗？在需要"连续作战"的日子里，打个盹反而是更难受的，因为在高强度的工作下需要赶时间，睡觉的人会调闹钟防止睡死过去，醒来后身体反而会更累，浑身难受。因此，这个盹除了让脑子暂时休息、回过神来，并无他用，真正要身体恢复熬夜前的状态其实需要半个月时间，甚至更长。就这么看，打盹补觉其实还不如多喝点咖啡、红牛来持续续航呢。

最后，熬夜会导致人体免疫力低下，出现失眠、烦躁、焦虑、记忆力减退等症状，还容易患上心脑血管或高血压等慢性疾病。而打盹一般都是通过白天完成的，但是在白天，由于气血流注的经脉已经到达了脾、胃、肺、大肠等脏腑，虽然内脏得到了一定休养，但是相比于子时和丑时的睡眠来说，打盹的作用聊胜于无。因此，熬夜的伤害是不可逆的，打盹并没有用。

57. 论说文：根据下述材料，写一篇 700 字左右的论说文，题目自拟。

亡羊补牢出自《战国策·楚策四》，意思是羊逃跑了再去修补羊圈，还不算晚。未雨绸缪出自《诗经·豳风·鸱鸮》，意思是趁着天没下雨，先修缮房屋门窗。对于亡羊补牢和未雨绸缪，你的看法是什么？

答案速查

题型		题号	答案
一	问题求解	1～5	(B) (D) (B) (A) (B)
		6～10	(D) (B) (C) (C) (C)
		11～15	(D) (A) (E) (A) (A)
二	条件充分性判断	16～20	(E) (C) (D) (B) (A)
		21～25	(D) (A) (A) (B) (E)
三	逻辑推理	26～30	(C) (C) (C) (B) (D)
		31～35	(B) (D) (C) (A) (E)
		36～40	(B) (A) (D) (C) (B)
		41～45	(E) (D) (B) (D) (A)
		46～50	(D) (B) (C) (D) (E)
		51～55	(C) (C) (C) (A) (C)
四	写作	56. 略 57. 略	

绝密★启用前

全国硕士研究生招生考试
管理类综合能力试题 6

（科目代码：199）

考试时间：8：30—11：30

考生注意事项

1. 答题前，考生须在试题册指定位置上填写考生姓名和考生编号；在答题卡指定位置上填写报考单位、考生姓名和考生编号，并涂写考生编号信息点。
2. 选择题的答案必须涂写在答题卡相应题号的选项上，非选择题的答案必须书写在答题卡指定位置的边框区域内。超出答题区域书写的答案无效；在草稿纸、试题册上答题无效。
3. 填(书)写部分必须使用黑色字迹签字笔或者钢笔书写，字迹工整、笔迹清楚；涂写部分必须使用 2B 铅笔填涂。
4. 考试结束，将答题卡和试题册按规定交回。

考生编号															
考生姓名															

一、问题求解：第 1～15 小题，每小题 3 分，共 45 分。下列每题给出的(A)、(B)、(C)、(D)、(E)五个选项中，只有一项是符合试题要求的。请在答题卡上将所选项的字母涂黑。

1. 有一批工人完成某项工程，已知每人的工作效率相同，如果增加 8 个人，则 10 天就能完成；如果增加 3 个人，就要 20 天才能完成．现在只能增加 2 个人，那么完成这项工程需要(　　)天．

(A)25　　(B)20　　(C)30　　(D)35　　(E)28

2. 要把 1 米长的优质钢管锯成长 38 毫米和长 90 毫米两种规格的小钢管，每锯一次都要损耗 1 毫米的钢管，那么将其锯成(　　)段时，所损耗的钢管才能最少．

(A)15　　(B)16　　(C)19　　(D)20　　(E)23

3. 已知 $a^2+b^2+c^2=100$，则 $(a+b)^2+(b+c)^2+(a+c)^2$ 的最大值是(　　)．

(A)100　　(B)200　　(C)300　　(D)400　　(E)500

4. 把一张铁皮按如图剪料，正好能制成一只铁皮油桶，则所制油桶的容积为(　　)升($\pi\approx3.14$)．

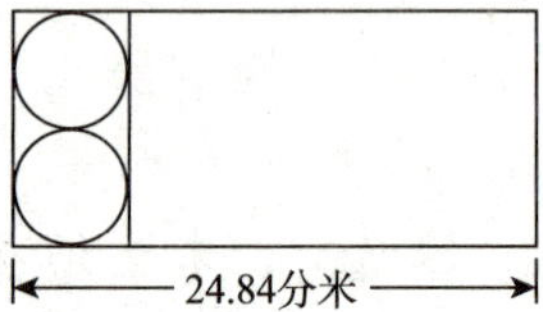

(A)226.08　　(B)339.12　　(C)169.56

(D)113.04　　(E)678.24

5. 某人 5 次上班途中所花的时间(单位：min)分别为 x，y，10，11，9. 已知这组数据的平均数为 10，方差为 2，则 $|x-y|=$(　　)．

(A)1　　(B)2　　(C)3　　(D)4　　(E)5

6. 已知二次函数 $y=x^2-2mx$(m 为常数)，当 $-1\leqslant x\leqslant 2$ 时，函数的最小值为 -2，则 m 的值是(　　)．

(A)$\frac{3}{2}$　　(B)$\sqrt{2}$　　(C)$-\frac{3}{2}$或$\sqrt{2}$　　(D)$\frac{3}{2}$或$\sqrt{2}$　　(E)$\frac{3}{2}$或$-\sqrt{2}$

7. 甲、乙两名同学同时同地同向出发，在 400 米长的圆形操场上跑步，甲同学开始的速度为 8 米/秒，乙同学为 1 米/秒，每当甲同学追上乙同学一次，甲同学的速度就降低$\frac{1}{3}$，乙同学的速度就增加$\frac{1}{3}$，则当甲、乙两名同学速度相等时，甲同学比乙同学多跑(　　)米．

(A)400　　(B)800　　(C)1 000　　(D)1 200　　(E)1 600

8. 现有一个正数，其小数部分、整数部分和其自身依次成等比数列，则该正数是(　　)．

(A)$\frac{\sqrt{5}-1}{2}$　　(B)$\frac{\sqrt{5}+1}{2}$　　(C)$\sqrt{5}-1$　　(D)$\sqrt{5}+1$　　(E)$2\sqrt{5}-2$

9. 为加快新冠病毒检测效率，某检测机构采取“10 合 1”检测法，即将 10 个人的拭子样本合并检测．现对来自重点管控区的 100 人进行核酸检测，若有 2 人感染病毒，则在“10 合 1”随机检测中，这两名感染患者在同一组的概率为（　　）.

(A)$\frac{9}{100}$　　(B)$\frac{9}{110}$　　(C)$\frac{1}{110}$　　(D)$\frac{1}{10}$　　(E)$\frac{1}{11}$

10. 如图所示，在△ABC 中，点 D 为△ABC 的内心，$\angle A=60^\circ$，$CD=2$，$BD=4$，则△DBC 的面积为（　　）.

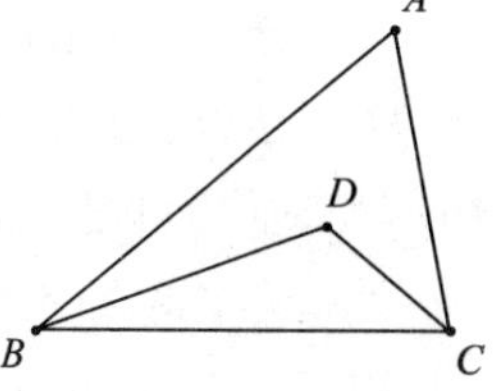

(A)$4\sqrt{3}$　　(B)$2\sqrt{3}$　　(C)2

(D)4　　(E)6

11. 3 名男生和 6 名女生分成三组去三个不同的地点做志愿者，要求每组要有 1 名男生和 2 名女生，则不同的分配方法有（　　）种．

(A)90　　(B)360　　(C)540　　(D)580　　(E)640

12. 正整数 X 分解质因数可写成 $X=2^m\times3^n$，m，n 均为自然数．若 X 的二分之一是完全平方数，X 的三分之一是完全立方数，那么 $m+n$ 的最小值为（　　）.

(A)5　　(B)6　　(C)7　　(D)8　　(E)9

13. 某校组织同学们为灾区捐款，小张对捐款情况进行抽样调查，抽取 40 名同学的捐款数据，将数据进行分组后绘制了频数分布直方图．图中从左至右长方形的长度之比为3∶4∶5∶7∶1，若该校捐款金额不少于 34 500 元，则捐款人数至少为（　　）.

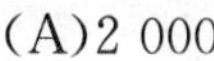

(A)2 000　　(B)2 100

(C)2 200　　(D)2 300

(E)2 400

14. 某校举办知识竞赛，已知有 15 个参赛名额分配给甲、乙、丙、丁四支参赛队伍，其中一支队伍分配有 7 个名额，余下三支队伍都有参赛名额，则这四支队伍的名额分配方案有（　　）种．

(A)84　　(B)56　　(C)120　　(D)72　　(E)36

15. 已知等腰梯形 $ABCD$ 中，$AB\parallel CD$，对角线 AC，BD 相交于 O 点，$\angle ABD=30^\circ$，$AC\perp BC$，$AB=8$，则△COD 的面积为（　　）.

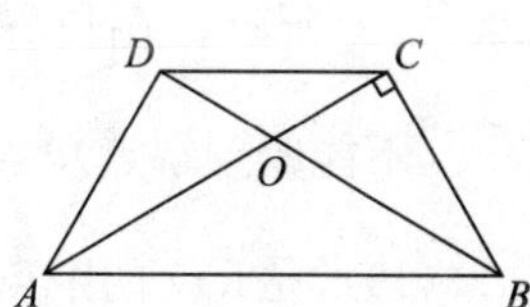

(A)$\frac{4\sqrt{3}}{3}$　　(B)$\frac{4}{3}$　　(C)$\frac{2\sqrt{3}}{3}$

(D)$\frac{2}{3}$　　(E)$\frac{1}{3}$

二、条件充分性判断：第 16～25 小题，每小题 3 分，共 30 分。要求判断每题给出的条件(1)和条件(2)能否充分支持题干所陈述的结论。(A)、(B)、(C)、(D)、(E)五个选项为判断结果，选择一项符合试题要求的判断，在答题卡上将所选项的字母涂黑。

(A)条件(1)充分，但条件(2)不充分.

(B)条件(2)充分，但条件(1)不充分.

(C)条件(1)和条件(2)单独都不充分，但条件(1)和条件(2)联合起来充分.

(D)条件(1)充分，条件(2)也充分.

(E)条件(1)和条件(2)单独都不充分，条件(1)和条件(2)联合起来也不充分.

16. 甲商品原价是乙商品原价的 1.5 倍，现乙商品提价的百分数是甲商品降价百分数的 2 倍.调价后，甲、乙商品单价之和比原单价之和提高了 2%.

(1)甲商品降价 10%.

(2)乙商品提价 20%.

17. 某气象站天气预报的准确率是 80%. 则 $P=\dfrac{112}{125}$.

(1)3 次预报中恰有 2 次预报准确的概率为 P.

(2)3 次预报中至少有 2 次预报准确的概率为 P.

18. 已知 m，n 均为实数，且 $m^2+n^2=4mn$. 则有$\dfrac{m+n}{m-n}=\sqrt{3}$.

(1)$m<n<0$.

(2)$m>n>0$.

19. 已知二次函数 $f(x)=ax^2+bx+c$. 则可以确定 $b+c$ 的最大值.

(1)已知 $f(x)$过点$(-1，4)$和点$(2，1)$.

(2)$f(x)$与 x 轴有两个不同的交点且 a 为正整数.

20. 如图所示，在长方形 $ABCD$ 中，E，F 分别是 BC，CD 上的点(不能取到端点). 则阴影部分面积 $S_{\text{四边形}DBEF}>\dfrac{1}{3}S_{\triangle BCD}$.

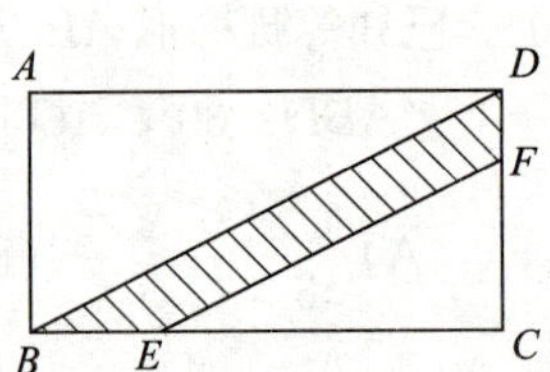

(1)F 是 CD 的中点.

(2)$BE=\dfrac{1}{3}BC$.

21. $x=(a_1+\cdots+a_{2\,022})(a_2+a_3+\cdots+a_{2\,023})$，$y=(a_1+\cdots+a_{2\,023})(a_2+a_3+\cdots+a_{2\,022})$. 则能确定 $x>y$.

(1)数列$\{a_n\}$的前 n 项和 $S_n=n^2+n$.

(2)$\{a_n\}$为等比数列.

22. 已知二次函数 $f(x)=ax^2+2ax+1$. 则能确定 a 的值.

(1)$f(x)$在$[-3, 2]$上的最大值是 4.

(2)$f(x)$在$[-3, 2]$上的最小值是-4.

23. 某次射击比赛采用积分制. 则可以确定该选手有 5 次射空.

(1)比赛规定射中一次积 8 分，射空一次扣 5 分.

(2)某选手射击 15 次共得了 55 分.

24. 已知一个正项等差数列的前 12 项和 S_{12}. 则能确定公差 d.

(1)已知前 12 项中偶数项之和与奇数项之和的比.

(2)已知 a_1.

25. 已知两个不同的圆都经过点(4，1). 则两个圆心之间的距离为 8.

(1)两个圆都与 x 轴相切.

(2)两个圆都与 y 轴相切.

三、逻辑推理：第 26～55 小题，每小题 2 分，共 60 分。下列每题给出的(A)、(B)、(C)、(D)、(E)五个选项中，只有一项是符合试题要求的。请在答题卡上将所选项的字母涂黑。

26. 为全面建成小康社会，必须全面深化改革开放。只有依靠全面的法治保障，才能确保有效实施改革开放。不可能实现有效的依法治国，除非加强党的全面建设。有了党的全面建设同时确保党的坚强领导，就一定能进一步搞好经济建设。

根据以上陈述，可以得出以下哪项?

(A)要全面建成小康社会就一定能进一步搞好经济建设。

(B)要想加强党的建设，必须深化改革开放。

(C)没有党的坚强领导，不可能实现小康社会。

(D)要搞好经济建设，就一定是要加强党的全面建设。

(E)要全面建成小康社会就一定要全面深化改革开放。

27. 许多消费者对废弃包装对生态的影响表示关注。这种关注也许可以解释为什么商店快速购进以浓缩形式生产的新型清洁产品。这种浓缩形式产品包装于小的容器中，可以只用较少的塑料，并且只需要较少的运输空间。

如果下面哪一项正确，则最能削弱以上所提供的解释？

(A)除了出于对环境的保护，相对低廉的价格也是消费者选择浓缩型产品的一大原因。

(B)浓缩清洁产品的包装容器并不比常规清洁产品的包装容器更难回收。

(C)那些要稀释使用的浓缩清洁产品在标签上印制了清晰的稀释说明。

(D)几乎没有消费者相信浓缩清洁产品的容器仅仅是常规清洁产品的小包装。

(E)浓缩清洁产品的较小容器可以使得超市与药店增加他们来自特定货架空间的收入。

28. 彼尔是有名的作家，但一直被“吗啡瘾君子”的恶名缠身。最近人们对彼尔的信件进行了全面而精确的研究，发现在任何一封信中，他都没有提到过令他出名的吗啡瘾。这个研究可以证明，彼尔得到“吗啡瘾君子”的恶名是不恰当的，那些关于他的吗啡瘾的报道也是不真实的。

上文的论述作了下列哪一项假设？

(A)有关彼尔对吗啡上瘾的报道直到彼尔死后才广为流传。

(B)没有一项有关彼尔对吗啡上瘾的报道是由真正认识彼尔的人所提供的。

(C)彼尔的稿费不足以支付其吸食吗啡的费用。

(D)在吗啡的影响下，彼尔不可能写这么多的信件。

(E)彼尔不会因害怕后果而不敢在其信中提及对吗啡的嗜好。

29. 三位母亲张、王、李和三位儿子小明、小亮和小强在海滩上玩，已知以下的线索：

(1)张不是小明的妈妈，小明穿红色泳衣。

(2)小强在海滩上玩得相当愉快。

(3)王的儿子穿绿色泳衣。

(4)那个叫小亮的小男孩穿着橙色泳衣。

下面关于三位母亲和三个孩子的说法正确的一项是？

(A)穿橙色泳衣的孩子的妈妈是张。

(B)小明的妈妈是张或王。

(C)在海滩上玩得相当愉快的孩子的妈妈是张。

(D)李的儿子在海滩上玩得相当愉快。

(E)小亮的妈妈是李。

30. 如果爱因斯坦的相对论是正确的，那么，顺时运动的物体的时速不可能超过光速。但是，量子力学预测，基本粒子超子的时速超过光速。因此，如果相对论是正确的，那么，或者量子力学的这一预测是错误的，或者超子逆时运动(返回过去)。

上述推理方式和以下哪项最为类似?

(A)有语言学家认为，现代英语起源于古代欧洲的波罗英多语，这一看法不正确。英语更可能是起源于芬兰乌戈尔语，因为英语和诸多起源于乌戈尔语的现代语种都有相似之处。

(B)如果被告实施犯罪，那么他或者有明确动机，或者精神不正常，因为只有精神不正常的人的行为才没有明确动机。心理检测的结论是该被告的精神不正常，但证据说明，该被告的行为有明确动机。因为没有理由否定证据，所以，被告有罪。

(C)现代医学断定，如果人的大脑处于缺氧情况下，那么只能存活几分钟。令人惊奇的是，一个目击者声称，一个巫师被深埋地下一周后仍然活着。因此，如果现代医学的这一断定没有错，那么，或者目击者所说的不是事实，或者该巫师的大脑并没有完全缺氧。

(D)拥有一个国家的国籍，意味着就是这个国家的公民。有的国家允许本国公民有双重国籍，但中国的法律规定，中国公民不能拥有双重国籍。欧洲H国公民查尔斯拥有中国国籍。这说明中国有关双重国籍的法律没有得到严格实施。

(E)警察办案，或者基于逻辑推理，或者基于证据。友谊花小区发生的这起谋杀案，没有发现有效的证据，所以警察只能依据逻辑推理办案。

31～32 题基于以下题干：

甲、乙、丙、丁、戊五个人一起参加某“趣味知识竞赛”。所有试题均为判断题，若回答正确得1分，回答错误倒扣1分，不答则不得分也不扣分。五个人的得分依次分别为5、—1、3、0、4。五人的作答情况如下：

试题	第一题	第二题	第三题	第四题	第五题	第六题	第七题	第八题	第九题	第十题
甲	√	√	√	不答	×	√	×	×	√	×
乙	√	√	×	×	不答	×	√	√	×	×
丙	×	√	×	×	√	√	√	×	√	不答
丁	×	×	√	√	√	√	×	×	×	√
戊	√	√	×	√	×	×	×	√	√	×

31. 根据上述条件可得，丙和戊对的个数分别是几个?

(A)6 和 5。　(B)7 和 6。　(C)5 和 6。　(D)6 和 7。　(E)3 和 3。

32. 根据上述条件，以下哪项一定为真?

(A)第四题错误。　(B)第三题正确。　(C)第二题正确。

(D)第九题错误。　(E)第十题正确。

33. 武汉大学的学生中，所有喜欢喝茶的人都喜欢围棋，因此，有些学逻辑的人不喜欢喝茶。

为使上述论证成立，以下哪项关于武汉大学学生的断定是必须假设的？

(A)喜欢喝茶的都不学逻辑。

(B)喜欢围棋的都喜欢喝茶。

(C)学逻辑的都不喜欢围棋。

(D)有些学逻辑的不喜欢围棋。

(E)有些不喜欢围棋的不学逻辑。

34. 岸上见书店最近采购了一批考试用书，其中普通话考试书籍 300 种，考研书籍 200 种；彩印书籍 270 种，非彩印书籍 230 种。

根据以上数据，以下哪项都为真，除了：

(A)普通话考试彩印书籍的种类多于考研非彩印书籍的种类。

(B)普通话考试非彩印书籍种类多于考研彩印书籍种类。

(C)普通话考试彩印书籍最少 70 种。

(D)普通话考试非彩印书籍最少 100 种。

(E)考研彩印书籍最多 200 种。

35. 脊髓中受损伤的神经不能自然地再生，即使在神经生长刺激物的激发下也不能再生。人们最近发现其原因是脊髓中存在着神经生长抑制剂。现在已经开发出降低这种抑制剂活性的抗体。那么很清楚，在可以预见的将来，神经修复将会是一项标准的医疗程序。

以下哪项如果正确，则能对以上预测的准确性产生怀疑？

(A)防止受损神经的再生只不过是人体中抑制神经生长的物质的主要功能的一个副作用。

(B)某种神经生长刺激剂与那些减少神经生长抑制剂活性的抗体具有相似的化学结构。

(C)大脑中的神经在不能自然再生方面与脊髓中的神经相似。

(D)通过仅仅使用神经生长刺激剂，研究人员已经能够激发不在脊髓内的神经生长。

(E)在持续的时期内降低抑制神经生长的物质的活性，需要抗体的稳定供给。

36. 某国研究人员招募大学生被试进行情绪与大脑活动的研究，先让大学生读一些能够激发嫉妒和幸灾乐祸的情绪的故事，然后用功能磁共振成像仪对被试者的脑部血流变化进行测定，发现嫉妒情绪与大脑前扣带回皮层的活跃度有关，幸灾乐祸与大脑纹状体的活跃度有关，而且在产生嫉妒情绪时前扣带回皮层的活动越活跃的人，其纹状体的活跃程度就越高。

根据上述研究，最有可能得出以下哪项结论？

(A)大脑的功能变化可以证明，嫉妒和幸灾乐祸都是人之常情。

(B)喜欢嫉妒别人的人，大脑前扣带回皮层的功能要比其他人更强。

(C)那些爱嫉妒别人的人，更有可能在别人不顺利时幸灾乐祸。

(D)喜欢幸灾乐祸的人，大脑的纹状体活跃程度要比喜欢嫉妒的人更高。

(E)喜欢嫉妒的人，大脑前扣带回皮层的活跃程度要比喜欢幸灾乐祸的人更高。

37～38 基于以下题干：

在春秋中学的优秀教师评选大赛中，赵小红、钱小紫、孙小青、李小白、周小兰、吴小惠6位老师获得了2022年优秀教师的称号，6位获奖老师将依次上台参与领奖，已知：

(1)李小白必须在赵小红之前上台，并且中间只能隔着一个人。

(2)孙小青必须在钱小紫之前上台，并且中间只能隔着二个人。

37. 若周小兰第二个上台，则吴小惠第几个上台？

(A)2。 (B)3。 (C)4。 (D)5。 (E)6。

38. 若赵小红、钱小紫不是紧挨着先后上台，则可以得出以下哪项？

(A)赵小红在钱小紫之前上台。 (B)钱小紫在赵小红之前上台。

(C)赵小红在李小白之前上台。 (D)吴小惠在周小兰之前上台。

(E)赵小红在周小兰之前上台。

39. 某小学举办了一场经典诗文诵读大赛，主题为“诵读国学经典，弘扬传统文化”，共有7个节目参赛，分别为《木兰诗》《友善之花》《诚信诗歌》《和谐校园》《种子的梦》《放飞梦想》和《生命之美》，最后评委选择3个节目评选出金银铜奖，已知：

(1)如果《木兰诗》和《友善之花》至少选择一个，则《诚信诗歌》也需要选择。

(2)如果选择《诚信诗歌》，也要选择《和谐校园》。

(3)《种子的梦》和《放飞梦想》不能都选，也不能都不选。

(4)除非选择《木兰诗》，否则就要选择《和谐校园》。

根据以上信息，可以得出以下哪项？

(A)《种子的梦》和《友善之花》都会获奖。

(B)《和谐校园》和《放飞梦想》都不会获奖。

(C)《和谐校园》和《种子的梦》都会获奖。

(D)《木兰诗》和《友善之花》都不会获奖。

(E)《友善之花》和《生命之美》都会获奖。

40. Wi-Fi发射器会产生电磁辐射。有5名丹麦中学生将水芹种子分别放在有Wi-Fi发射器和无Wi-Fi发射器的房间里进行培育，12天后发现，无Wi-Fi发射器房间里的种子发芽率为95.4%，有Wi-Fi发射器房间里的种子发芽率为85.3%。很多人因此而担心Wi-Fi辐射会影响人体健康。但多位专家认为，上述实验并不严谨，不能根据该实验断定Wi-Fi辐射对人体有害。

在以下断言中，除哪项外，都能支持这些专家的观点？

(A)Wi-Fi辐射对人体的影响既与其频率有关，也与Wi-Fi发射器与人体的距离有关。

(B)应在同一房间保持其他条件不变，在有Wi-Fi发射器和无Wi-Fi发射器的情况下重复该实验。

(C)影响种子发芽的因素有很多，丹麦中学生的实验并不能排除其他因素的干扰。

(D)应该做动物实验来判断Wi-Fi辐射对人体的影响，而不仅仅是植物实验。

(E)植物的健康情况与人体的健康情况存在较大差异。

41. 在生物学、医学及其子科学的研究中，对从通常的生物学环境中分离出的生物体组织成分进行体外研究的实验称为体外实验；在活体生物机体之中进行研究的实验称为体内实验。

根据上述定义，下列属于体外实验的是：

(A)利用电子显微镜观察蜱虫的身体结构。

(B)在光学显微镜下观察枯草杆菌是否具有鞭毛。

(C)研究不同比例氮肥对玉米植株生长的影响。

(D)在试管中观察药剂与某溶液的化学反应。

(E)在培养皿中对卵子受精后观察受精卵的发育情况。

42. 男青年小张、小王和小李分别和女青年小赵、小陈和小高相爱。三对情侣分别养了狗、猫和鸟作为宠物。其中：

(1)小李不是小高的男友，也不是猫的主人。

(2)小赵不是小王的女友，也不是狗的主人。

(3)如果狗的主人是小王或小李，小高就是鸟的主人。

(4)如果小高是小张或小王的女友，小陈就不是狗的主人。

根据以上条件，以下哪项一定为真？

(A)小张和小陈是情侣。

(B)小高和小王是情侣。

(C)小高养的是猫。

(D)小王和小陈共同养狗。

(E)小李和小赵共同养鸟。

43. 一项研究发现，1970 年调查的孩子中有 70％曾经有过牙洞，而在 1985 年的调查中，仅有 50％的孩子曾经有过牙洞。研究者们由此得出结论：在 1970 到 1985 年这段时间内，孩子们患牙病的比率降低了。

下列哪一项如果为真，则最能削弱研究者们上面得出的结论？

(A)牙洞是孩子们可能得的最普通的一种牙病。

(B)被调查的孩子来自不同收入背景的家庭。

(C)被调查的孩子是从那些与这些研究者们进行合作的老师的学生中选取的。

(D)1970 年以来，发现牙洞的技术水平得到了突飞猛进的提高。

(E)平均来说，1985 年调查的孩子要比 1970 年调查的孩子的年龄要小。

44. 头部受伤是摩托车事故中最严重的伤。在使用纳税人的钱医治这类受伤者时，不戴头盔出事故的车手平均所花的医疗费用是戴头盔者的两倍。司法部门已经通过立法规定摩托车骑手必须佩戴头盔，以减少车祸和出事故时头部损伤的程度，从而节省纳税人的钱。所以，为了进一步减少类似的费用，其他地区司法部门也应通过要求摩托车骑手必须佩戴头盔的立法。同样的原因，司法部门也应当要求骑马的骑手佩戴头盔，因为与摩托车事故相比，骑马的骑手比骑摩托车的骑手更易于导致头部损伤。

以下哪项如果为真，最能支持题干的论证？

(A)因骑马而发生的事故所导致的头部损伤上的医疗费用是税收支出的一部分。

(B)在骑马发生的事故中导致严重脑损伤的比率较高是由于马和摩托车的大小不一样。

(C)用于治疗头部损伤的医疗费用高于治疗其他类型的损伤的费用。

(D)如果骑手佩戴头盔，可以避免大多数在骑马或骑摩托车发生事故时所造成的死亡。

(E)在决定是否应该通过一项要求骑马或骑摩托车的骑手戴头盔的立法时，司法部门考虑的首要问题应是公民的安全。

45～46 题基于以下题干：

某学校举办文艺大赛，共设歌唱、钢琴、二胡、吉他四个比赛项目。某班的赵、钱、孙、李、周、吴6人报名参加比赛。他们每人均参加了其中两个比赛项目，而每个比赛项目恰好有这6人中的3人参加。还知道以下情况：

(1)钱和吴都参加了钢琴比赛。

(2)如果赵参加歌唱比赛，则李参加钢琴比赛。

(3)只有周参加二胡比赛，赵才参加吉他比赛。

(4)钱和孙参加的比赛完全相同。

45. 根据以上条件，可推出以下哪项一定为真？

(A)钱参加歌唱比赛或二胡比赛。

(B)孙参加歌唱比赛或二胡比赛。

(C)李参加二胡比赛或吉他比赛。

(D)吴参加歌唱比赛或吉他比赛。

(E)周参加钢琴比赛或吉他比赛。

46. 如果李不参加歌唱比赛，则以下哪项一定为真？

(A)周参加歌唱比赛。

(B)吴参加歌唱比赛。

(C)如果吴参加吉他比赛，则周参加歌唱比赛。

(D)如果李参加二胡比赛，则吴参加歌唱比赛。

(E)周、吴均参加二胡比赛。

47. 一种部分可被生物分解的塑料饮料罐是将很小的塑料用玉蜀黍淀粉等黏合剂黏在一起而制造出来的。当黏合剂分解掉时，会留下细小的塑料。因此，这些饮料罐将来被丢弃时每个罐子产生的塑料垃圾并不比类似的不可被生物分解的罐子被丢弃时产生的塑料垃圾少。

以下哪项如果为真，最能加强以上的观点？

(A)部分可被生物分解的和不可被生物分解的塑料饮料罐都能被垃圾压缩机完全压平。

(B)为了弥补黏合剂的弱化效果，制造部分可以被生物分解的塑料饮料罐比制造不可被生物分解的塑料饮料罐需要更多的塑料。

(C)许多消费者关心生态问题，他们宁愿购买装在可被生物分解的塑料饮料罐里的产品而不愿购买装在不可被生物分解的塑料饮料罐里面的产品，即使前者价格要高一些。

(D)部分可被生物分解的塑料饮料罐的生产程序比不可被生物分解的塑料饮料罐的生产程序产生更少的塑料废物。

(E)目前再循环技术上的问题阻止了任何一种类型的塑料饮料罐的塑料被重新做成食品罐或饮料罐来使用。

48. 由于中国代表团没有透彻地理解奥运会的游戏规则，因此在伦敦奥运会上，无论是对赛制赛规的批评建议，还是对裁判执法的质疑，前后几度申诉都没有取得成功。

为使上述推理成立，必须补充以下哪一项作为前提？

(A)在奥运舞台上，中国还有许多自己不熟悉的东西需要学习。

(B)有些透彻理解奥运会游戏规则的代表团，在赛制赛规等方面的申诉中取得了成功。

(C)奥运会上在赛制赛规等方面的申诉中取得成功的代表团都透彻理解了奥运会的游戏规则。

(D)奥运会上透彻理解奥运会游戏规则的代表团都能在赛制赛规等方面的申诉中取得成功。

(E)如果中国代表团透彻地理解奥运会的游戏规则，申诉一定会取得成功。

49～50 题基于以下题干：

一位画家从红、橙、黄、绿、青、蓝、紫七种颜色中选择四种，从黑、白、灰、棕四种颜色中选择两种来作画，他的选择必须符合下列条件：

(1)如果选绿色，就不选蓝色也不选灰色。

(2)除非不选棕色也不选黄色，否则不选蓝色。

(3)只有选白色，才能选红色。

(4)不能选橙色，否则选黑色。

(5)如果选白色，则不能选黑色。

49. 根据以上信息，以下哪项可能是画家选择的所有颜色的组合？

(A)绿、黄、青、紫、棕、黑。　　(B)绿、红、紫、橙、棕、白。

(C)绿、红、黄、青、白、黑。　　(D)绿、橙、黄、青、紫、黑。

(E)蓝、橙、黄、青、灰、黑。

50. 如果画家选了蓝色，那么以下哪项一定为真？

(A)画家没选青色。　(B)画家选了红色。

(C)画家选了紫色。　(D)画家没选灰色。

(E)画家选了白色。

51. 巨额财产来源不明罪在客观上有利于保护贪污受贿者。一旦巨额财产被装入“来源不明”的筐中，其来源就不必一一查明，这对于那些贪污受贿者是多大的宽容啊！并且该罪名给予司法人员以过大的“自由裁量权”和“勾兑空间”。因此，应将巨额财产来源不明以贪污受贿罪论处。

以下哪项陈述最不能支持上述论证？

(A)贪官知道，一旦其贪污受贿的财产被认定为“来源不明”，就可以减轻惩罚；中国现有的侦察手段落后，坦白者有可能招致比死不认账者更严重的处罚。

(B)试问有谁不知道自己家里的财产是从哪里来的？巨额财产来源不明罪有利于“从轻从快”地打击贪官，但不利于社会正义。

(C)“无罪推定”“沉默权”等都是现代法治的基本观念，如果没有证据证明被告人有罪，他就应该被认定为无罪。

(D)新加坡、文莱、印度的法律都规定，公务员财产来源不明的应以贪污受贿罪论处。

(E)通常司法人员容易禁受不住物质的诱惑，容易将能定罪成贪污的官员转向巨额财产来源不明罪，从而达到轻判的目的。

52. 北京农业大学的教授在河北省推广柿树剪枝技术时，为了说服当地的群众，教授把一块柿树园一劈为二，除自然条件相同外，其他的条件包括施肥、灭虫、浇水、除草等都相同，不同的是：其中一块柿树园剪枝，而另一块不剪枝。到收获季节，剪枝的一块柿树园的产量比不剪枝的多三成以上。这下农民信服了，先进的剪枝技术很快推广开来。

以下哪一项与北京农业大学教授所用的方法相同？

(A)某班英语成绩好的同学，物理成绩也非常优秀。因此，学好英语有助于物理成绩的提高。

(B)小明的妈妈认为小明退步的原因是经常抄作业或者没有及时复习。事实上，小明的作业每次都是独立完成的。因此，小明退步的原因是没有及时复习。

(C)某班同学在讨论中，一部分同学认为真理有阶级性，另一部分同学认为真理没有阶级性。后来从报纸上了解到，真理是没有阶级性的。

(D)蛆是不是由肉变成的，多年来人们对此迷惑不解。1668 年，意大利医生雷地把相同的肉放在两个容器内，一个容器封闭，另一个容器敞开。结果，敞开的容器内肉里生蛆，而封闭的容器内没有生蛆。他宣布，蛆并不是肉变的。

(E)经常从事体育运动的人，体质普遍较好。由此看来，所有的人都必须提倡体育锻炼。

53. 天和公司新录用的甲、乙、丙、丁、戊、己和庚 7 名员工续需要被分配到世界各地的分公司进行工作，其中有一人需要分配到韩国，有三人需要分配到德国，另外三人需要分配到意大利。这 7 名员工的人事分配必须满足以下条件：

(1)丙和庚必须分配在同一国家。

(2)甲和乙不能分配在同一国家。

(3)如果己分配在意大利，则戊分配去德国。

(4)甲必须分配去德国。

如果以下哪项陈述为真，能使 7 名雇员的分配得到完全的确定？

(A)丁和戊分配到意大利。 (B)乙和庚分配到意大利。

(C)丙和庚分配到意大利。 (D)甲和戊分配到德国。

(E)丁和戊分配到德国。

54～55 题基于以下题干：

传说八卦最先由伏羲根据燧人氏造设的两幅星图历法《河图洛书》创设。地点在洪洞卦地村，因为此村四面环山，又有八个村庄分布于四周，而且均相隔八华里，形似卦底。伏羲以景画卦，故创八卦图。八卦图上有 8 个方位分别代表乾、坤、巽、震、坎、离、艮、兑；《易传》认为八卦主要象征天、地、雷、风、水、火、山、泽八种自然现象；卦名与现象一一对应。大体方位如下图所示：

(1)“巽”对应“风”或者“水”。

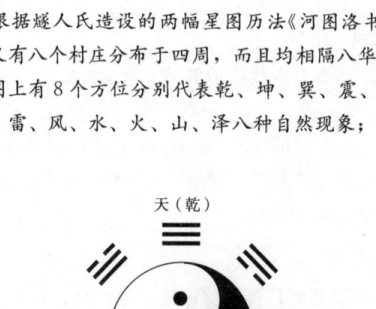

(2)若“兑”不对应“泽”或者“坎”不对应“水”，则“震”对应“火”且“艮”对应“风”。

(3)若“巽”“震”至少有一个对应“火”，则“艮”对应“山”。

(4)若“兑”“巽”至少有一个不与“乾”相邻，则“坤”不在“乾”右边或左边的第四个位置。

54. 根据上述信息，可以得出以下哪项？

(A)“震”对应“火”。 (B)“艮”对应“山”。

(C)“巽”对应“风”。 (D)“离”对应“泽”。

(E)“兑”对应“水”。

55. 若“坎”在“离”的对面，且在“乾”左边的第二个位置，则以下哪项必然为真？

(A)“兑”在“艮”右边的第二个位置。

(B)若“兑”和“震”在同一侧，“震”在“乾”右侧第三个位置。

(C)“震”在“乾”左边的第三个位置。

(D)若“艮”在“乾”右边第三个位置，则“艮”和“兑”相对。

(E)若“离”右侧第三个位置的卦不与“巽”相对，则“兑”在“乾”的右侧。

四、写作：第 56～57 小题，共 65 分。其中论证有效性分析 30 分，论说文 35 分。请答在答题纸相应的位置上。

56. 论证有效性分析：分析下述论证中存在的缺陷和漏洞，选择若干要点，写一篇 600 字左右的文章，对该论证的有效性进行分析和评论。（论证有效性分析的一般要点是：概念特别是核心概念的界定和使用是否准确并前后一致，有无各种明显的逻辑错误，论证的论据是否成立并支持结论，结论成立的条件是否充分等。）

网传一入职公司的新人工作闲，天天在工位上发呆、玩手机，持续了一个月后崩溃欲跑路。事情不断发酵，“工作太闲想辞职”的话题引发热议。

支持辞职的人认为：

一项针对大学生的调查表明：可支配时间如果太多，不仅不会继续增加人们的幸福感，甚至还会反过来降低人们的幸福感。而且，一个公司的新人工作太闲，说明公司不行了。此时，看清现状，选择离开，才是对自己的职业生涯负责。另外，人要活得有意义，需要一定的压力。闲着只会浪费时间，让自己颓废，最终失去竞争优势。

反对辞职的人认为：

当今社会，就业艰难。一旦离职，就很难再找到合适的工作。而且，工作的目的，是为了生活得更好，越轻闲，就越有时间享受生活，这不正是我们工作所应该追求的吗？古人云：“若无闲事挂心头，便是人间好时节。”你看看，古代诗人都这么清醒，我们怎么就想不通呢？

57. 论说文：根据下述材料，写一篇 700 字左右的论说文，题目自拟。

从前有一个愚笨的人，去亲戚家吃饭，主人在菜中加盐，菜都很美味可口。傻人以为盐既然那么好吃，回去每餐都买盐来吃好了，省得煮那么多菜。于是到街上买了一大包的盐，回到家里急急打开，抓了一把放进口中，结果，他尝到的不是美味，而是又苦又涩吃了想吐的味道。

答案速查

题型		题号	答案
一	问题求解	1～5	(A)　(A)　(D)　(B)　(D)
		6～10	(C)　(D)　(B)　(E)　(B)
		11～15	(C)　(C)　(D)　(A)　(A)
二	条件充分性判断	16～20	(D)　(B)　(D)　(C)　(D)
		21～25	(D)　(E)　(C)　(D)　(C)
三	逻辑推理	26～30	(E)　(E)　(E)　(A)　(C)
		31～35	(D)　(C)　(D)　(D)　(A)
		36～40	(C)　(E)　(A)　(D)　(A)
		41～45	(E)　(E)　(E)　(A)　(C)
		46～50	(C)　(B)　(C)　(A)　(C)
		51～55	(C)　(D)　(A)　(C)　(E)
四	写作	56. 略　57. 略	